UN NOUVEAU SANCTUAIRE A MARIE,

OU

CONCLUSION DE L'AFFAIRE DE LA SALETTE.

COMPLÉMENT DES PUBLICATIONS

DE 1848 ET 1850,

SUR CE GRAND ÉVÉNEMENT,

Par l'Abbé Rousselot,

Chanoine, vicaire général honoraire, et professeur de morale au Séminaire diocésain.

Adducam eos in montem sanctum meum, et lætificabo eos in domo orationis meæ. Is. 56. v. 7.

Je les ferai venir sur ma montagne sainte ; je les remplirai de joie dans la maison consacrée à me prier.

Avec l'approbation de Mgr l'Evêque de Grenoble.

SE TROUVE :

A GRENOBLE, AU GRAND SÉMINAIRE, CHEZ L'AUTEUR.
A l'OEuvre de Saint-Joseph, rue Neuve-des-Capucins,
et chez

| Aug. CARUS, libraire du clergé, rue Pérollerie, nº 16. | BARATIER FRÈRES ET FILS, imprimeurs-libraires de l'Evêché, Grand'rue, 4. |

1853.

Approbation de Mgr l'Evêque de Grenoble.

Nous avons pris connaissance du troisième volume que M. l'abbé Rousselot se propose de publier sur l'Evènement de la Salette, dont nous avons proclamé la vérité par notre Mandement du 19 septembre 1851. Ce volume, suite nécessaire des deux précédents, contient des documents nouveaux et importants sur le Fait, dont il continue l'histoire pendant ces deux dernières années. Avant notre Mandement, une opposition sage et consciencieuse était sans doute permise; après, elle est devenue répréhensible et scandaleuse. Nous espérons que ce nouvel écrit achèvera de convaincre les esprits droits et non prévenus, et qu'il réunira ceux qui croient et ceux qui ne croient pas encore, dans un concert commun de louanges en l'honneur de Celle qui a daigné distinguer notre Diocèse entre tous les Diocèses du monde, et nous parler un langage si conforme à celui de la Religion et de l'Eglise, et si bien adapté aux besoins de notre siècle.

Donné à Grenoble, le 8 septembre 1852, fête de la Nativité de Marie.

† PHILIBERT,
Evêque de Grenoble.

Par mandement :

AUVERGNE, *secrétaire,*
chanoine honor.

Grenoble, imprimerie de J. BARATIER.

UN NOUVEAU
SANCTUAIRE A MARIE,

ou

CONCLUSION DE L'AFFAIRE DE LA SALETTE.

COMPLÉMENT DES PUBLICATIONS

de **1848** et **1850**,

SUR CE GRAND ÉVÉNEMENT.

Un nouveau Sanctuaire a Marie! Oui, sans doute. Et voilà où le Fait de la Salette devait glorieusement aboutir. Examiné et discuté pendant cinq ans, attaqué sans relâche par les uns, victorieusement défendu par les autres; préconisé par la voix des peuples, sanctionné par celle du ciel, ce Fait éclatant ne pouvait obtenir un autre dénouement. Réjouissez-vous donc, fidèles serviteurs de Marie : tressaillez d'allégresse. Pendant cinq ans, vous avez flotté entre la crainte et l'espérance. Convaincus de la vérité de l'apparition du 19 septembre 1846, vous avez néanmoins tremblé à la vue des assauts livrés à votre pieuse croyance par les objections spécieuses des uns, par l'ignorance et la mauvaise foi des autres. Aujourd'hui, rassurez-vous : le pèlerinage de la Salette est consacré par l'autorité compétente; un nouveau Sanctuaire est ouvert à votre foi et à votre piété. Là, désormais, vous irez remercier l'auguste Mère de Dieu des avertissements salutaires qu'elle est venue donner *à son peuple*. Là, vous la solliciterez avec confiance de vouloir bien *soutenir le bras de son divin Fils, que nos péchés rendent*, hélas! *si lourd*, que cette divine Mère *ne peut plus le soutenir*, ni l'empêcher de s'appesantir sur nous. Là, vous viendrez solliciter le pardon des pécheurs, des impies, des blasphémateurs, des profanateurs des saints jours, des transgresseurs des lois divines et humaines. Là, vous conjurerez les tempêtes qui nous menacent, vous arrêterez la foudre prête à éclater sur nos têtes coupables. Là, surtout, vous prouverez à quelques esprits ignorants ou prévenus, combien ils étaient mal inspirés, quand, d'un ton prophétique, ils cherchaient à vous effrayer par cette menace : *la Salette sera un malheur pour la Religion*.

Un nouveau Sanctuaire a Marie! Cette nouvelle a déjà réjoui le monde catholique : car, dans quel lieu de la terre n'a pas retenti le nom de *Notre-Dame de la Salette?* Avec quel élan spontané, avec quel concert admirable, avec quelle persuasion intime et profonde, ce nom n'a-t-il pas été prononcé, béni, invoqué? Partout, à Rome et à Paris, à Londres et à Constantinople, en Europe et en Amérique, en Algérie et au Maduré, dans l'Océanie même, partout, dis-je, la prière jointe à l'usage pieux de l'eau de la montagne sainte, a obtenu des grâces signalées, a opéré des prodiges. Et sans ces merveilles, comment expliquer ce concours soutenu, nombreux et édifiant de pèlerins de tout âge, de tout sexe et de toute condition, venus de tous les pays? Mais ce qu'il y a de plus merveilleux, de plus étonnant, de plus inexplicable, c'est que cet ébranlement de l'univers depuis six ans ait eu pour cause première et unique deux petits bergers des Alpes, pauvres et ignorants, grossiers, n'ayant d'autre connaissance que celle de leurs montagnes et de leurs troupeaux! Et s'il est permis de comparer les petites choses aux grandes, la Salette n'est-elle pas l'image de l'univers s'ébranlant et se convertissant à la voix de douze pauvres pêcheurs de la mer de Galilée?

Un nouveau Sanctuaire a Marie! Voilà ce qui a déjà réjoui la Ville sainte, la Ville éternelle, la *Ville de Marie* par excellence, Rome, dont l'enceinte ne renferme pas moins de quarante Eglises dédiées à la Mère de Dieu; Rome, dont les palais et les maisons sont ornées de l'image ou de la statue de Marie; Rome, dont les rues retentissent sans cesse des cantiques de Marie; Rome, où le plus modeste artisan prélève chaque jour avec joie sur ses petites économies, l'huile qui brûle jour et nuit devant la *Madone* convenablement placée au fond de son humble atelier; Rome, dont les édifices s'illuminent spontanément à toutes les grandes fêtes de Marie; Rome, où tant de personnages aussi distingués par le rang, que par le savoir et la vertu, admettent le Fait de la Salette; Rome enfin, qui a déjà répandu et qui répandra encore sur le nouveau Sanctuaire, les grâces les plus insignes et les faveurs les plus précieuses.

Un nouveau Sanctuaire a Marie! Et voilà ce qui va réjouir le cœur de l'immortel Pontife qui préside avec

tant de gloire et de sagesse aux immortelles destinées de l'Eglise. Lorsqu'en 1848 nous eûmes déposé aux pieds du grand pape Pie IX le faible hommage de notre première publication sur la Salette, Sa Sainteté ne dédaignait pas de nous écrire le 20 septembre suivant : « Il nous a été surtout singulièrement agréable d'ap-
» prendre ce que vous racontez de ce concours nom-
» breux de pèlerins qui accourent de toutes parts *en*
» *cet endroit* pour y honorer la bienheureuse Vierge
» Marie, et en particulier de savoir que ce peuple
» arrivé *sur ce lieu*, y implore pour notre humble per-
» sonne, la toute puissante protection et le secours de
» la Mère de Dieu. Aussi, avons-nous le plus grand
» désir que ce peuple dont vous parlez, soit averti que
» nous le couvrons de notre bénédiction apostolique. »
(Nouv. Docum. pag. 95.) Or, ce qui ne déplaisait point à l'auguste Pontife en 1848, lui déplairait-il en 1852? Désapprouverait-il que les pèlerins que depuis quatre ans *il couvre de sa bénédiction apostolique*, trouvent désormais sur la montagne un Sanctuaire digne de Celle qu'ils viennent honorer, un abri contre les intempéries du climat; des prêtres placés là par l'autorité pour leur administrer les choses saintes? Quelques opposants seraient-ils plus difficiles que le Chef suprême de l'Eglise? Et le pèlerinage si pieux, si édifiant, si bien soutenu depuis six ans, sera-t-il toujours *ce grand malheur pour la Religion*, dont ils ont voulu nous effrayer?

Un nouveau Sanctuaire a Marie! Et quoi donc! Tout n'est-il pas fini par rapport à la Salette? A-t-on découvert, disons mieux, peut-on découvrir que les deux enfants aient été *trompeurs* ou *trompés*? Leur secret, qui devait être la ruine ou la confirmation de leur récit, n'a-t-il pas été porté à Rome, et déposé dans le sein de la plus grande Autorité qu'il y ait sur la terre ? Les miracles, qui sont la voix du ciel, ne continuent-ils pas à s'opérer de toutes parts ? Des faits vraiment providentiels ne se multiplient-ils pas en tous lieux ? Des prodiges dans l'ordre de la grâce, des conversions éclatantes, ne sont-ils pas signalés partout ? Et l'immortel Mandement du 19 septembre 1851, n'est-il pas là pour attester et les sages lenteurs, et le long examen et les discussions lumineuses qui ont précédé la sanction du Fait ? Mgr l'Evêque de Grenoble devait-il, avant de prononcer son jugement doctrinal, attendre la fin d'une opposition systématique sans fin comme sans raison ?

Un nouveau Sanctuaire a Marie ! Oui, et pour la millionième fois, l'oracle prononcé par la plus humble des vierges : *toutes les générations m'appelleront bienheureuse; beatam me dicent omnes generationes* (Luc, 2), recevra son accomplissement. Ce nouveau Sanctuaire reposera sur des fondements pour le moins aussi solides que les Sanctuaires de *Fourvière*, de *la Garde*, du *Laus*, de *l'Osier*, et mille autres dont l'origine fut moins éclatante. Et ces Sanctuaires, n'est-on pas heureux de les posséder ? Ne sont-ils pas des sources abondantes et continuelles de grâces et de bénédictions ? L'autorité épiscopale, qui les consacra ne suffirait-elle plus aujourd'hui pour établir le nouveau pèlerinage de la Salette ? Et l'Evêque de Grenoble, en usant de son *droit*, n'a-t-il pas en même temps accompli un *devoir* et rempli une *mission!* Devait-il tenir plus longtemps la vérité captive ? Devait-il rester sourd à la voix du ciel ; méconnaître un vœu général, résister à l'élan des populations, tromper l'attente universelle? Pourquoi l'Evêque de Grenoble se serait-il tu, lorsque les pierres elles-mêmes parlaient? Lorsque partout des chapelles se construisaient, des autels s'élevaient, des confréries se formaient en l'honneur de Notre-Dame de la Salette? Devait-il priver plus longtemps son diocèse des bénédictions qui lui furent primitivement destinées, et que lui enviaient toutes les contrées catholiques? Pour ne pas déplaire à quelques esprits obstinés, ignorants ou méticuleux, devait-il abdiquer le droit que lui donnent les lois canoniques, en faveur de quelqu'un de ses vénérables collègues de la France ou de l'étranger?

UN NOUVEAU SANCTUAIRE A MARIE! Fût-il jamais plus nécessaire de recourir à la Mère du Tout-Puissant! Le sol tremble sous nos pas; nous sommes placés sur un volcan; l'édifice social menace de s'écrouler. Des doctrines impies, immorales, subversives de tout ordre, inconnues aux païens eux-mêmes et propres à nous mener droit à l'état sauvage, sont semées de tous côtés avec une désolante persévérance. Réduites parfois au silence par l'instinct conservateur qui se réveille par moment dans les chefs de la société, elles germent néanmoins dans le cœur des peuples, toujours sur le point de faire une explosion d'autant plus terrible, qu'elles auront été comprimées plus longtemps. La Religion, fille du ciel, pourrait remédier à nos maux; mais depuis plus de soixante ans, les gouvernements se défient d'elle, entravent son action, cherchent à l'asservir. Aussi l'impiété marche-t-elle la tête levée; la corruption des mœurs nous déborde; les crimes se multiplient d'une manière effrayante.... En un mot, toutes les vérités se sont affaiblies parmi les hommes :

Diminutæ sunt veritates à filiis hominum; Ps. 11. Ne semble-t-il pas que nous ayons rétrogradé jusqu'aux temps qui précédèrent le déluge, et que toute chair ait corrompu sa voie? *Omnis caro corruperat viam suam;* Gen. 6. Mais cette dégradation morale des peuples, mais cette multiplicité de crimes, que rien ne peut prévenir, que la justice humaine est impuissante à réprimer; mais ces blasphèmes vomis contre le ciel ou froidement entassés dans des livres impies; mais ce mépris général de toute autorité; mais ces transgressions continuelles des lois les plus saintes; mais cette profanation publique des jours que le Seigneur s'est réservés : tous ces désordres, ces impiétés, ces sacriléges n'irritent-ils pas justement le ciel ? Ne provoquent-ils pas la colère du Tout-Puissant? Ne lassent-ils pas la patience du Très-Haut? Jusqu'à quand souffrira-t-il nos excès ?

Hâtons-nous donc de recourir à la Mère de miséricorde; conjurons la *de retenir encore le bras de son Fils déjà si lourdement appesanti sur nous.* Moins sages que les Ninivites, n'attendons pas plus longtemps pour nous assurer que la Vierge de la Salette a dit vrai. Comme les incrédules du temps de Noé, ne restons pas sourds aux avertissements du ciel ; n'attendons pas qu'un déluge de maux vienne fondre sur nous. *Venit diluvium, et tulit omnes;* Matt. 24. Plus sages que ces insensés, hâtons-nous de nous réfugier dans l'arche du salut. Recourons à Celle que l'Eglise proclame *l'arche d'alliance, le refuge des pécheurs, le secours des chrétiens, la consolatrice des affligés.* Sur le point d'être engloutis par la tempête, tournons nos regards vers l'*Etoile de la mer*, invoquons Marie : *Respice stellam, voca Mariam;* S. Bernard. Hâtons-nous de lui bâtir sur la montagne de sa miséricordieuse apparition un Sanctuaire qui soit pour l'univers la *Forteresse de Sion*, la *Tour de David*, une ville de refuge contre les coups de la vengeance divine.

Un nouveau Sanctuaire a Marie ! Et ce Sanctuaire est déjà enrichi des faveurs les plus précieuses. Rome vient d'accorder de nombreuses indulgences soit aux pèlerins, soit à la Confrérie, soit aux Missionnaires de Notre-Dame de la Salette. L'Evêque de Grenoble n'a donc point méconnu les limites de son pouvoir en proclamant la vérité d'une apparition de la sainte Vierge sur cette montagne privilégiée.

Un nouveau Sanctuaire a Marie ! Là des milliers de pécheurs se convertiront, des milliers de justes demanderont et obtiendront la persévérance dans le bien. Là, une multitude de malades recevront ou la guérison de leurs maux, ou la patience pour les supporter chrétiennement. Là, des messes sans nombre se célèbreront pour les vivants et pour les morts. Là, des communions nombreuses ; là, des prières ferventes pour le monde catholique et pour son auguste Chef ; là, des missions et des retraites données chaque année ; là, les faveurs du ciel répandues sans mesure. Là, Marie règnera sur nous, et fera régner son divin Fils sur tous les cœurs. *Dominare nostri, Tu et Filius tuus.* Jud. 8.

Un nouveau Sanctuaire a Marie ! Contre ce Sanctuaire viendront se briser les efforts de l'esprit de ténèbres, cet éternel ennemi de la puissance et de la gloire de Celle qui lui écrasa la tête. L'enfer rugira, mais Marie triomphera !

Un nouveau Sanctuaire a Marie ! L'impiété seule peut s'en alarmer ; l'incrédulité seule peut s'en moquer.

Plaignons l'impie ; prions pour l'incrédule. Et bientôt, l'impie entraîné par une force surnaturelle vers ce sanctuaire, n'y entrera que pour tomber aux pieds de Marie, et en sortira touché et converti.

Un nouveau Sanctuaire a Marie ! Le ciel le veut et l'approuve ; la terre le demande et concourt à son érection avec une ardeur et une générosité dignes des plus beaux âges de l'Eglise, et qui prouvent d'une manière touchante que la foi vit encore dans bien des cœurs.

Un nouveau Sanctuaire a Marie ! Là, les opposants raisonnables viendront déposer leurs préventions ; là, ils trouveront la solution de leurs difficultés ; là, s'évanouiront leurs vaines subtilités. Là, ils entonneront avec nous les louanges de Notre-Dame de la Salette ; ils se réjouiront avec nous de l'extension donnée au culte de Marie. Là, enfin, la justice et la paix s'embrasseront ; partisans et adversaires se donneront le baiser de paix au pied de l'autel de Marie.

Un nouveau Sanctuaire a Marie ! Ce Sanctuaire transmettra à tous les siècles la mémoire chérie du vénérable Pontife qui en jeta les fondements. Il dira à tous les âges quelle fut la générosité de ceux qui de toutes les parties du monde contribuèrent à son érection.

Un nouveau Sanctuaire a Marie ! Belle couronne d'un épiscopat de plus de vingt-six ans ! Précieux héritage laissé à un Diocèse, déjà riche en établissements religieux, en œuvres de zèle et de charité. Glorieuse distinction accordée à cette petite portion de l'Eglise catholique, mais pour le bonheur de la catholicité entière. Magnifique entreprise, pour laquelle le ciel prolongea la carrière du vénérable prélat de

Grenoble; l'arma de force, de courage et de patience contre une opposition devenue dans les derniers temps, passionnée, injuste et hostile jusqu'à méconnaître les droits de l'autorité.

Un nouveau Sanctuaire a Marie! D'autres sanctuaires se construisaient déjà sur plusieurs points en l'honneur de Notre-Dame de la Salette. Fallait-il différer plus longtemps de bâtir sur le lieu même que Marie a honoré de sa miséricordieuse apparition, un temple digne d'elle? L'univers nous avait devancés dans ses pieuses manifestations; pouvions-nous rester plus longtemps en arrière?

Un nouveau Sanctuaire a Marie! Oui, associons-nous tous à la pensée religieuse qui a dicté l'article suivant, qu'on lit dans l'*Univers* du lundi 26 janvier 1852 :

UN SANCTUAIRE A NOTRE-DAME DE LA SALETTE, EN BRETAGNE.

Pendant que l'on prépare à la Reine des Anges un temple digne de perpétuer la mémoire de sa récente apparition dans les Alpes, voilà qu'à l'extrémité opposée de la France, sur les bords de l'Océan, la pieuse Bretagne se glorifie de posséder déjà un Sanctuaire dédié à Notre-Dame de la Salette. En 1848, une jolie chapelle a été bâtie sous ce vocable à une demi-lieue de Morlaix (Finistère), parmi les bois qui couronnent gracieusement l'entrée du port. On y monte par une côte fort raide qui n'en rappelle que mieux le lieu même honoré par l'apparition miraculeuse. Pour y joindre le souvenir du Calvaire, une haute croix s'élève en face de la chapelle, et les stations de la *voie doulou-*

reuse, échelonnées sur la route, achèveront l'œuvre commencée. Chacune d'elles sera moins un repos pour le corps qu'un agréable rafraîchissement de l'esprit, et l'âme, préparée par la méditation des souffrances du Sauveur, obtiendra plus sûrement l'effet de ses prières, le but du pèlerinage. C'est avant tout un but d'expiation, car le Sanctuaire est dédié à la *Vierge réparatrice*. Mais en implorant la grâce des pécheurs, les visiteurs ont bien le droit de ne pas s'oublier eux-mêmes; et l'on assure que des faveurs extraordinaires ont été pour plusieurs la récompense de leur foi, quoique le défaut d'enquête juridique ne nous permette point de les désigner publiquement comme des miracles.

Aussi l'affluence y est-elle continuelle; mais elle redouble aux époques des solennités de Marie; car alors la chapelle ne suffit plus à la foule recueillie qui s'y succède d'heure en heure. Qui pourrait dire quels vœux et quelles prières s'élèvent de là vers le ciel pour conjurer les fléaux qui nous menacent, pour appeler sur la France et sur toute l'Eglise les bénédictions divines! Il suffit que les Anges chargés de faire monter cet encens jusqu'à Dieu en soient les témoins. Contentons-nous d'en ressentir les effets, non sans applaudir du fond du cœur à la pensée vraiment chrétienne qui a inspiré cette fondation. L'Eglise qui va s'élever sur le terrain même de la Salette ne sera jamais visitée que par un certain nombre de fidèles privilégiés. Les lointains pèlerinages sont si peu faits pour le siècle! ou plutôt le siècle est si peu fait pour les entreprendre, quoiqu'il y dût trouver des facilités merveilleuses, inconnues à nos pères? Pourquoi donc n'y suppléerions-nous pas en multipliant aux quatre coins de la France ces monuments expiatoires qui invitent les populations à la componction et au repentir? Pourquoi ces monuments ne seraient-ils pas reliés entre eux par d'autres oratoires disséminés vers le centre? Multipliez ces points destinés à détourner la foudre; enveloppez-en le pays comme d'un réseau; opposez cette réparation solennelle à l'éclat des scandales et des blasphèmes qui ont désolé la foi depuis un siècle, et vous aurez beaucoup fait pour l'avenir de la société en Europe. Marie couvrant le Vicaire de Jésus-Christ des rayons de sa douce lumière, comme un arc-en-ciel au sein de l'orage; Marie animant son image et reportant sur l'Eglise des regards pleins de tendresse, après les avoir levés vers le ciel; Marie marchant sur les roses qu'elle fait germer au désert, sans les fouler sous ses pas, nous console sans doute et raffermit nos espérances; mais elle n'a pas encore dissipé nos alarmes. Messagère de paix, elle a aussi des paroles qui nous glacent de terreur. D'une main, elle montre le nuage qui se déchire pour laisser éclater la foudre, et de l'autre l'abri sous lequel nous trouvons un asile. Cet abri, c'est la prière *unanime*, c'est l'expiation, c'est le retour à Dieu. N'est-ce pas encore ce que le Père commun des fidèles nous répète d'une voix émue, nous convoquant tous au pied des autels, comme l'oiseau qui bat des ailes pour appeler ses petits à l'approche du vautour. Là donc est le salut, et pas ailleurs. *Hi in curribus, et hi in equis; nos autem in nomine Domini Dei nostri invocabimus.* Ps. 19.

Du Lac.

UN NOUVEAU
SANCTUAIRE A MARIE,

ou

Conclusion de l'affaire de la Salette.

ARTICLE I.

APERÇU HISTORIQUE DES CONTRADICTIONS QU'A ESSUYÉES PENDANT SIX ANS LE FAIT DE LA SALETTE.

MAINTENIR les *droits* de la vérité sans blesser les *devoirs* de la charité : telle est la règle que nous voulons suivre en traçant cet aperçu. Nous resterons fidèle à cette loi de l'histoire : *dicere de vitiis, parcere personis :* Nous parlerons des actes de l'opposition ; mais nous ne nommerons que les opposants qui se sont produits eux-mêmes au grand jour.

Si les contradictions sont le signe caractéristique des œuvres de Dieu, le Fait de la Salette contredit, attaqué, calomnié sans relâche, de toutes manières et pendant six ans, peut et doit être regardé comme l'œuvre du Tout-Puissant. Raconter ces contradictions, c'est donc ajouter une preuve de plus à toutes celles qui en établissent solidement la vérité. C'est ainsi que nos savants apologistes font ressortir la divinité du Christianisme des combats incessants qu'il soutient depuis dix-huit siècles et contre la force brutale des persécuteurs, et contre la ruse et la mauvaise foi des hérétiques, et contre l'impiété et le libertinage d'un certain nombre de ses propres enfants. C'est ainsi que plusieurs dévotions salutaires au peuple chrétien, la dévotion au Sacré-Cœur entre autres, aujourd'hui répandue dans le monde entier, eurent à essuyer de longs et terribles assauts. C'est ainsi que plusieurs sanctuaires, aujourd'hui en vénération, furent longtemps attaqués, et les visions ou apparitions qui leur donnèrent naissance, traitées de folie. C'est ainsi que l'usage de la médaille, dite *miraculeuse*, était naguères indignement calomnié par la presse irréligieuse. Nulle vérité, dogmatique ou morale, nul fait divin, qui n'ait eu des contradicteurs. Disons même avec saint Jean Chrysostôme : *La vérité a besoin de contradiction; la contradiction est un creuset d'où la vérité sort plus pure et plus radieuse.* Le Fait de la Salette a passé par ce creuset, et il en est sorti brillant d'un éclat que rien désormais ne pourra ternir. Ajoutons que les violences de l'opposition en ont hâté l'heureux dénouement, et que dans les mains d'une admirable Providence, les obstacles sont devenus des moyens. L'incident d'Ars, par exemple, prôné partout, comme l'anéantissement de la Salette, en a, au contraire, accéléré la conclusion. Les clameurs que l'opposition avait fait retentir jusques dans la capitale du monde chrétien, n'ont abouti qu'à y faire porter plus tôt le secret des deux enfants. La manifestation de ce secret devait être, au dire des opposants, la mort du Fait; elle en a été la vie et la sanction.

Pour être juste, distinguons deux classes d'opposants : les uns ont été de bonne foi ; ils n'ont pas regardé d'abord comme suffisantes, comme décisives les preuves alléguées en faveur du Fait, qu'ils ont combattu avec sagesse et modération, et par là même utilement, puisque du conflit des opinions jaillit la lumière. Ils ont suspendu leur assentiment sans méconnaître les droits de l'autorité; sans cesser de respecter leurs adversaires, en évitant surtout de scandaliser les âmes simples et droites par des discussions intempestives. Quand plus tard, l'autorité a parlé, ils se sont montrés soumis et respectueux. Jusques-là, ils ont pu mal raisonner; mais toujours ils ont mérité l'estime et le respect. Il ne saurait être ici question de cette opposition.

Mais il est une autre classe d'opposants, qui avant le Mandement du 19 septembre 1851, s'est montrée ardente, passionnée et systématiquement hostile. Et depuis le Mandement, elle a dégénéré en véritable révolte; elle méconnaît aujourd'hui, elle dépasse toutes les limites de la vérité, de la justice; elle insulte à l'autorité; elle enveloppe du même dédain et le Fait et les partisans du Fait.

§ I. — OPPOSITION PENDANT LES QUATRE PREMIÈRES ANNÉES, OU DE 1846 A 1850.

C'est à la suite des Conférences tenues à l'Evêché, en novembre et décembre 1847, sur ce grand Evénement, que commença à se dessiner nettement le parti de l'opposition. Jusques là, des objections avaient été faites, des difficultés avaient été soulevées; ce que le Fait présentait d'incertain, d'obscur, de difficile, avait été mis en avant. Jusques-là, on avait discuté pacifiquement et sans prévention; on voulait s'éclairer avant de porter son jugement; on ne paraissait pas désirer que le Fait fût trouvé faux, ou qu'il succombât sous le poids d'une prévention aveugle contre tout ce qui est surnaturel. Jusques-là, en un mot, l'amour de la vérité avait dominé toutes les discussions.

Mais à la suite des Conférences, les membres qui y avaient été en minorité, firent, au jugement des personnes éclairées et impartiales, une faute : celle de ne pas suivre la ligne de conduite tracée par la simple raison et le bon sens aux membres qui dans une commission administrative, dans un tribunal, dans une cour de justice, ont formé la minorité, ou ce qu'on est convenu d'appeler en politique, le parti de l'opposition. Un juge, qui dans un tribunal, un conseiller, qui dans une cour d'appel, n'a pas partagé l'avis de ses collègues, peut-il, après la sentence rendue, récriminer, se plaindre du défaut de liberté, ne pas accepter l'arrêt rendu? Or, ce qui ne fut jamais permis dans les tribunaux de la justice humaine, ce qui est une véritable anarchie dans les assemblées législatives, est encore moins permis dans les réunions ecclésiastiques présidées par un Evêque. Celui-ci seul est de droit divin juge en matière religieuse. Les prêtres qu'il a réunis ont bien voix *consultative;* il peut même leur accorder voix *délibérative*, s'il le juge à propos ; mais il juge seul ; seul il peut adopter l'avis de la majorité ou de la minorité, ou en suivre un autre, ou même ne pas prononcer. Ainsi le décide Benoît XIV ; tel est l'usage dans l'Eglise depuis les premiers siècles. Dans les Conférences sur la Salette, Mgr l'Evêque de Grenoble avait, à la vérité, partagé ostensiblement l'avis de la majorité; mais en congédiant les membres de la commission et en les remerciant de leur concours, il annonça qu'il se réservait de prononcer sur la question en temps et lieu.

Dès lors, quel fut le devoir des membres de la minorité? La commission dissoute, ils cessaient d'être conseillers; ils n'étaient plus saisis de la question ; ils ne pouvaient plus faire d'opposition au sentiment bien connu du Prélat sans lui manquer de respect. Nous avons entendu des magistrats, des avocats, des ecclésiastiques, des personnes recommandables blâmer hautement cette conduite comme contraire aux règles de la jurisprudence des tribunaux et des assemblées délibérantes. L'opposition faite utilement dans le sein des Conférences ne pouvait, ne devait plus être continuée au dehors.

Cette manifestation, au moins imprudente, eut bientôt rallié tous les opposants autour des membres de cette minorité de la commission. Que ceux-ci l'aient voulu ou non, ils furent constamment regardés comme les chefs du parti opposant, et comme tels, portés jusqu'aux nues par les uns, plus sévèrement blâmés par les autres. Certes, s'ils acceptèrent le patronage qu'on leur offrit, ils ont dû cruellement souffrir des excès révoltants auxquels se portèrent plus tard et à plusieurs reprises, ceux que l'on a justement appelés la *valetaille* de l'opposition. Ceux-ci convaincus qu'ils plairaient à leurs maîtres, ne gardèrent plus de mesure, ne connurent plus de bornes dans leur opposition à la Salette ; ils la combattirent par les armes déloyales dont les impies de tous les temps se sont servis contre la Religion : le mensonge, l'injure, la fausseté, la calomnie.

En 1850 parurent nos *Nouveaux Documents sur l'Evénement de la Salette*. Les opposants en furent frappés, et les croyants se persuadèrent un moment que cet écrit ferait revenir bien des esprits prévenus. En effet, il montrait que notre opinion sur la *Salette* était partagée par plusieurs écrivains graves et consciencieux; par des évêques et des prêtres; par des personnes que leurs lumières et une position élevée dans le monde rendaient recommandables. Il établissait que le Fait avait grandi, qu'il était admis à peu près partout; qu'il était le centre d'une correspondance immense, d'une confiance illimitée. Nous racontions un grand nombre de miracles nouveaux de l'authenticité desquels nous nous étions assuré. Nous mettions sous les yeux du lecteur la belle et judicieuse lettre de *M. Dupanloup*, depuis évêque d'Orléans; la procédure de Mgr l'archevêque de Sens sur la guérison *d'Antoinette Bollenat* d'Avallon, etc. Nous nous flattions même que le temps était venu où l'autorité compétente devrait émettre son jugement doctrinal sur une question si bien examinée, si bien discutée depuis quatre ans. Nous nous trompions.

Le Concile provincial de Lyon devait s'ouvrir le 30 juin de cette année 1850. Aussitôt le bruit se répandit que l'affaire de la Salette y serait examinée. Ce bruit ne causa aucune inquiétude aux amis de la Salette. Pleins de confiance dans la bonté de leur cause, ils ne désiraient ni ne redoutaient le jugement de la vénérable assemblée, que l'on disait tout haut ne devoir pas leur être favorable. Mgr l'Evêque de Grenoble n'avait reçu aucun avis à cet égard, et quoique juge compétent de cette affaire, il ne demandait pas mieux que de la voir traiter en plein Concile. Il donna même quelques instructions aux deux députés de son chapitre, et les chargea d'être les défenseurs de la cause, si elle venait à être discutée.

Il n'en fut pas de même des adversaires. Les uns, redoutant l'approbation du Concile, ne voulaient pas que l'on s'en occupât; les autres, au contraire, dans l'espoir de la voir succomber, désiraient qu'elle fût déférée à ce tribunal auguste. L'un d'eux voulut apparemment éclairer les Pères du Concile, et dans la crainte sans doute qu'ils ne jugeassent sans connaître toutes les difficultés des opposants, il révéla au public par le journal *La Voix de la Vérité*, l'existence et l'auteur d'un manuscrit contre la Salette. Ce manuscrit avait effectivement couru de proche en proche, mais sous le manteau. Quelques partisans de la Salette l'avaient lu, mais n'y avaient rien trouvé de concluant. L'un d'eux avait qualifié l'auteur *d'assembleur de nuages;* un autre lui avait conseillé de le faire imprimer *pour mieux faire ressortir les preuves du Fait.* L'auteur disait avoir composé ce recueil pour faire voir, si le Fait de la Salette était plus tard reconnu faux, que tous les prêtres ne l'avaient pas admis. Admirable précaution ! Les opposants, au contraire, faisaient leur *palladium* du manuscrit ; ils le regardaient comme un bouclier impénétrable à tous les traits. Retranchés derrière ce rempart d'arguties, de vaines subtilités, d'allégations sans preuves et de suppositions en l'air, ils se crurent quelque temps inexpugnables. Ils réussirent même à faire passer dans leur camp quelques croyants qui se laissèrent éblouir par un pompeux étalage de recherches en apparence philosophiques, de suppositions faites à plaisir, de vérités tronquées, de petites anecdotes recueillies je ne sais où, etc. Un nouveau converti à l'opposition crut donc le temps venu d'instruire le public de l'existence de ce manuscrit, et fournit à *La Voix de la Vérité*, l'article suivant, que nous donnons ici avec nos annotations :

Grenoble, 10 juin 1850.

J'ai déjà eu l'honneur de vous parler de l'apparition de la Salette (1). Elle continue toujours à être un objet de dispute et de contradiction, même entre gens pieux et instruits (2). Je viens de lire deux nouveaux ouvrages sur ce sujet. L'un est encore manuscrit, et a pour auteur un digne prêtre, un des cinq curés de Grenoble ;

---

(1) L'auteur avait d'abord été croyant comme le prouvent plusieurs lettres publiées et signées par lui.

(2) De quel côté était la majorité, l'auteur ne le dit pas, et pour cause.

il est contre l'apparition : il réfute l'ouvrage de M. Rousselot en faveur du miracle. Ce manuscrit a été vu de plusieurs personnes qui l'ont trouvé très-fort et très-logique ; c'est aussi mon sentiment (3). Divers motifs empêcheront peut-être la publication du livre. L'autre ouvrage est de M. Rousselot, vicaire général honoraire, professeur de morale au grand Séminaire : c'est une continuation de son premier travail. On y réfute une partie des objections faites contre les assertions du premier livre ; on y publie un rapport de M. Dupanloup et on y raconte plusieurs nouveaux miracles, ou du moins guérisons regardées comme telles (4). Le commencement du livre est faible et renferme des faussetés (5). Plusieurs réponses aux objections sont bonnes. Le rapport de M. Dupanloup contredit celui de M. Villecourt, évêque de la Rochelle : ils sont l'un et l'autre exagérés (6). Le secret des enfants, dont M. Dupanloup (qui n'était pas évêque lors de son rapport) fait un si grand cas, est précisément un objet de moquerie et de non croyance pour plusieurs (7). J'ai vu un curé qui était, lors de l'événement, à côté de la Salette, et qui m'a dit ne pas faire de cas du témoignage de ces enfants, depuis qu'il a vu leur conduite et la légèreté avec laquelle ils s'amusaient à parler entre eux de leur

---

(3) D'autres, au contraire, l'ont trouvé très-faible, et ne l'ont pas dissimulé à l'auteur lui-même.

(4) Pourquoi ne dites-vous rien de celle d'Antoinette Bollenat, objet d'un jugement canonique de Mgr l'archevêque de Sens?

(5) Phrase voltairienne, propre à surprendre le vulgaire, et avec laquelle on se dispense de dire quelles sont ces *faussetés*.

(6) Compliment aux deux évêques par un jeune prêtre !

(7) Ce secret a été porté depuis à Rome, et le souverain Pontife ne s'en est point moqué.

secret, sans le faire connaître cependant (8). Bref, la plus forte preuve que l'on puisse apporter contre la vérité d'une apparition, c'est le non accomplissement des prophéties faites par la sainte Vierge (9). Dieu ne ment pas, ne trompe pas. Dieu a dit que l'on reconnaîtra les vrais prophètes qu'il aura envoyés, lorsque ce qu'ils annonceront s'accomplira. Or, si c'est Dieu qui a fait annoncer les paroles que rapportent les deux enfants, il s'est trompé, il a menti. Donc ce n'est pas Dieu qui a parlé (10). Une autre preuve, toujours contre, c'est la conduite des enfants, qui auraient bien dû commencer par se convertir un peu, et qui ont plus de défauts que bien des enfants de leur âge et de leur condition (11) : puis quelques mensonges, quelques contradictions, qu'on

---

(8) Jamais ils ne se sont communiqué leur secret. — De leurs défauts même l'univers a conclu à l'impossibilité qu'ils aient été trompeurs.

(9) Oseriez-vous écrire ceci aujourd'hui que *les pommes de terre continuent à se gâter?* que *les raisins*, attaqués d'une maladie inconnue, *pourrissent partout*. — Mélanie répondit un jour à un prêtre qui lui disait : Mais nous ne voyons point venir la famine prédite? — *Monsieur, vous êtes bien pressé!!* — Au reste, pour croire, les Ninivites attendirent-ils le quarantième jour ?

(10) Syllogisme pitoyable par lequel on prouverait : 1° que Jonas n'était pas un prophète envoyé de Dieu aux Ninivites ; 2° que les prophéties comminatoires sont des chimères ; 3° que les prophéties qui ne fixent pas le temps de leur accomplissement, ou dont l'accomplissement ne doit pas avoir lieu sous nos yeux ou de notre vivant, sont fausses. Disons encore une fois avec Mélanie : *Vous étiez bien pressé en* 1850; *l'êtes-vous autant en* 1852 ?

(11) Si ces enfants eussent été de petits prodiges de science et de sagesse, vous les auriez accusés d'enthousiasme religieux ; parce qu'ils sont ignorants, grossiers, défectueux, on a le courage de les accuser d'avoir inventé leurs rôles ? Comment faut-il qu'ils soient pour plaire aux opposants ?

peut leur reprocher, quoi qu'en dise M. Rousselot (12). La plus forte preuve que l'on puisse apporter pour un vrai miracle, c'est l'impossibilité où l'on est encore de dire qui a mystifié les enfants, et la grande difficulté qu'il y a de soutenir qu'ils sont trompeurs et inventeurs de leur récit (13). Ensuite une autre preuve, ce sont les guérisons miraculeuses opérées par l'intercession de Notre-Dame de la Salette (14). Il est vrai que *M. Cartellier*, curé de St-Joseph, auteur de l'ouvrage contre l'apparition, réduit à bien peu les arguments que l'on peut tirer de ces guérisons (15). De tout cela je conclus que le plus prudent est celui qui doute (16). Mgr l'Evêque de Grenoble n'a pas encore permis de construire une chapelle sur les lieux (17). Il a retiré la

---

(12) *Plusieurs réponses aux objections* que nous avons faites *sont bonnes*, aviez-vous dit plus haut. Les réponses à l'objection des mensonges sont-elles bonnes ? Les avez-vous seulement lues ? — Quant aux contradictions nous portons le défi d'en trouver dans le récit des enfants ; l'univers n'en a point trouvé.

(13) Faire cet aveu, et convenir qu'il y a, d'un côté, impossibilité à dire comment les enfants ont été mystifiés, et de l'autre, grande difficulté de soutenir qu'ils sont les inventeurs de leur récit : c'est avouer avec nous et avec l'univers entier, que les enfants ne sont ni *trompés* ni *trompeurs*. Jamais opposant ne se montra si candide.

(14) Très-bien encore ! La preuve des miracles est accordée !

(15) M. Cartellier ne peut attaquer les miracles nombreux, publics, bien attestés qu'en ébranlant les fondements de la certitude, ou qu'en avançant qu'il n'y a point de connexion entre les miracles et le fait de l'apparition. Dans le premier cas, il tombe dans le pyrrhonisme historique ; dans le second, il se jette dans un système que nous prouverons être insoutenable.

(16) D'après vos aveux et vos concessions, le doute *raisonnable* n'est plus possible. Quant au doute *volontaire* et *systématique*, il est incorrigible, il faut le plaindre.

(17) Cessez donc de l'accuser d'imprudence, de précipitation.

permission d'y dire la messe, à cause d'une contestation sur le terrain, élevée par la commune de la Salette (18). Il y a toujours quelques pèlerins et des demandes d'eau que l'on envoie en France et à l'étranger (19).

Agréez, etc.

Bientôt après et le 5 juillet, *La Voix de la Vérité* accueillait la réclamation suivante :

Grenoble, 5 juillet 1850.

Monsieur le Rédacteur,

J'ai connu un peu tard la lettre datée de Grenoble que vous avez insérée dans votre numéro du 26 juin dernier. Permettez-moi de réclamer contre les assertions et les expressions de cette lettre, au nom de la vérité et de la justice, au nom de plusieurs de mes confrères, et surtout au nom de M. Rousselot, qui est absent.

Votre correspondant accuse M. Rousselot de dire des *faussetés*. Comment cette expression a-t-elle pu couler sous sa plume, surtout en parlant du respectable M. Rousselot, que la confiance de ses collègues vient d'envoyer comme délégué du chapitre au Concile provincial de Lyon! en parlant d'un ouvrage approuvé par Mgr l'Evêque de Grenoble !

Les vénérables évêques de la Rochelle et d'Orléans sont des *exagérés*. Quelle légèreté !

Les enfants ont encore des *défauts*, c'est-à-dire, ils

---

(18) Et non parce qu'il croit encore le doute ou prudent ou possible.

(19) Et ces pèlerins et ces demandes d'eau sont des preuves irrécusables que l'univers n'est point dans le doute que vous regardez comme le parti le plus prudent. Et parmi ces pèlerins, il y a des gens sages, instruits, distingués, dont chacun dépose en faveur de la vérité de l'apparition. Et si l'eau n'avait produit nulle part des effets salutaires, pourquoi s'obstinerait-on à la demander de la France et de l'étranger ?

sont toujours enfants. Puissent-ils l'être toujours! Les Apôtres eux-mêmes n'ont-ils pas conservé tous leurs défauts après avoir passé trois ans à l'école de Jésus-Christ, et vous voudriez que des enfants fussent parfaits parce qu'ils ont vu et entendu la Mère de Jésus-Christ pendant une demi-heure? N'est-ce point assez qu'à part la légèreté de l'âge et quelques défauts de caractère, la conduite de ces deux enfants ait toujours été irréprochable? M. le curé de Corps vient de donner aujourd'hui même les renseignements les plus satisfaisants sur leur compte et sur les progrès de Maximin dans l'étude de la langue latine. Tous deux ont mérité d'être confirmés depuis peu.

Mais *ils se sont amusés à parler entre eux de leur secret, sans se le faire connaître cependant*, et se sont par là attiré *les moqueries de plusieurs*. — Ceci est simplement amusant et ridicule.

La plus forte preuve que l'on puisse apporter contre la vérité d'une apparition, c'est le non-accomplissement des prophéties de la sainte Vierge. — Prophéties conditionnelles, comme on sait, et assez semblables à celles qui sont renfermées dans le quatrième commandement de Dieu.

Et la plus forte preuve que l'on puisse apporter pour un vrai miracle, c'est l'impossibilité où l'on est encore (Voilà quatre ans que cela dure, et c'est un peu long pour plusieurs) *de dire qui a mystifié les enfants, et la grande difficulté qu'il y a de soutenir qu'ils sont trompeurs et inventeurs de leur récit*, sans compter *une autre preuve, les guérisons miraculeuses opérées par l'intercession de Notre-Dame de la Salette.* — Parfait: M. Rousselot lui-même ne dirait pas mieux, malgré *ses faussetés*.

Permis à M. M*** de trouver *faible dans son commencement* l'ouvrage de M. Rousselot. Ceux qui liront les *Nouveaux Documents sur l'Evénement de la Salette* seront peut-être d'un autre avis.

Enfin, l'auteur de la lettre du 10 juin aurait pu savoir que la célébration du saint sacrifice de la messe, interrompue pour des causes tout-à-fait étrangères à la question de l'apparition, avait recommencé depuis plus d'un mois sur la sainte montagne, quand il a écrit sa lettre.

Ayez la bonté, Monsieur le rédacteur, de publier celle-ci dans votre estimable journal, et agréez, etc.

AUVERGNE,

Chanoine honoraire, Secrétaire de l'Evêché.

Comme on le voit, l'opposition se montrait encore timide et réservée : ce ne fut que quelques mois après qu'elle ne craignit plus de franchir toutes les limites de la vérité et de la justice.

Enfin, à l'époque indiquée, le Concile s'ouvrit. Un compte-rendu très-succinct de nos *Nouveaux Documents* parut alors dans la *Gazette de Lyon*, et confirma les esprits dans l'idée que le Concile allait traiter de la Salette. Un des plus illustres Pères de l'assemblée parut tout d'abord désirer que l'on s'en occupât; mais Son Eminence le cardinal archevêque de Lyon, président du Concile, fit publier par l'organe du même journal que cet examen n'aurait pas lieu. En effet, le Concile avait à traiter de matières d'une toute autre gravité, et il aurait manqué du temps nécessaire à la discussion d'un Fait de cette nature.

Désappointés de cette espèce de contre-temps, les opposants qui s'étaient flattés de voir le Concile condamner solennellement la Salette, voulurent s'en dédommager un peu en faisant courir mille bruits divers et faux sur la manière dont, selon eux, elle avait été traitée en plein Concile, sur les dispositions hostiles qu'ils prêtaient gratuitement aux Pères et aux membres de la vénérable assemblée, sur des propos qu'ils supposaient avoir été tenus. Rien de tout cela n'était vrai.

Il y avait dans le Concile beaucoup de croyants et point d'opposants systématiques : et le nom de la Salette ne fut articulé ni dans les congrégations générales ni dans les particulières.

Mais dès-lors on put se convaincre que l'opposition, dans la vue d'anéantir la Salette, ne reculerait devant aucun moyen, et qu'elle ferait flèche de tout bois.

C'est une chose digne de remarque que ceux qui criaient le plus fort contre la Salette étaient souvent ceux qui l'avaient le moins étudiée. Quelques-uns n'avaient lu aucun des écrits composés en sa faveur. Qu'on en juge par ce trait. L'un d'eux m'aborde un jour et d'un air ironique : Vous travaillez donc toujours pour la Salette? me dit-il. — Oui, sans doute. — Pour moi, je n'y crois pas. — Soit ; libre à vous de n'y pas croire. Mais, vous avez au moins quelques bonnes raisons de n'y pas croire — Oui, certainement. — Et quelles sont ces raisons? — La première, c'est que vous racontez de faux miracles dans vos livres. — Mais si j'en raconte quelques-uns de vrais, cela devrait suffire. Quatre miracles bien avérés suffisent pour la canonisation des saints, et parmi les quarante que je raconte, il y en a bien au moins quelques-uns de vrais. — Les faux font douter des véritables. — Quels sont donc les faux miracles que j'ai racontés? — Vous parlez de la guérison d'une fille de Gap, qui a été reconnue fausse par l'Evêque. Vous racontez une autre guérison arrivée à Annecy, dont l'Evêque a reconnu la fausseté. — Vous avez lu mes deux livres? — Si je les ai lus ! — Eh bien! je vous défie d'y trouver les deux miracles dont vous parlez..... Voyez plutôt, parcourez.... — Et l'opposant, après avoir parcouru, de balbutier.... et bientôt de faire volte-face. Si nous voulions donner carrière à notre plume, combien d'autres traits d'ignorance ou de mauvaise foi nous aurions à raconter!

§ II. — OPPOSITION DEPUIS LE 4ᵉ ANNIVERSAIRE 1850,
JUSQU'A LA PUBLICATION DU MANDEMENT DOCTRINAL.

Pendant cette période, l'opposition se montra plus vive, plus passionnée, mais aussi plus injuste, qu'elle ne l'avait été précédemment. L'incident d'Ars, survenu tout-à-coup, présenta aux croyants une objection d'une certaine gravité à résoudre, et fournit aux opposants une ample matière à déclamation. L'objection, quoique pleinement résolue d'abord, dans une brochure de cinquante pages, que nous publiâmes en février 1851, n'en a pas moins été reproduite comme un argument resté sans réplique et réduisant en poudre le Fait de la Salette. Les opposants n'ont tenu aucun compte de notre réponse; mais l'affaire d'Ars leur a paru tellement décisive contre la Salette, qu'ils ont paru abandonner toutes leurs autres difficultés pour celle-ci. Voyons d'abord comment fut amené l'incident d'Ars; nous résoudrons ensuite dans l'article suivant et nous réduirons à rien la difficulté que nos adversaires ont cru y apercevoir, et qu'ils ont fait sonner si haut.

Le 19 septembre 1850 était le quatrième anniversaire de la célèbre apparition, et l'on ne doutait pas qu'il ne dût être solennisé avec le même concours et la même dévotion que les trois premiers. Néanmoins, et contre toute attente, la piété des pèlerins fut troublée par une réunion de circonstances qui devaient mettre le Fait de la Salette à une rude épreuve.

Depuis bien longtemps, d'aveugles partisans du prétendu Louis XVII s'étaient persuadés à eux-mêmes et avaient répandu le bruit que le secret des deux petits bergers de la Salette regardait l'homme dont ils avaient fait leur idole. Dans la vue d'arracher ce secret jusques-là si inviolablement gardé, ils se réunissent en certain nombre à Corps et se donnent rendez-vous sur la montagne pour le 19 septembre 1850. L'un d'eux, muni du portrait du baron de *Richemont*, le fait voir à plusieurs reprises à *Maximin*, jusqu'à faire rire celui-ci, et se croit déjà en possession du secret. En outre, ils avaient projeté d'entraîner les enfants jusqu'à Lyon pour les avoir sous la main, et pour pouvoir confronter au moins le petit berger avec leur prétendu héros. Mais d'un autre côté, se formait aussi une seconde réunion qui avait sur l'enfant d'autres desseins. Un nommé B..., que le jeune berger avec son seul bon sens naturel, ne tarda pas de qualifier de *visionnaire*, s'était imaginé que Dieu l'appelait à faire de grandes choses à l'aide et avec la coopération de Maximin. Arriva encore sur la montagne un certain religieux conduisant avec lui un possédé, vrai ou prétendu, le nommé G.... de Lyon. Un troisième personnage accompagnait le religieux et son possédé, et prônait la sainteté du premier, et la réalité de la possession du second. Or, pendant que la foule pieuse et compacte des pèlerins se presse sur les lieux sanctifiés, remplit la chapelle et puise de l'eau à la fontaine merveilleuse, les hommes dont nous venons de parler, se tenant un peu à l'écart, attirent au milieu d'eux les petits bergers, et prient le religieux de consulter le possédé G.... sur l'avenir de *Maximin*. A leur grande satisfaction, le possédé G.... décide que *Maximin* doit aller à Lyon et que Dieu l'appelle à se faire Mariste. Cependant des curieux se détachent de la foule des pieux pèlerins, viennent grossir le groupe, se pressent pour voir le possédé, l'interrogent et veulent à tout prix s'assurer de la réalité de la possession. De là des scènes ridicules et même scandaleuses, dont gémirent les personnes sensées et qu'elles cherchèrent inutilement à arrêter. De là, deux ou trois jours après, l'apparition dans un journal de Grenoble, depuis longtemps connu par ses emportements contre le clergé, d'un nouvel article, dans lequel le Fait de la Salette est de nouveau tourné en ridicule, et le désordre du dernier anniversaire mis en relief et représenté comme une jonglerie qu'un charlatan de nouvelle espèce est venu opposer à la jonglerie du pèlerinage. Et cet article fut aussitôt accueilli et reproduit par les feuilles de la même trempe dont la capitale inondait alors la province.

L'enlèvement de *Maximin* et de *Mélanie* avait été concerté sur la montagne; ces deux enfants devaient être emmenés à Lyon, et y rester à la disposition de deux partis différents : l'un purement politique, l'autre religieux en apparence. Le possédé G.... l'avait ainsi décidé, mais sans inspirer une entière confiance à ceux qui l'avaient consulté, et qui dès lors prirent la résolution de s'adresser à un oracle plus sûr et plus respectable : au bon curé d'Ars. Trompés par des intrigues, trois hommes honorables se chargèrent de conduire les enfants à Grenoble, à Lyon, à Ars. On arrive donc à Grenoble; *Mélanie* déclare nettement qu'elle n'ira pas plus loin, et Mgr l'Evêque ordonne qu'elle soit conduite chez les religieuses de la Providence. Quant à *Maximin*, il n'est pas sans inquiétude sur l'irrégularité de sa position; il se détache de ses guides et il reçoit du vénérable Prélat l'ordre de se rendre à l'Œuvre des orphelins de St-Joseph et d'y rester jusqu'à la rentrée des classes du petit séminaire, où il sera reçu comme élève. *Maximin*, à peine entré dans l'établissement, est réclamé par ses guides, qui lui ont promis de le faire dîner avec eux, et qui promettent de le ramener dans une heure. Mais après le dîner, ils lui déclarent nettement qu'il faut partir pour Lyon et qu'ils ont payé sa place. Entraîné par sa légèreté naturelle et par la curiosité de voir du pays, *Maximin* s'abandonne à ses conducteurs, dont l'un lui est spécialement connu et dont il a reçu quelques bienfaits. On ne s'arrête point à Lyon, on repart pour Ars, où l'on arrive le soir. On ne voit d'abord que le vicaire, connu au loin par son antipathie pour la Salette. Celui-ci débute par une vive sortie contre le Fait de la Salette. Maximin, cette fois-ci et comme tant d'autres, perd patience, et tourne le dos en disant : *Comme vous voudrez; supposez que je n'ai rien vu; dites que je suis un menteur.*

Le lendemain seulement et vers les sept heures du matin eut lieu dans la sacristie où se trouvent trois ou quatre autres personnes, avec le vénérable curé, un entretien de quinze à vingt minutes au plus. C'est dans cette entrevue si courte que *Maximin* aurait démenti tout ce qu'il avait dit et soutenu jusques-là avec tant d'intrépidité. C'est là qu'aurait été dressé le procès-verbal imaginaire de sa prétendue rétractation. C'est là qu'aurait été découverte la trame la plus odieuse, la plus sacrilége et la plus habilement ourdie dont on ait jamais parlé. Un simple malentendu, voilà cependant à quoi tout se réduit l'épouvantable fantasmagorie d'Ars. C'est la montagne en travail qui accouche d'une souris, comme on le verra à l'article des objections.

Au sortir de la sacristie, *Maximin* va dire à ses guides que, d'après l'avis du bon curé, il doit rentrer dans son Diocèse et se remettre à la disposition de son Evêque. Contrariés de cette décision, toute contraire à celle que le possédé G.... a donnée sur la montagne, ses guides le renvoient au curé, et le suivent jusqu'à l'autel derrière lequel le saint homme entend la confession d'un pénitent. *Maximin* interroge de nouveau et reçoit la même réponse. De retour à Lyon, *Maximin* est confié à M. P...., chargé de l'introduire auprès du baron de *Richemont*. A la première entrevue, *Maximin*, qui ne sait point se déguiser, se met à *rire*, parce qu'il reconnaît de suite celui dont on lui a montré le portrait à Corps. Aussitôt la petite cour du prétendant de dire à voix basse : *Voilà le secret de la Salette.* Une Dame lui adresse la parole : *Mon enfant*, lui dit-elle, *tu vas maintenant nous dire ton secret.* — *Madame*, réplique vivement l'adolescent : *Me demander mon secret ou me montrer la porte pour m'en aller, c'est la même chose.* Voilà le dénouement risible de l'intrigue ourdie depuis assez longtemps par les gens de ce parti ! La manière dont huit mois plus tard le secret de Maximin était envoyé à Rome et reçu par Sa Sainteté, a déjoué pour jamais l'intrigue par laquelle des personnes abusées ont voulu rattacher la Salette à ce que nous croyons être une pure folie politique. Depuis trois jours l'on promenait Maximin dans Lyon. On avait même usé de stratagème pour le séparer de sa sœur, jeune personne plus âgée que lui et pleine de sens, laquelle inquiète de l'enlèvement de son jeune frère, l'avait rejoint à Ars, et ne voulait pas le perdre de vue. Cependant l'abbé *Bez*, le premier historien de la Salette, rencontre par hasard le jeune *Maximin*, et par des démarches généreuses, lui procure l'entrée d'un bon pensionnat. Mais on avait besoin du consentement du tuteur que l'on avait oublié de demander au départ de Corps. Aussitôt l'un des trois guides prend le chemin de Paris, le second part pour aller chercher ce consentement, et le troisième disparaît : tous comprirent qu'ils s'étaient mis dans un mauvais cas. Au bout de trois semaines, Mgr de Grenoble envoie chercher *Maximin* et le place dans son petit séminaire, situé près de la ville épiscopale. Bientôt après, le tuteur vient remercier Sa Grandeur de la bonté qu'elle a eue de faire revenir son pupille.

On le voit, le Fait de la Salette était totalement étranger à la course d'Ars. Rien n'indique dans Maximin l'intention de se rétracter ; au retour d'Ars, il est ce qu'il a toujours été.

Cependant le bruit d'une rétractation faite à Ars commence à se répandre. Une certaine alarme se produit parmi les croyants ; l'hymne du triomphe retentit dans les rangs de l'opposition. M. l'abbé *Bez*, le premier, lui qui a recueilli Maximin au retour d'Ars, va aux informations et publie une réfutation du prétendu démenti d'Ars. Mgr de Grenoble et quelques membres de son conseil vont aux renseignements ; l'affaire s'éclaircit et se réduit à rien. Ce n'était pas là le compte de l'opposition ; elle voulait à force de faire sonner haut le fait d'Ars, étouffer celui de la Salette ; elle voulait anéantir le témoignage des deux bergers par celui du curé d'Ars, regardé à juste titre comme un saint à miracles.

En vain les partisans de la Salette ont-ils répondu à ce démenti prétendu ; en vain ont-ils démontré jusqu'à l'évidence que ce démenti, fût-il vrai, ne prouverait qu'une chose, savoir : que l'*enfant a menti à Ars* et non à la Salette. Mais les opposants convaincus que l'argument tiré de ce démenti paraîtrait spécieux à beaucoup de gens irréfléchis et superficiels, et que le fait d'Ars anéantirait celui de la Salette, résolurent de recourir à la voie de la Presse pour en finir avec le *maudit* Fait. La Presse est la reine de l'opinion ; prompte comme l'éclair, elle écrase comme la foudre. Mais comme les harpies de Virgile, la mauvaise Presse salit tout ce qu'elle touche ; elle noircit les plus belles réputations ; elle dénature les meilleures actions ; elle empoisonne les intentions les plus pures. Voilà la Presse menteuse et voltairienne à laquelle les opposants n'eurent pas honte de s'adresser. Le temps parut d'ailleurs propice à leur dessein : une commission ecclésiastique examinait à Avignon le prétendu miracle de St-Saturnin-lès-Apt, et se prononçait contre la fameuse Rose Tamisier. Il était tout simple d'écraser sous le poids du même anathème les deux faits. La sagesse des juges d'Avignon fut élevée jusqu'aux nues, tandis que les juges de Grenoble ne méritaient que le mépris. La haine ou la prévention pour ce qui est surnaturel leur fit oublier qu'une commission présidée par l'Evêque diocésain est également respectable, soit qu'elle se prononce contre la fausseté d'un prestige, soit qu'elle proclame la réalité d'un fait surnaturel. Pour plaire à ces messieurs, il aurait fallu condamner le Fait de la Salette à sa naissance, au risque de se mettre en opposition avec le ciel.

Ce fut vers la fin de janvier 1851 que l'on se proposa de porter un grand coup. On parvint à faire entrer dans les colonnes d'un journal de Lyon, réputé grave, un article revêtu d'une signature légale, mais rédigé d'avance avec art; où, d'un style aigre-doux, on fait parade d'amour pour la religion et de respect pour ses pontifes, mais où l'on outrage la religion et la morale qui en découle, par des insinuations malignes et calomnieuses, par des allégations fausses et perfides, par des sophismes adroits, par le mépris déversé sur l'Evêque et le clergé de tout un grand diocèse.

Nous réfutâmes en février 1851 cet article dans une brochure de cinquante pages. Nous fîmes ressortir ce que ce hideux article contenait de faux et de malveillant. Mais l'article de Lyon appartenant désormais à l'histoire, nous le reproduisons ici, soit parce qu'il y a encore des opposants qui en font toujours le thème de leurs objections, soit parce qu'il est un monument propre à perpétuer le souvenir des assauts dont a glorieusement triomphé la Vierge de la Salette.

ARTICLE PUBLIÉ DANS UN JOURNAL DE LYON,
LE 28 JANVIER 1851.

Depuis quelques années on a beaucoup abusé des miracles, au grand détriment de la Religion, qu'on ne peut cependant rendre responsable de toutes les sottises qui se commettent en son nom (1).

---

(1) S'il plaît à Dieu de faire des miracles, peut-il y avoir abus à les publier? Y a-t-il sottise à les croire quand ils sont prouvés?

Entre tous les faits surnaturels, inventés pour surprendre la bonne foi des esprits encore plus candides que pieux, il faut citer le fameux évènement de la Salette, dont la lithographie et la librairie se sont emparés et qu'elles ont exploité à des millions d'exemplaires (2);

On se rappelle que le 19 septembre 1846, deux très-jeunes bergers descendant des montagnes de la Salette, déclarèrent à tout venant que la Vierge venait de leur apparaître, belle, radieuse, et qu'après leur avoir donné des conseils, adressé des exhortations et même prophétisé l'avenir, la Mère du Seigneur s'était élevée dans les cieux à leurs yeux éblouis (3);

Le récit trouva créance au milieu d'une population simple et pieuse (4);

---

(2) Le Fait de la Salette *inventé !* il faut le prouver autrement que par des déclamations vaines, par des faussetés palpables, par des insinuations malveillantes : bagage prétendu philosophique, à l'usage des incrédules qui combattent jusqu'aux miracles évangéliques..... N'y a-t-il parmi les croyants à la Salette que des esprits candides, c'est-à-dire, dans votre pensée, des niais et des imbécilles ? Pour qui prenez-vous les évêques, les prêtres, les hommes du monde les plus éclairés ?

(3) Plus les bergers étaient jeunes, ignorants et rustres, moins ils ont pu inventer, concerter, retenir leur récit : *même prophétisé l'avenir*. Qui oserait en septembre 1852, nier l'accomplissement de la prophétie ? Une maladie inconnue continue à gâter les pommes de terre, fait périr la vigne en France, en Espagne, en Italie.... Tremblons que Dieu ne continue à dérouler le terrible tableau des châtiments dont il nous a menacés, *si nous ne nous convertissons.*

(4) Les gens de la campagne ne sont pas *simples* jusqu'à manquer de *bon sens*, jusqu'à prendre des vessies pour des lanternes. Ce n'est pas la *piété* qui les fit croire à l'*apparition*, mais c'est l'*apparition* qui les rendit *pieux*.

Les bonnes âmes le répandirent d'abord (5);

L'intrigue l'exploita à son profit (6);

Et finalement, la vision des deux petits bergers passa à l'état de miracle, avec approbation de Mgr l'Evêque de Grenoble, vieillard nonagénaire, qui, par suite de son grand âge, administre son Diocèse IN PARTIBUS (7);

Une chapelle fut élevée sur le lieu où la Vierge était apparue aux petits bergers (8);

Un prêtre fut désigné pour la desservir (9);

Et pour recevoir les offrandes des fidèles (10);

---

(5) Les bonnes âmes, c'est-à-dire les bons chrétiens, ne sont point un troupeau d'imbécilles.

(6) Où sont ces intrigants? Quel profit ont-ils retiré de leur intrigue?

(7) La vision des petits bergers a été regardée comme merveilleuse, comme inexplicable sans l'intervention divine, par des personnes tout autrement graves que le faiseur de cet article, qui, à la fausseté ajoute l'insulte à un prélat respecté du monde entier, et qui, pour faire une pointe d'esprit, donne une entorse à la langue française : n'a pas d'esprit qui veut.

(8) Et malgré l'opposition, la chapelle qui n'était que provisoire et en planches couvertes de paille, se transforme maintenant en un vaste et beau sanctuaire, grâce au concours spontané de l'univers catholique (*).

(9) Pendant cinq ans le curé de la Salette, aidé par un frère mourant et bientôt mort à la peine, a fait ce qu'il a pu pour les pèlerins. Aujourd'hui des missionnaires sont établis pour desservir exclusivement le pélerinage.

(10) Quel mal y a-t-il à recevoir à la Salette comme dans les autres sanctuaires, les offrandes spontanées des fidèles? Offrandes qui tournent toutes au profit du pélerinage.

(*) Et malgré l'opposition, Rome accorde aujourd'hui les plus insignes faveurs au sanctuaire, aux missionnaires, aux pèlerins et à l'Archiconfrérie de la Salette.

Les livres contenant les récits du miracle furent approuvés (11).

Les médailles frappées en son honneur furent *bénies* (12).

Enfin, le doyen des chanoines du diocèse de Grenoble fut chargé de présenter à l'approbation du concile provincial de Lyon, un office particulier de Notre-Dame de la Salette (13);

Laquelle devint une véritable Providence pour le bourg de Corps, où les pèlerins abondaient de toutes les parties de la France ou même de l'étranger, non sans y laisser beaucoup d'argent (14).

---

(11) Les livres n'ont créé ni l'apparition, ni le pèlerinage de la Salette; et parce qu'ils les constataient suivant les règles de la saine critique, ils ont été approuvés et par l'autorité compétente et par la foule des lecteurs judicieux et instruits.

(12) Par respect pour la grammaire, il faut dire *bénites*. Nous demanderons à l'auteur de l'article : 1° Quelle loi défend de frapper, de vendre et d'acheter des médailles? 2° Quelle loi défend à l'Eglise de les bénir? 3° Quelle loi défend aux fidèles de les porter? 4° Ceux qui les portent sont-ils plus mauvais que ceux qui s'en moquent? 5° De quel droit ceux qui n'en portent pas insultent-ils ceux qui en portent?

(13) Jamais le doyen des chanoines n'a eu la pensée, jamais *il n'a été chargé* par qui que ce soit de demander cette approbation.

(14) Cette foule de pèlerins prouve la vérité de l'apparition; une jonglerie ne met pas ainsi l'univers en mouvement. Ni l'Evêque de Grenoble, ni son clergé, ni les habitants de Corps n'ont créé le pèlerinage; et le pèlerinage cesse-t-il d'être louable parce que les pèlerins payent leurs dépenses? Et les pauvres montagnards de Corps et de la Salette ont-ils tort aussi de demander le prix de l'hospitalité qu'ils accordent à des étrangers? — Lecteur, contenez votre indignation.

La représentation de cette ridicule comédie a pu durer pendant plusieurs années (15) ;

Et probablement le dénouement serait encore à se faire attendre, si les premiers auteurs du *scenario* n'eussent été dirigés, il y a quelque temps, vers le vénérable curé d'Ars (16),

Auquel bien malgré lui, on fait faire aussi beaucoup de miracles (17) ;

Et confus et humiliés ne lui eussent avoué la vérité, c'est-à-dire, que la Vierge Marie ne s'était nullement révélée à eux (18) ;

Qu'ils avaient inventé une fable absurde sans penser aux succès que devait obtenir le fait de leur imaginative (19).

---

(15) Et c'est parce que le pèlerinage est fondé sur la vérité qu'il dure depuis six ans, qu'il augmente chaque année, et qu'il durera encore bien longtemps, malgré les traits injurieux que vous lui décochez.

(16) *Scenario*, mot italien adressé à ceux qui n'entendent que le français. *Les premiers auteurs : fausseté ;* Maximin seul a été entraîné à Ars ; Mélanie est restée témoin irréprochable et inflexible. La Salette n'était pour rien dans le voyage d'Ars ; nous venons de le prouver.

(17) Et si ces miracles étaient bien avérés, vous les traiteriez, sans doute, comme l'apparition de la Salette, de *ridicule comédie*, d'*intrigue*....

(18) Autant de mensonges que de mots : 1° Maximin était seul ; 2° il n'a paru confus et humilié qu'aux yeux du faiseur d'article ; 3° il n'a rien désavoué de ce qu'il disait depuis quatre ans, de ce qu'il a toujours dit depuis. Tout se réduit à un malentendu.

(19) L'imaginative de notre faiseur a vu et entendu ce qui s'est passé à Ars ! Qu'il nous prouve donc que Maximin 1° a inventé son récit ; 2° qu'il en a entrevu les conséquences ; 3° qu'il s'est rétracté ensuite. Qu'il nous prouve ces trois choses autrement que par des allégations. Sommes-nous donc obligés de le croire sur parole ?

Procès-verbal de leurs aveux fut dressé immédiatement (20).

L'archevêché de Lyon, ayant à son tour interrogé les petits bergers (21),

A, dit-on, acquis la preuve de la sincérité de leur rétractation (22).

Nous croyons pouvoir ajouter que le Prélat, dont l'autorité en matière de foi, a servi à propager l'imposture, a été supplié de protester contre l'abus qu'on a fait de son nom (23).

Mais, jusqu'à présent, rien n'a été arrêté pour mettre un terme à une superstition profitable aux intérêts de beaucoup d'industriels de tous genres (24).

L'intérêt bien entendu de la Religion exige cependant que les gardiens du dogme, les véritables dépositaires de la foi, s'interposent entre l'erreur et la vérité (25).

---

(20) Jamais on ne l'a montré, jamais on ne le montrera, parce qu'il n'y en eut point.

(21) Autre mensonge! jamais les enfants n'ont mis le pied à l'archevêché.

(22) Nouveau mensonge, mal accrédité par un voltairien et perfide *dit-on.*

(23) Ici louange perfide et dérisoire d'un prélat que l'on faisait tout à l'heure *incapable d'administrer*. Ici encore, mensonge grossier, puisque jamais le Prélat n'a été supplié de protester, mais plutôt, de donner son jugement doctrinal.

(24) Depuis votre article on a arrêté par un immortel Mandement, aux applaudissements de l'univers, que le fait de la Salette est indubitable. Et l'univers sait maintenant que ce n'est ni une superstition, ni une supercherie, ni une comédie, ni une intrigue, ni une spéculation, ni rien de tout ce que vous avancez mensongèrement.

(25) Prouvez que l'apparition de la Salette est une erreur et prouvez-le autrement que par des mensonges, et nous tomberons d'accord.

Les sentiments religieux sont déjà assez affaiblis au sein de notre société, pour qu'on ne vienne pas, par d'indignes supercheries, dont le temps a du reste, toujours raison, faire rejaillir sur le prêtre et sur la Religion elle-même, la déconsidération qui s'attache toujours au mensonge (26).

A peine l'inconcevable article eut-il paru, que M. l'abbé *Bez* présenta des réclamations, mais elles ne furent publiées qu'en partie suivant l'usage des journalistes peu amis de la vérité.

De Lyon, comme d'un centre, l'article mensonger partit dans toutes les directions et arriva à tous les points de la circonférence, et produisit son effet avant que les démentis pussent arriver : tactique de la plus insigne déloyauté. Aussi deux jours après, il était reproduit par un journal de la localité, le *Patriote des Alpes*, avec renfort d'insinuations malignes, d'imputations odieuses, et escorté d'un long et charitable réquisitoire contre le clergé de trois diocèses. M. Chambon, chanoine et professeur d'éloquence sacrée, au nom du chapitre de Grenoble, fit la réponse suivante :

---

(26) En combattant, comme vous le faites, l'apparition par des allégations mensongères et calomnieuses, n'est-ce pas vous qui *faites rejaillir sur la Religion elle-même, la déconsidération qui s'attache toujours au mensonge?* N'est-ce pas vous qui en faisant parade de votre incrédulité, en l'affichant dans vos discours, êtes cause que l'on ne profite pas des avertissements du Ciel, que l'on ne se convertit pas? Et maintenant que le fait a été reconnu vrai par l'autorité compétente, et que les peuples eux-mêmes commencent à en reconnaître la vérité dans les châtiments qui pèsent déjà sur eux, voulez-vous assumer sur vos têtes la terrible responsabilité de la perte spirituelle de ceux qui ne se convertiront pas, et des vengeances célestes qui les menacent?

LA SALETTE ET *LE PATRIOTE*.

« On fait circuler depuis quelque temps toutes sortes de versions sur l'Evénement de la Salette. On dit que le petit berger a déclaré à M. le curé d'Ars que tout ce qu'il avait raconté était une fable de son invention; que l'archevêché de Lyon, ayant interrogé les petits bergers, a acquis la certitude de la vérité de leur rétractation; qu'il existe des procès-verbaux de leurs aveux. Des imaginations plus inventives affirment que la petite bergère est morte, et qu'elle a tout désavoué à ses derniers moments, etc.... Ces assertions ont reçu déjà cent fois le plus formel démenti. On les répète néanmoins; on assure que tout est fini avec la Salette, et que ce n'est plus qu'une triste mystification. Et puis on se félicite d'avoir su se préserver d'une erreur grossière, qui a gagné presque tout le monde ; on se moque agréablement des esprits faibles qui croient encore aux miracles, comme si le temps n'en était pas passé, comme s'il pouvait s'en faire en pleine civilisation.

» *Le Patriote*, qui est aussi un esprit fort, s'empresse, à son tour, de venir battre des mains sur ces ruines ; mais sa joie est mêlée de la plus violente indignation : il nous menace de toutes les foudres du Code pénal, et regrette qu'on ne puisse trouver quelques petits moyens de nous ramasser tous et de nous jeter en prison, comme des escrocs, nous, simples et bonnes gens, dont il se contentait de rire autrefois. » Mais il faut le laisser parler lui-même :

« Le bruit public leur impute (aux prêtres qui
» croient à l'apparition) de n'avoir organisé la mise en
» scène de Corps que dans la *pieuse* intention de ruiner
» l'entreprise qui exploite Notre-Dame du Laus (Hautes-
» Alpes), et de s'en approprier les dépouilles. . . . .

. . . .

» Nous sommes d'ailleurs, quant aux miracles mo-
» dernes de la Salette, St-Saturnin, Rimini et autres
» lieux, de l'avis d'un chanoine respectable et éclairé
» de ce diocèse. Dieu et la Religion n'ont pas besoin
» de frapper l'imagination des hommes par des prodi-
» ges nouveaux. Le chrétien qui se recueille et qui
» compare la petitesse de son être aux splendides mer-
» veilles de la création ; le philosophe qui, après avoir
» pâli sur les livres, est forcé de reconnaître son im-
» puissance à pénétrer les mystérieuses grandeurs de
» l'infini, et d'humilier son esprit devant les pures et
» saintes doctrines de la morale évangélique : tous,
» depuis l'homme le plus largement pourvu des dons
» de l'intelligence jusqu'au plus humble habitant de
» nos chaumières villageoises, ne sommes-nous pas la
» preuve vivante, le témoignage éclatant de la puis-
» sance divine et de la supériorité de l'idée religieuse
» sur les doctrines du matérialisme ?

» Non, non, ni Dieu, ni la foi, n'ont intérêt à ces
» *exhibitions*. Quelles merveilles pourraient surpasser
» celles que nous offre la nature elle-même ! Mais il
» est, pour le malheur de la Religion, des hommes
» qui, sous le prétexte menteur de servir les intérêts
» du ciel, font trafic de la crédulité des fidèles et rava-
» lent, au profit de leur bourse, les mystères de la
» divinité aux proportions d'un ignoble exercice de
» prestidigitateurs.

» Ces hommes, le Code pénal les atteint ; mais ils
» savent si bien abriter leurs honteuses spéculations
» sous le manteau sacré de la foi, que la justice hésite
» à les frapper..... Elle ne peut raisonnablement inter-
» venir dans les choses célestes : Dieu peut tout ce
» qu'il veut, et il est difficile, nous en convenons, de
» prouver qu'il n'a pas voulu faire un miracle à leur

» bénéfice. Toutefois, la supercherie étant dévoilée et
» confondue, nous voudrions bien savoir en quel bu-
» reau ses nombreuses victimes doivent se présenter
» pour recouvrer les sommes arrachées à leur trop
» candide inexpérience......... »

« Que répondre à cette colère impuissante, qui se soulage par l'injure et la calomnie ? Rien. Nous sommes connus de tous ; tous savent, n'en déplaise au *Patriote*, que nous ne sommes pas des escrocs, que nous ne sommes pas de misérables sacriléges enrichis de l'abus des choses saintes, *ni d'aucune autre façon*. Qu'on nous démontre que nous avons été trompés, et nous nous empresserons de réformer notre opinion. Nous sommes les moins *prestidigitateurs* des hommes, car nos *exhibitions* et nos *mises en scène* sont tout ce qu'il y a de plus vulgaire et de moins habile. On pourrait plutôt nous reprocher d'être trop simples et trop crédules ; et, certes, ce n'est pas nous qui avons inventé le mot pratique des entrepreneurs de révolutions : *Le tour est fait !*

» Il y a parmi ceux qui ne croient pas à l'apparition de la Salette des hommes religieux et honorables, que nous respectons, parce qu'il faut respecter toutes les convictions sincères ; mais nous les plaignons d'avoir de tels auxiliaires.

» *Le Patriote* loue particulièrement un *chanoine de ce diocèse*, qui se trouvera peu flatté de cet honneur, et qui, s'il n'est pas lui-même une *petite exhibition utile*, repoussera certainement la responsabilité de cette profession de foi toute déiste qu'on lui prête, et que Jean-Jacques Rousseau n'aurait pas désavouée. »

Nous nous sommes médiocrement émus de tous les efforts tentés contre le Fait de la Salette, parce que nous ne prétendons imposer nos convictions à personne, et on est parfaitement libre de ne pas les partager ; mais, au moins, qu'on ne calomnie pas nos intentions. Nous nous en tenons, au reste, à ce raisonnement de

Gamaliel aux Juifs incrédules de son temps : « Si tout
« cela vient de Dieu, vous ferez de vains efforts pour le
« détruire ; si c'est l'ouvrage des hommes, tout tombera
» de soi-même. » « Or, depuis plus de quatre ans, le
Fait de la Salette, loin de faiblir, n'a fait que grandir
et se fortifier. J'en trouve, pour moi, une preuve nouvelle dans les violentes et inqualifiables attaques dont il
est l'objet.

Grenoble, le 3 février 1851.

Au nom du Chapitre de la cathédrale,

L'abbé CHAMBON, *chanoine.* »

Le Patriote ne se tint pas pour battu ; il renchérit sur ses invectives précédentes, et se posant en matamore, il adresse fièrement quatre questions à son adversaire, qui lui répliqua par le piquant article qu'on va lire :

ENCORE LA SALETTE ET *LE PATRIOTE.*

« *Le Patriote* sépare cette fois notre cause de ceux qu'il accuse de trafiquer indignement du fait de la Salette, et il assure que nous n'étions pour rien dans ses invectives. A la bonne heure ! Tout le monde s'y était trompé. Mais, enfin, nous devons lui savoir gré des égards qu'il nous témoigne et de la justice qu'il veut bien nous rendre. Au fond, selon lui, l'accusation reste toute entière, et ses arguments n'ont pas été entamés.

» Ainsi donc, le livre de M. Rousselot, contenant, avec le récit des faits, les interrogatoires des deux bergers par le *Chapitre de Grenoble*, a été publié avec la haute approbation de *Mgr l'Evêque de Grenoble ;* et il s'en vend tous les jours, *en France et à l'étranger*, des milliers d'exemplaires.

» Je ferai d'abord observer au *Patriote* que cette étonnante propagation n'est pas du tout défavorable à l'apparition de la Salette. Au fait, M. Rousselot devait-il, par égard pour ceux qui ne veulent plus croire à rien de surnaturel, refuser d'écrire ces récits, quand une pieuse crédulité les lui demandait de toutes parts? Nous ne le pensons pas. Nous dirons même que ses démonstrations nous ont paru concluantes, comme au plus grand nombre, et nous sommes convaincus que si les écrivains du *Patriote*, dont quelques-uns ont beaucoup d'esprit, voulaient bien les lire, ils finiraient par penser un peu comme nous. Ils y trouveraient, au moins, une solution satisfaisante à leurs principales objections.

« On a vendu des masses de médailles bénites, de *gravures* et *d'images*. »

» Fallait-il les donner pour rien? Nous l'eussions désiré, pour répondre à l'empressement des fidèles, comme nous le désirerions pour toutes les choses religieuses; mais, enfin, les marchands les vendent, et les prêtres, *le Patriote* en conviendra, ne peuvent pas les payer pour tout le monde!

« On a expédié des bouteilles d'eau de la Salette, depuis *quatre ans*, dans les *quatre parties* du monde, *bouchées, goudronnées et scellées.* »

» *Le Patriote* sait bien que toutes ces choses ne peuvent se faire *qu'à beaux deniers comptants*, comme il dit; et il ne peut pas raisonnablement exiger des expéditeurs qu'ils ne se fassent pas rembourser au moins de leurs avances par ceux qui leur demandent ces envois.

« Mais on assure que deux bouteilles ont été expédiées à Lyon, trois autres à Valence, *à un prix fabuleux.* »

» Dites par qui. Si c'est un prêtre, nous le désavouons, nous le flétrissons encore plus énergiquement que vous. Si c'est un industriel qui a voulu profiter de l'occasion, *le Patriote* sait bien qu'on peut abuser de tout. Voilà pour la question personnelle.

» Quant à la question de fait, *le Patriote* nous adresse quatre interrogations vives, brèves, catégoriques, et il nous somme d'y répondre, *oui ou non*. — *Répondez donc, messieurs*, ajoute-t-il, avec une fierté belliqueuse, sûre d'elle-même; *mais répondez donc avec précision, en gens qui savent aborder de front leurs adversaires.*

» Nous aimons cette façon nette et franche de poser une question, moins la rodomontade, et il ne tiendra pas à nous que *le Patriote* ne soit satisfait :

« *1º Oui ou non, les deux enfants ont-ils été dirigés vers M. le curé d'Ars?* »

» Les deux enfants? non. Le petit berger? oui; et après...? Que *le Patriote* nous le pardonne; mais cette question, ainsi détachée et formulée avec cette importance, est un peu naïve.

« *2º Oui ou non, a-t-il avoué que la vierge Marie ne s'était nullement révélée à eux, et qu'ils avaient inventé une fable absurde?* »

» Non.

» Il n'a pas dit qu'ils avaient inventé une fable, et tous deux protestent de toutes leurs forces contre cette calomnie. Il a dit, à la vérité, qu'il n'avait pas vu la sainte Vierge, parce que réellement les deux enfants n'ont pas cru la voir, et ils ne l'ont jamais dit. Ils ont toujours répété qu'ils avaient vu une dame belle et brillante qui s'était élevée de terre devant eux, et qui, peu à peu, avait disparu dans les airs.

» Comment donc le vénérable curé d'Ars a-t-il cru comprendre le contraire? Nous ne pouvons nous l'expliquer que par un regrettable malentendu. On pensera comme nous, quand on saura que Mgr l'évêque du diocèse de Belley, où se trouve la cure d'Ars, vient d'écrire à Mgr l'évêque de Grenoble qu'il a pris des renseignements sur tout ce qui s'est passé à Ars; que Mgr l'évêque de Valence et Mgr l'évêque de Viviers se trouvant auprès de lui, à l'occasion du sacre de Mgr

Chalendon, il en a délibéré avec eux, et qu'ensemble, et malgré tout ce qui a été dit, ils regardent toujours comme certain que les deux enfants ne se sont pas entendus pour tromper le public.

« *3° Oui ou non, l'archevêché de Lyon, a-t-il, après interrogatoire des petits bergers, acquis la preuve de la vérité de leur rétractation?* »

» Non.

» D'abord, la petite bergère n'a jamais été à Lyon; ensuite le petit berger n'a jamais été interrogé par l'archevêché de Lyon, ni de la part de l'archevêché de Lyon. Il est, au reste, au petit séminaire de Grenoble; c'est une nature simple et très-expansive : on peut aisément s'assurer de la vérité auprès de lui sur ce point, comme sur tous les autres.

« *4° Oui ou non, Mgr l'évêque de Grenoble a-t-il été supplié par le Chapitre lyonnais de protester contre l'abus qu'on avait fait de son nom pour propager une imposture?* »

» Nous sommes autorisés, de la bouche même de Monseigneur, à répondre . Non!

» Le Chapitre si distingué de Lyon n'a pas commis cette inconvenance. Il sait que Mgr l'évêque de Grenoble a approuvé le livre de M. Rousselot sur la Salette, et il respecte cette sage lenteur de notre vénérable évêque, qui attend du ciel et du temps de nouveaux témoignages qui éclairent tous les esprits et triomphent de toutes les résistances.

» Vous pouvez voir maintenant qui *a publié une imposture*. On peut se vanter, dans les bureaux du *Patriote*, *d'être des hérétiques*, mais, au moins, faudrait-il avoir un peu de ce bon sens, de cette droiture vulgaires qui ne hasardent pas témérairement et sans examen de si graves accusations.

» Ne nous parlez donc plus de bonne foi et de charité chrétienne. Ne nous parlez donc plus de votre conscience, qui s'émeut et s'indigne de la profanation du sentiment religieux, comme si vous n'aviez pris la plume que pour l'honneur de la religion? Cessez ces génuflexions de Juifs, cessez ce rôle de Basile, que vous avez tant décrié. Vous êtes, en vérité, trop fidèle aux traditions de celui qui recommandait de souffleter la religion, en lui demandant pardon de la liberté grande !

» Cette réponse sera la dernière ; nous ne l'avons faite que pour éclairer les esprits droits et sincères; les autres, on ne les éclaire pas. Il pourra nous en revenir encore quelques grosses injures. Nous nous y attendons un peu : elles sont dans les allures du *Patriote;* et, certes, il vient de nous prouver que ce n'est pas pour nous qu'il pourrait y mettre un peu plus de formes. Nous sommes affligés, d'ailleurs, de toutes les tristes et malheureuses professions de foi où ces discussions l'entraînent.

Au nom du Chapitre de la cathédrale,

L'abbé CHAMBON, *chanoine.* »

Le journaliste voulant avoir le dernier mot, inséra dans le numéro suivant une circulaire qu'un évêque voisin avait envoyée à son clergé trois mois et demi auparavant, et dans laquelle 1º il réclamait contre la publication d'une lettre confidentielle écrite en faveur de la Salette : c'était son droit; 2º il déclarait vouloir rester totalement étranger au fait de la Salette, et par conséquent il se reconnaissait incompétent à prononcer sur le fait; 3º il défendait un certain *Office de la Salette,* lequel ne pouvait dans aucun cas tenir lieu de l'office canonial; il se trompait sur l'intention de celui qui avait composé cet Office.

Les opposants en jetant cette pièce, sans doute contre le gré de son auteur, en proie à la polémique des journaux de toute couleur, firent une injure gratuite à deux évêques. Ils s'en inquiétèrent peu ; ils voulaient l'emporter à force de bruit.

Le Patriote consacra le reste du mois à s'évertuer contre la Salette, et finit le 25 par une bouffonnerie plate et ridicule contre le fait : dernière raison de ceux qui n'en ont point.

Pendant tout ce mois de février, la mauvaise presse de la capitale ne s'oublia point ; elle mit tout en œuvre pour tuer le *maudit* Fait. Mais honte à l'opposition d'avoir eu de tels amis.

Que faisait alors la presse religieuse ? Elle restait muette, elle laissait à la *Vierge de la Salette* le soin de se défendre elle-même ; et, à nos yeux, la preuve la plus sensible de la réalité de son apparition, c'est le triomphe qu'elle a remporté sur cette opposition aussi déloyale qu'acharnée : *salvavit sibi dextera ejus*. Ps. 97.

Le bruit même que venait de faire l'opposition, hâta l'heureux dénouement du Fait de la Salette. En effet, il restait dans ce Fait un secret, gardé pendant quatre ans et demi avec une fidélité inviolable ; un secret, matière à mille objections de la part des incrédules ; un secret dont les croyants s'inquiétaient à bon droit, s'il ne devait pas être manifesté à l'autorité de l'Eglise ; un secret dont on n'entrevoyait pas l'utilité, s'il n'était connu avant les évènements dont on le soupçonnait être la prédiction.

Le lecteur est sans doute curieux de savoir comment les deux enfants furent mis dans la disposition de confier au souverain Pontife leur secret jusques-là si inviolablement gardé.

On remarquera d'abord que Maximin, à qui on avait fait cette question complexe : *Si le Pape te demandait ton secret, tu serais bien obligé de le lui dire, car le Pape est bien plus que la sainte Vierge ?* s'était contenté de répondre à la seconde partie de l'interrogation, sans rien dire à la première (*Vérité*, p. 72).

On remarquera ensuite que les deux enfants ont pu dire dans les commencements qu'ils ne découvriraient pas leur secret, même au Pape, parce qu'ils ignoraient leur devoir sur ce point comme sur beaucoup d'autres.

Vers la fin de mars 1851, Mgr de Grenoble apprit par S. E. le cardinal Archevêque de Lyon, que Sa Sainteté avait exprimé quelque désir de connaître le secret des enfants. Par ordre du Prélat, deux prêtres se chargèrent d'instruire les deux enfants de leur obligation d'obéir, si le Pape leur donnait plus tard l'ordre de lui confier leur secret.

M. l'abbé Auvergne, chanoine honoraire, secrétaire de l'Evêché, interrogea le premier, et l'un après l'autre, les deux enfants; j'allai les voir ensuite. Voici un extrait du procès-verbal qui contient nos interrogatoires, et qui immédiatement après fut envoyé à l'archevêché de Lyon, et à Rome, afin que le souverain Pontife connût plus tôt les dispositions des enfants.

Le 23 mars, M. Auvergne se rendit au Petit Séminaire, et prenant Maximin en particulier, il lui dit :

« Maximin, je viens te parler d'une chose impor-
» tante : Tu me promets de ne pas répéter ce que je
» vais te dire ? — L'enfant répond : Oui, Monsieur. »

DEMANDE : Crois-tu que l'Eglise a le droit d'examiner et de juger tous les faits religieux, apparitions, visions, etc.

RÉPONSE : Oui, Monsieur.

D. Pour juger ces faits, n'a-t-elle pas le droit, n'est-ce pas pour elle une obligation de s'informer des circonstances qui les accompagnent ?

R. Oui, Monsieur.

D. L'Eglise peut-elle se tromper ?

R. Non, Monsieur.

D. Le Pape, vicaire de J.-C. parlant au nom de l'Eglise, peut-il se tromper ?

R. Non, Monsieur.

D. Si donc le Pape te demandait ton secret, tu le lui dirais, n'est-ce pas?

R. Je ne suis pas encore devant le Pape. Quand j'y serai, je verrai.

D. Comment tu verras?

R. Oui, selon ce qu'il me dira, et ce que je lui dirai.

D. S'il t'ordonne de lui dire ton secret, ne le lui diras-tu pas?

R. S'il me l'ordonne, JE LE LUI DIRAI.

. . . .
. . . .

D. Avais-tu connaissance de l'époque à laquelle tu devais le dire?

R. Quand on me l'aura fait dire, on saura si je devais le dire plus tôt ou plus tard; parce que mon secret, ce sont des choses qui doivent être... (L'enfant s'arrête tout court)...... *connues*, ajoutai-je moi-même. L'enfant me répond: *Oui*.

D. Allons, mon enfant, je suis content de te voir dans ces bonnes dispositions. Je vais vite à Corenc pour voir Mélanie, et savoir si elle sera disposée comme toi à dire son secret, sur les ordres du Pape.

R. Allez, décidez-la bien comme moi.

D. Tu connais le secret de Mélanie?

R. Non. Car je n'ai vu que remuer les lèvres à la belle Dame pendant qu'elle donnait son secret à Mélanie. Comme je demandais ensuite à Mélanie ce que la Dame avait dit pendant ce temps-là, Mélanie me fit la même question pour ce qui m'avait été dit, et nous avons connu par là que nous avions chacun notre secret, et que l'un ne savait pas celui de l'autre. Nous ne le pensions pas auparavant: car en recevant son secret, chacun avait entendu cette Dame parler à haute voix. Maintenant, si Mélanie ne veut pas obéir, alors je penserai que peut-être nous avons été trompés par le démon ou par un homme au moyen *de quelque physique;* mais pour ce que j'ai dit avoir vu et entendu, je le soutiendrai jusqu'à la mort.

Le même jour, M. l'abbé Auvergne monte à Corenc, et Mélanie lui ayant été amenée à l'aumônerie, il entre en matière, et lui fait à peu près les mêmes questions qu'à Maximin. Elle répond à peu près comme lui aux premières questions; mais pas aussi rondement. Mais laissons parler M. Auvergne. Elle semblait se défier d'un piége. On lui en a tendu si souvent que sa réserve ne m'a point étonné. Je connais un prêtre qui croit lui avoir arraché par surprise un *mot* de son secret. Mélanie en fut inconsolable. Elle pleura le jour et la nuit; elle ne voulut rien manger. Le lendemain, elle ne voulut pas revoir ce prêtre, et ne reparut devant lui que pour lui dire : *Nous ne nous sommes pas compris.* Et elle ne se tranquillisa un peu que lorsque le prêtre lui eût dit : *Je crois en effet que nous ne nous sommes pas entendus. N'y pensons plus.*

A LA 5ᵉ QUESTION : Si le Pape vous demandait votre secret, vous le lui diriez, n'est-ce pas? Elle a répondu timidement : Je ne sais pas, Monsieur.

6ᵉ DEMANDE : Comment vous ne savez pas? Le Pape se tromperait donc en vous demandant ce qu'il ne devrait pas vous demander?

R. La sainte Vierge m'a défendu de le dire.

7ᵉ D. Comment savez-vous que c'est la sainte Vierge? L'Eglise seule peut le savoir et le dire, et il faudra obéir à l'Eglise.

R. Si ce n'était pas la sainte Vierge, elle ne se serait pas élevée en l'air.

8ᵉ D. Le démon peut faire cela, et la *physique* aussi. L'Eglise seule peut distinguer la vérité d'avec l'erreur.

R. Eh bien! qu'on déclare que ce n'est pas la sainte Vierge qui nous a apparu.

9ᵉ D. Pour connaître la vérité, l'Eglise a besoin de savoir votre secret. Vous le direz, Mélanie, si le Pape vous l'ordonne, n'est-ce pas?

R. Je ne le dirai qu'a lui, et pour lui seul.

Dans tout le reste de l'interrogatoire, M. l'abbé Auvergne s'efforce vainement de la faire consentir à dire son secret à un autre qu'au Pape, ou à le transmettre au Pape par l'intermédiaire de quelque évêque ou archevêque ou Prince de l'Eglise : Mélanie reste inflexible et troublée ; elle ne répond plus que par ces mots : *Je ne sais pas*, qu'elle répéta peut-être vingt fois. M. Auvergne la congédie en lui disant : Vous voilà dans de bonnes dispositions, deux jours avant une si grande fête, avant le 25 mars ! Vous voulez désobéir à l'Eglise, Allez, et pensez-y bien. — Mélanie se retire bien triste. Quelques instants après, les vêpres commencent, et pendant tout ce temps, elle pleure.

M. Auvergne la fait appeler une seconde fois : Eh ! bien, lui dit-il, vous avez réfléchi, Mélanie ? Vous direz votre secret, si le Pape l'ordonne ?

R. Je ne sais pas, Monsieur.

D. Quoi ! vous désobéirez au Pape ?

R. La sainte Vierge m'a défendu de le dire.

D. La sainte Vierge veut qu'on obéisse au Pape.

R. Ce n'est pas le Pape qui demande mon secret ; ce sont d'autres qui lui ont dit de me le demander.

Après plusieurs autres tentatives infructueuses, M. Auvergne lui recommande de prier Dieu, de consulter son directeur, et ajoute : M. Rousselot montera mercredi ; vous lui direz un *oui* que vous n'avez pas voulu me dire.

R. Je ne pourrai pas dire à M. Rousselot autre chose que ce que je vous dis.

Mélanie se retire ayant dans sa conscience une grande perplexité.

RAPPORT DE M. ROUSSELOT.

Mercredi 26 mars 1851.

Je me transportai au couvent de la Providence à Corenc, à une lieue de Grenoble. En arrivant, je trouvai Madame la Supérieure et son assistante, et M. l'aumônier réunis dans l'aumônerie. J'étais attendu.

— Nous savons le sujet qui vous amène m'a dit aussitôt Madame la Supérieure. — Et comment le savez-vous? ai-je répondu.

Madame la Supérieure : Depuis l'entrevue de Mélanie avec M. l'abbé Auvergne, Mélanie est dans l'agitation la plus grande. Pendant la nuit, elle a rêvé à ce qui a fait le sujet de son entretien avec M. Auvergne, et sa compagne de chambre lui a entendu dire à plusieurs reprises dans son rêve : On me demande mon secret.... Il faut dire mon secret au Pape, *ou être séparée de l'Eglise* (M. Auvergne ne lui avait point parlé de *séparation de l'Eglise ni d'excommunication;* c'est Mélanie d'elle-même qui a tiré cette conclusion, si elle désobéissait). Plus de quarante fois, elle a répété : *être séparée de l'Eglise.* Vous voyez donc que nous savons déjà ce qui vous amène.

DEMANDE : Etes-vous contente de Mélanie?

Madame la Supérieure : Toujours très-contente; elle est l'édification de toutes ses compagnes et même de la communauté. Elle n'aspire qu'au moment de prendre l'habit. Mais son intention est d'aller dans un pays de mission pour s'y consacrer à l'instruction chrétienne des petites filles païennes.

D. Pourrais-je la voir? A quelle heure?

Madame la Supérieure : Je vais la faire venir et nous nous retirerons.

Bientôt Mélanie arrive et se présente d'un air timide et modeste.

D. Mon enfant, depuis dimanche, vous êtes sans doute dans la peine, vous êtes incertaine, si en révélant votre secret au Pape, vous déplairez à la sainte Vierge qui vous a défendu de le dire. Eh! bien, je viens vous éclairer et vous tirer de peine. Voyez, mon enfant, on ne peut déplaire à la sainte Vierge en obéissant à l'Eglise, à laquelle il faut soumettre toutes les révélations, toutes les apparitions, toutes les visions. Ainsi ont fait les saints. C'est Jésus-Christ qui a établi le Pape son vicaire sur la terre; la sainte Vierge le sait bien; elle n'est point fâchée quand on obéit à celui qui est le représentant de son Fils sur la terre; elle le serait au contraire si on lui désobéissait. — Ainsi donc, Mélanie, si le Pape vous commande de lui dire votre secret, le lui direz-vous?

R. OUI, Monsieur.

D. Le lui direz-vous de bon cœur?

R. Oui, Monsieur.

D. Et vous le lui direz sans crainte d'offenser la sainte Vierge?

R. Oui, Monsieur.

D. Si donc le Pape vous commande de dire votre secret à quelqu'un qu'il désignerait pour le recevoir et le lui faire passer, vous le direz donc à cette personne qu'il vous aurait désignée?

R. Non, Monsieur; je veux le dire au Pape seul et seulement quand il le commandera.

D. Et si le Pape vous donne ce commandement, comment ferez-vous donc pour lui faire passer votre secret?

R. Je le lui dirai à lui-même, ou je l'écrirai dans une lettre cachetée.

D. Et cette lettre cachetée, à qui la remettrez-vous pour la faire passer au Pape?

R. A Mgr l'Evêque.

D. Ne la remettriez-vous pas à un autre?

R. Je la remettrais à Mgr l'Evêque ou à vous.

D. Ne la confieriez-vous pas à M. G. (l'aumônier de la communauté).

R. Non, Monsieur.

D. Ne la feriez-vous pas aussi passer au Pape par Mgr le cardinal archevêque de Lyon?

R. Non, Monsieur.

D. Ni par un autre évêque ou prêtre?

R. Non, Monsieur.

D. Et pourquoi?

R. Parce qu'à Lyon, on ne croit pas beaucoup à la Salette, et ensuite je ne veux pas qu'on décachette ma lettre.

D. Mais quand le Pape connaîtra votre secret, cela vous fâchera-t-il qu'il le publie?

R. Non, Monsieur; cela le regardera, ce sera son affaire.

Ici Mélanie baisse la tête en souriant et me demande à son tour : *Mais si ce secret le regardait lui-même.*

D. Dans ce cas, le Pape le dirait ou ne le dirait pas, comme il le jugerait à propos.

Ainsi donc, mon enfant, vous êtes bien résolue de dire votre secret au Pape?

D. Oui, Monsieur, pourvu qu'il le commande; mais s'il me laisse libre, je ne le dirai pas.

D. Et vous ne voulez pas que votre lettre contenant votre secret lui arrive par d'autres que par Mgr de Grenoble ou par moi?

R. Non, Monsieur.

Adieu, mon enfant, soyez toujours bien sage; aimez et priez toujours bien la sainte Vierge.

Jeudi 27 mars 1851.

Je suis allé au Petit Séminaire pour voir Maximin et sans rien dire à personne du sujet de ma course, j'ai demandé à M. le Supérieur si on était content de Maximin.

M. le Supérieur : Nous en sommes contents. Seulement, il est faible dans sa classe, parce qu'il n'a pas assez étudié les premiers principes, mais il réussira parce qu'il a de la mémoire et de l'intelligence.

D. Et sa conduite?

M. le Supérieur : Il est léger, un peu étourdi. Mais je lui crois un grand fonds de foi, qu'il montre surtout quand il est à l'Eglise et qu'il approche des sacrements.

J'ai vu ensuite Maximin en particulier. Il m'a confirmé tout ce qu'il avait dit le dimanche à M. l'abbé Auvergne.

En finissant, je lui ai reproché la légèreté de sa conduite passée : je lui ai dit que cette légèreté donnait à penser qu'il n'avait pas réellement vu la sainte Vierge; que le Fait de la Salette tomberait........ Maximin alors m'a répété ce que trois semaines auparavant il avait déjà dit à un de nos chanoines :

La Salette est maintenant comme une fleur qu'en hiver l'on couvre de boue et de fumier, mais qui, en été, sort plus belle.

En le quittant, je lui ai reproché son peu de progrès dans l'étude. Il m'a répondu : *Je vais bien travailler jusqu'à la fin de l'année ; et puis je travaillerai bien pendant les vacances, afin de pouvoir entrer en cinquième.*

Cet extrait intéressant donne lieu à trois réflexions frappantes : 1° Le voyage des deux prêtres chargés de porter à Rome le secret des deux enfants passera-t-il toujours aux yeux de l'opposition comme un indigne escamotage fait à un Prince de l'Eglise? 2° Si le démenti tant prôné d'Ars était réel, quel secret les enfants avaient-ils à donner, quel secret avions-nous à porter au Chef de l'Eglise? 3° Qui oserait suspecter de mauvaise foi le juge d'instruction qui interroge secrètement un prévenu? Eh bien ! chose incroyable ! on a osé présenter au public comme suspects les rapports secrets que, par ordre de l'autorité, nous et d'autres personnes au-dessus de tout soupçon, avons eus avec les enfants; rapports qui par la nature même des choses, devaient être secrets.

Les enfants, éclairés sur l'obligation où ils étaient de soumettre leur secret à l'autorité du souverain Pontife, se montrèrent dociles, et l'écrivirent séparément en présence de témoins qui leur furent assignés, et qui déclarèrent sur l'enveloppe que la lettre incluse était bien de celui qui l'avait écrite et cachetée.

Ces deux lettres furent renfermées sous une enveloppe commune avec une lettre de Mgr l'Evêque de Grenoble qui accréditait auprès de Sa Sainteté les deux prêtres porteurs de la dépêche mystérieuse.

Le saint Père auquel nous avions cinq mois auparavant fait hommage de nos écrits sur la Salette; qui les avait fait examiner et s'en était fait rendre compte par Mgr *Frattini*, avait donc connaissance pleine et entière du célèbre Evènement. Le secret dont nous étions porteurs devait être la vie ou la mort de la Salette : Sa *vie*, si le secret n'est pas indigne de Celle qui l'avait confié; sa *mort*, si ce secret était nul ou ridicule, ou contraire aux enseignements de la foi. Et dans ce second cas, quel était le devoir rigoureux de Sa Sainteté, sinon de nous dire qu'il fallait laisser tomber dans l'oubli le Fait de la Salette, ne plus nous en occuper, ne plus en faire le sujet de nos écrits. Au lieu d'en agir ainsi, l'auguste Pontife lit les secrets d'un air très-sérieux, nous dit qu'*il veut les relire plus à loisir; que ces secrets sont des malheurs pour la France; mais que l'Allemagne, l'Italie et d'autres contrées ne sont pas moins coupables..... Il ajoute qu'il a fait examiner mes livres par Mgr Frattini, Promoteur de la foi; qu'ils sont bons et contiennent tous les caractères de la vérité.*

Plusieurs fois j'ai eu l'honneur de voir Mgr *Frattini*; ce prélat m'a confirmé ce que nous tenions de la bouche de Sa Sainteté, et comme, en sa qualité de Promoteur de la foi, il connaît mieux que bien d'autres, les règles de l'Eglise sur la matière dont il s'agit, il me dit qu'*il ne voyait aucune difficulté à ce que Mgr de Grenoble allât en avant et fît construire un sanctuaire sur de vastes et belles proportions sur le lieu de l'apparition, et qu'on y suspendît autant d'ex-voto qu'il y a de miracles relatés dans mes livres et qu'il s'en ferait encore dans la suite.* Mgr Frattini, dans une autre audience, me dit que *Mgr de Grenoble pouvait faire pour la Salette, ce qu'avait fait à Rome S. E. le cardinal Patrizi, lequel, en sa qualité d'archevêque de Rome, après avoir réuni une commission, avait déclaré que la conversion de M. Ratisbonne était un miracle dû à l'intercession de la sainte Vierge...... Même pour la canonisation des saints*, disait-il encore, il faut que *les premières procédures soient faites par l'Ordinaire du lieu......* Une autre fois, il me dit : *Pour fonder un nouveau sanctuaire en l'honneur de la sainte Vierge, il suffit d'une probabilité ; car il ne s'agit pas de canoniser la sainte Vierge. Or, le Fait de la Salette réunit une multitude de probabilités*, ou plutôt, d'après le Promoteur lui-même, *il réunit tous les caractères de la vérité.*

Je quittai Rome le 24 août après un séjour de quarante-deux jours, emportant avec moi la *conviction profonde* et ÉCLAIRÉE que Mgr de Grenoble pourrait faire ce qu'il a fait depuis.

On m'a accusé d'avoir caché à Rome l'incident d'Ars. C'est une fausseté : j'ai répandu dans la ville sainte et remis aux personnes les plus marquantes, la petite brochure écrite dans le courant de février. Et cet incident a été apprécié à sa juste valeur. Au reste, le voyage de Rome réduit à rien le prétendu démenti d'Ars ; car, s'il y avait eu démenti à Ars, quel secret restait-il à porter à Rome ? Que ceux qui, pour sauver leur incrédulité d'une nouvelle honte, se tiennent encore cramponnés à la pérégrination d'Ars, comme à leur arche de salut, veuillent bien expliquer comment un secret mort et enterré à Ars, est ensuite ressuscité et a pu soutenir l'épreuve de Rome.

Toutefois l'opposition ne manqua pas de répandre sur notre voyage les bruits les plus faux, les plus dénués de fondement. Mais tout cet échafaudage tomba bientôt, et pendant deux mois il y eut calme plat dans les rangs des opposants.

La retraite ecclésiastique du Diocèse était annoncée pour le 24 septembre et devait être close par un synode célébré selon toutes les règles. Le bruit se répandit que dans ce synode, Mgr de Grenoble prononcerait enfin sur la Salette. Tout semblait mûr pour ce jugement : vœu de l'immense majorité du clergé du Diocèse ; attente générale de tous les pays ; examen approfondi pendant cinq ans. L'opposition redoutant cette sanction et voulant la retarder, ou peut-être même l'empêcher, recourut pour la troisième fois à l'étrange voie de la presse. Elle fit entrer vers la mi-septembre dans la *Gazette de France*, un article où l'incident d'Ars était rappelé avec adresse et du ton le plus affirmatif. L'*Opinion publique* accueillit l'article, mais ce journal de bonne foi, ouvrait ses colonnes à la réponse qui pourrait être faite, et qui ne se fit pas attendre. La voici avec les sages réflexions dont le journaliste honnête et religieux la fit suivre :

« Monsieur le Rédacteur,

» Mgr l'Evêque de Grenoble s'est fait une loi d'opposer le silence aux déclamations et aux insinuations malveillantes confiées aux journaux contre le fait de la Salette.

» Mais la *Gazette de France* a publié dernièrement un article qui, reproduit par votre honorable feuille, demande un mot de réponse, sous peine de trahir les droits de la vérité.

» Je répondrai donc, de l'aveu de Monseigneur :

» 1° Le berger de la Salette n'a cessé d'opposer le plus formel démenti aux dires du curé d'Ars ;

» 2° La bergère n'a pas cessé de protester contre la prétendue rétractation prêtée à son compagnon ;

» 3° Mgr l'Evêque de Grenoble et plusieurs autres évêques, qui ont eu à s'occuper spécialement de cet incident, regardent toujours comme assuré que les deux enfants ne se sont pas entendus pour tromper le public.

» Voilà, Monsieur, ce qu'il me suffit de constater, en attendant que Mgr l'Evêque se prononce sur le Fait important de la Salette. Quand le moment sera venu, rien ne sera capable d'arrêter Sa Grandeur dans l'accomplissement d'un devoir.

» En vous priant de publier cette lettre et en priant les feuilles religieuses de la reproduire, j'ai l'honneur d'être, etc.

L'abbé ROUSSELOT,

chanoine, vicaire général. »

Le journaliste continue :

Grenoble, 26 septembre 1851.

« C'est avec d'infinies précautions que nous parlons toujours dans l'*Opinion publique* des faits qui touchent à la religion. Dans notre numéro du 22, nous avons cité quelques lignes empruntées à la *Gazette de France*, et annonçant une rétractation du berger de la Salette. Nous avions simplement enregistré ce fait, et nous disions même que probablement il serait relevé. C'est ce qui est arrivé : un de nos abonnés nous adresse à ce sujet des observations dont voici la substance :

» On connait le double rapport que M. l'abbé Rousselot, vicaire général de Grenoble, a fait imprimer en 1848 et 1850 sur les travaux consciencieux de la commission nommée par Mgr l'Evêque du Diocèse pour l'examen juridique de ces faits miraculeux, la réponse de M. Rousselot en 1851 à un bruit dont la *Gazette de France* s'est faite l'écho dans l'article reproduit par vous, et la lettre écrite par Mgr Dupanloup en 1848, après un voyage à la Salette, et un examen des plus sévères sur les enfants, sur le Fait de l'apparition, etc...

» De plus, on ne doit pas ignorer la démarche de M. le curé de la cathédrale de Grenoble et de M. l'abbé Rousselot auprès du souverain Pontife. Ces deux messieurs ont été chargés par Mgr l'Evêque de Grenoble d'aller remettre à Sa Sainteté le fameux secret des bergers de la Salette. J'ai sous les yeux deux lettres, l'une de M. Gerin, curé de la cathédrale de Grenoble, l'autre de M. l'abbé Rousselot, qui témoignent toutes les deux du vif intérêt que le Saint-Père a montré à la communication des secrets de Maximin et de Mélanie.

» Enfin, Mgr Frattini, promoteur de la foi, ayant été chargé par le Pape d'examiner les livres de M. Rousselot concernant le fait de la Salette, a répondu à Sa Sainteté que les deux livres étaient revêtus des caractères de la vérité, et à M. l'abbé Rousselot que Monseigneur de Grenoble, exclusivement à tout autre, était en droit de prononcer sur ce grand événement; qu'il pouvait désormais aller en avant, vu que le fait paraissait à Rome suffisamment prouvé; qu'il pouvait publier un mandement sur l'apparition et faire bâtir une belle et vaste chapelle sur le lieu de l'apparition, dans laquelle on placerait autant *d'ex-voto* qu'il y avait de miracles relatés dans les livres de M. Rousselot, et qu'il y en aurait qui se feraient encore. »

L'article de la *Gazette* fut reproduit bientôt après par un journal de la localité, mais sans notre réponse à l'*Opinion publique*.

Le 24 septembre les prêtres arrivaient en foule à la retraite. Un grand nombre demandait avec instance que l'autorité épiscopale se prononçât enfin sur le grand Evènement. La plupart furent d'avis de signer la pétition suivante :

Grenoble, 25 septembre 1851.

Monseigneur,

« Le Chapitre de votre cathédrale et les prêtres soussignés de votre clergé, présents à la retraite, cédant à leur propre conviction et confirmés dans leur croyance, par les encouragements que vos délégués ont reçus à Rome, vous prient avec de respectueuses instances, d'annoncer publiquement, que vous autorisez le pélerinage de la Salette, que vous vous proposez d'y construire prochainement un sanctuaire, et que vous inviterez les fidèles de votre Diocèse, de la France et de l'étranger à vous aider pour cette bonne œuvre, par des souscriptions et par des aumônes. »

Cette pièce reçut bientôt environ deux cent quarante signatures données *librement*, quoiqu'on ait dit le contraire, comme si des prêtres étaient capables de céder à des influences contre leur propre conviction. Cependant l'opposition dressa une contre-pétition qui obtint dix-sept signatures, dont trois n'auraient pas dû y figurer, même au jugement des opposants. Ceux-ci récriminaient contre leurs adversaires et priaient Mgr de surseoir à son jugement. En même temps, ils inondèrent le séminaire de deux petits écrits lithographiés, l'un portant la signature *J. Robert*, lequel eût été singulièrement embarrassé s'il eût été interrogé judiciairement sur les personnes et sur les choses dont il parlait tout à son aise; l'autre était attribué assez généralement à M. l'abbé Cartellier, curé de St-Joseph, lequel quelques jours plus tard, le faisait imprimer avec sa signature dans trois journaux de la ville. La première pièce n'était qu'un tissu serré de mensonges et de paralogismes. La seconde commençait par ces mots révoltants : *On parle d'un voyage à Rome, pourquoi ne parle-t-on pas d'un voyage à Ars?* Comme si l'autorité d'un bon curé de village pouvait être mise en parallèle avec celle du souverain Pontife romain! Comme si, aux yeux de tout homme sensé, le voyage de Rome n'était pas l'anéantissement de celui d'Ars! Ce préambule seul était ou une extravagance ou une insulte à la plus grande Autorité qu'il y ait sur la terre. Prompte justice fut donc faite de l'un et de l'autre écrit. Mais par amour de la paix, on cessa de présenter la première pétition à la signature des ecclésiastiques, dont plusieurs regrettèrent de ne l'avoir pas connue, et d'autres rentrés chez eux envoyèrent leur adhésion.

Le journal qui avait copié sans réserve aucune l'article de la *Gazette de France*, ne donnant point notre réponse, publiée par l'*Opinion* et par les autres journaux religieux de la capitale, se posa par là même en adversaire du fait de la Salette. Ses abonnés restaient dès-lors sous l'impression de son article. Force nous fut de recourir pour la publication de notre réponse à un autre journal l'*Ami de l'Ordre*, qui en même temps, fit entendre notre voix et celle du clergé croyant à la Salette contre la distribution furtive de deux écrits dont l'un paraissait pseudonyme, et l'autre était bien attribué à M. l'abbé Cartellier, mais ne portait point sa signature.

Des réclamations furent adressées à l'*Ami de l'Ordre*, qui y répondit en ces termes :

« Ce n'est, comme l'*Opinion publique*, qu'avec une réserve extrême et avec une grande circonspection que nous engageons la presse dans les faits qui intéressent la religion. Le silence du respect protége presque toujours mieux les intérêts religieux que ne pourrait le faire l'éclat d'une bruyante défense; c'est le moins possible que nous devons les mêler aux intérêts tout mondains qui sont de notre domaine. Nous n'avons donc point à nous expliquer sur le fond de la question qui a soulevé cette polémique; notre mission n'est point, en ces choses, de donner la foi à ceux qui ne l'ont pas. Mais, reproduite par un journal de la localité, l'attaque à laquelle le vénérable abbé Rousselot a éprouvé le besoin de répondre nous a paru avoir un caractère personnel tel, qu'il justifierait déjà l'empressement que nous avons mis à ouvrir nos colonnes à la défense. Et ne savons-nous pas aussi que l'esprit de parti est descendu dans cette affaire aux plus mauvais moyens, à la calomnie voltairienne?

» Nous avons été invités à reproduire une lettre adressée par M. l'abbé Rousselot à l'*Opinion publique*, ainsi que la réponse parfaitement convenable de cette même feuille. Un journal de la localité avait pris l'initiative de l'attaque : il nous a paru parfaitement juste d'accueillir la défense. On sait qu'en le faisant, nous nous sommes tenus, quant au fond de la question, dans la plus complète réserve, ne mêlant point légèrement les intérêts religieux aux intérêts tout mondains qui sont du domaine de la presse. Nos courtes observations ne portaient, dans la forme, que sur le caractère anonyme des deux écrits dirigés contre M. l'abbé Rousselot. Quand on attaque les gens, il faut le faire à visage découvert : or, de ces deux écrits répandus à profusion par une main inconnue, l'un n'était pas signé et l'autre portait une signature : *J. Robert*, que l'on avait pu croire supposée, après avoir vainement cherché à qui elle appartenait.

» C'est à ce sujet que nous avons reçu deux réclamations, auxquelles nous faisons droit selon la justice qui leur est due.

» La première pièce s'est placée sous la garantie de M. l'abbé Cartellier, qui en réclame la responsabilité et proteste de l'exactitude de son récit. Nous lui donnons acte de cette double déclaration.

» La seconde se trouve également avoir un éditeur responsable, un père réel qui est venu se révéler à nous sous la forme d'une lettre signée : *J. Robert ;* et nous nous empressons aussi de constater cette paternité écrite, bien qu'elle eût pu se présenter plus décemment. Que M. *J. Robert*, qui ne nous est connu encore que par son style, ait vainement essayé de faire de l'esprit à nos dépens, nous ne lui en voulons pas pour si peu ; n'a pas de l'esprit qui veut. Mais tout le monde peut être poli et convenable, surtout quand on a la prétention de prendre en main les intérêts du ciel.

» Donner acte à M. l'abbé Cartellier de la responsabilité à laquelle il prétend, et à M. *J. Robert* de la paternité qu'il réclame, c'est tout ce que nous avons à faire en retirant conséquemment les observations qui portaient sur le caractère anonyme de leurs œuvres. Quant à les suivre plus loin sur le terrain où ils nous attirent, dans le débat où ils voudraient nous engager, nous ne le ferons pas. Notre mission, nous l'avons déjà dit, n'est point en ces choses de donner la foi à ceux qui ne l'ont pas, non plus que de donner de l'esprit à ceux qui en manquent. L'esprit est comme la grâce, c'est un don du ciel. »

M. Cartellier ayant fait imprimer dans le journal qui avait été agresseur, son récit sur le fait d'Ars, M. l'abbé Chambon y répondit par la réclamation suivante :

« Grenoble, le 9 octobre 1851.

» Monsieur le Rédacteur,

» Des conseils que je respecte m'invitent à écrire quelques mots encore sur les nouveaux conflits qui se sont élevés au sujet de la Salette. Je vous prie de vouloir bien me donner une petite place dans votre journal. On a publié le récit d'une conversation dans laquelle M. le curé d'Ars aurait entendu le petit berger avouer qu'il n'avait rien vu. Assurément, c'est là une objection grave qui aide à comprendre comment des personnes respectables peuvent, de bonne foi, refuser de croire à l'apparition de la Salette. Je l'avouerai même, lorsque pour la première fois, j'entendis parler de ce démenti, qu'on a depuis appelé l'incident d'Ars, ma croyance à l'apparition fut un moment ébranlée. Je dus, par conséquent, m'appliquer à examiner avec la plus scrupuleuse attention toutes les circonstances de cet incident, et je dirai en toute simplicité le travail qui se fit dans mon esprit.

» D'un côté, M. le curé d'Ars déclare que l'enfant a tout désavoué; de l'autre, l'enfant soutient qu'il n'a rien désavoué. Nous voilà donc, comme je l'ai déjà dit dans une première polémique, placés entre deux témoignages contradictoires; et certainement, s'il n'y a rien de plus, toute notre confiance appartient au vénérable et saint curé d'Ars. Mais il y a bien des circonstances qui viennent modifier ces deux témoignages, fortifier l'un et affaiblir l'autre.

» D'abord, l'enfant n'est pas seul : la petite bergère, qui est un ange de piété, n'a jamais varié, et elle soutient toujours ses premiers dires avec la même candeur et la même énergie.

» De plus, il y a de nombreux miracles en faveur de l'apparition. Il ne servirait de rien de dire qu'ils ne sont pas tous suffisamment prouvés. Il y en a de certains, il y en a d'authentiques, il y en a qui ont été examinés juridiquement et selon les règles des procédures canoniques. Or, il faut bien avouer que ceux-là donnent une valeur immense au témoignage du petit berger.

» Ensuite, plusieurs évêques réunis à Belley ont

examiné l'incident d'Ars avec une grande attention, et ils ont conclu qu'il n'avait pas l'importance qu'on lui avait crue d'abord.

» Enfin, M. le curé d'Ars lui-même, écrivant sur cet incident à Mgr l'Evêque de Grenoble, lui dit que le mal n'est pas grand, et que si Dieu est l'auteur du Fait de la Salette, il saura bien le soutenir.

» Ces paroles ne manifestent-elles pas évidemment de l'embarras et de l'incertitude dans l'opinion de M. le curé? et n'est-il pas raisonnable de penser qu'il y a dans tout cela quelque triste malentendu, surtout quand l'enfant assure qu'il ne comprenait pas bien ce que lui demandait M. le curé d'Ars?

» Ce qu'il y a d'obscur et de difficile à expliquer dans cette objection peut-il détruire les preuves, d'ailleurs si considérables et si abondantes, qui nous inclinent à croire? Je déclare que non pour mon compte, tout en respectant la bonne foi de ceux qui professent une opinion différente de la mienne.

» J'ajouterai sur l'ensemble du Fait de la Salette, que Mgr l'Evêque de Grenoble a envoyé deux délégués à Rome, M. Rousselot, vicaire général et professeur de théologie, et M. Gerin, curé de la cathédrale, et que ces messieurs ont trouvé auprès de Sa Sainteté, aussi bien qu'auprès de personnages très-compétents et très-recommandables, les plus précieux encouragements.

» Et maintenant, un dernier mot pour finir. Je regrette vivement tous ces débats qui passionnent les esprits et qui ne peuvent qu'amoindrir la dignité et l'influence d'hommes respectables. Ce n'est pas l'opinion publique qui peut être juge des faits religieux, qu'elle apprécie toujours d'une façon plus ou moins rationaliste. L'Evêque seul a mission et qualité pour cela; et si j'avais l'honneur d'être admis dans ses conseils, je l'engagerais à se réserver exclusivement, à lui et aux commissions nommées par lui, la discussion de cette affaire, et à défendre à tout ecclésiastique de rien publier pour ou contre sans son autorisation.

» J'ai l'honneur, etc.

CHAMBON, *chanoine.* »

En accueillant cette lettre, la feuille hostile nous accusa d'avoir nous-même provoqué la lutte et donna ainsi le change à ses lecteurs. Mais il suffit de citer les dates pour rétablir la vérité. C'est le 23 septembre que le journal en question reproduisit l'article de la *Gazette de France.* Notre réponse à cet article est du 26 du même mois. Tous les journaux religieux la donnèrent et tout le monde avait pu la lire. Quelle fut la conduite du journal? Il garda le silence, et c'est le 4 octobre suivant que l'*Ami de l'Ordre*, cédant à nos désirs, lui donna place dans ses colonnes. Heureusement Mgr de Grenoble interposant sa vénérable autorité, fit cesser ce nouvel appel à la presse par la circulaire suivante :

« Grenoble, 10 octobre 1851.

» Monsieur le Curé,

» Je regrette avec tout mon clergé les conflits qui se sont élevés au sujet de la Salette. Ces discussions par la presse divisent les prêtres, scandalisent les fidèles, et nuisent au bien des âmes que nous ne pouvons opérer que dans l'union et la paix. Elles sont d'ailleurs, de la part d'un prêtre, un empiètement sur mon autorité. Chacun, sans doute, peut adresser à son évêque ses vues et ses réclamations, mais lui seul a le droit de prononcer dans les questions religieuses. Je crois donc qu'il est de mon devoir d'intervenir et de mettre fin à toutes ces discussions; et je défends *expressément* à tous les prêtres de mon diocèse de faire une publication, directe ou indirecte, sans une autorisation de ma part.

» Je vous salue bien affectueusement en Notre-Seigneur.

† PHILIBERT, *Evêque de Grenoble.*

Après la démonstration faite au commencement de la retraite par la grande majorité du clergé, Mgr l'Evêque ne pouvait plus guère différer de donner satisfaction au vœu de ses prêtres. Son Mandement était prêt depuis le 19 septembre; mais avant de le publier, il avait voulu le soumettre aux lumières et au jugement d'un illustre prince de l'Eglise romaine. Le Mandement légèrement modifié suivant les observations reçues, fut lu le 16 novembre dans les six cents Eglises et Chapelles du Diocèse, accueilli avec bonheur par le clergé et par les fidèles. Les opposants raisonnables l'avaient attendu pour se soumettre; les autres devaient garder le silence. Cependant le Mandement recevant de toutes parts des adhésions nombreuses presque toujours accompagnées de pieuses offrandes pour la construction du sanctuaire annoncé, Mgr l'Evêque jugea à propos d'en publier un second le 1er mai suivant, dans lequel il fixait au 25 du même mois la solennité de la pose de la première pierre du nouveau sanctuaire, créait un corps de missionnaires diocésains pour le desservir, et ordonnait une quête à faire dans toutes les paroisses en faveur des deux œuvres.

La solennité du 25, fut belle par le concours de quinze mille pèlerins accourus de toutes parts, et par la présence de deux Evêques, Mgr l'Evêque de Valence, invité à faire la cérémonie, et Mgr l'Evêque de Grenoble, qui malgré son grand âge et ses souffrances habituelles voulut la présider. Plus de cent prêtres y prirent part. Cette fête était celle de l'univers; aussi fut-elle célébrée en présence des députés de l'univers.

§ III. — OPPOSITION EN 1852.

Mais il est des êtres que la joie des autres attriste. Quelques jours après le 25, et au milieu de l'allégresse générale, quelques hommes, à jamais flétris du nom de *valetaille* de l'opposition, mais que celle-ci doit renier hautement, rompant tout-à-coup le silence sagement prescrit par l'autorité et jusques-là fidèlement observé, se ruèrent pour ainsi dire comme des êtres privés de sens et de raison, sur le fait de la Salette, sur l'autorité qui l'avait proclamé, sur ses défenseurs et ses partisans. Tout-à-coup ils inondèrent la ville épiscopale et quelques cantons du Diocèse, de chansons infâmes accompagnées de notes plus infâmes encore. Pour se dérober à la justice humaine, ils s'étaient masqués sous le double voile et de l'anonyme et de la presse clandestine; puissent-ils échapper de même à la justice divine? Des chansons dans lesquelles la grossiéreté, la bouffonnerie et l'injure le disputent à la fausseté, à la calomnie, ne sont ni des raisons, ni des preuves, ni même des objections. Aussi entendit-on dire à une femme de sens : *C'est trop bas pour être nuisible*, et à un homme du monde encore dans le doute : *Puisque l'on attaque ainsi le fait de la Salette, je commence à y croire.* Si l'opposition pouvait jamais avouer de tels auxiliaires, elle se donnerait à elle-même le coup de grâce.

Néanmoins si un grand scandale venait d'être donné, il pouvait se propager. L'arrêter, le flétrir, était un devoir de l'autorité; aussi les insensés chansonniers resteront-ils sous le poids accablant de la circulaire suivante :

« Messieurs et chers Coopérateurs,

» Nous vous le disions, il y a peu de jours : en publiant notre jugement doctrinal sur la Salette, nous avons fait ce que nous ferions encore, ce que nous nous estimons heureux d'avoir fait; et nous ne concevrons jamais comment quelques prétendus sages peuvent dire : s'il n'y avait pas eu de Mandement, il n'y aurait plus eu d'attaques, plus de difficultés; comme si, pour mériter leur approbation, nous pouvions retenir la vérité captive; comme si l'exemple de saint Paul n'avait pas dû nous servir de règle : *Si hominibus placerem, Christi servus non essem;* comme si nous ignorions qu'il est dans la destinée de la vérité de souffrir contradiction, et que le mal marche toujours à la suite et à côté du bien; comme s'il était permis de trahir la vérité pour prévenir la haine qui s'attache à ses pas; comme si avec de tels principes de prudence humaine, la Religion elle-même eût pu s'établir et se conserver parmi les hommes !

» Ces réflexions, nos chers Coopérateurs, à la vue du genre d'attaques dont l'Evénement de la Salette a été l'objet, nous paraissent de nature à rendre votre foi à l'apparition de la très-sainte Vierge plus constante que jamais et inébranlable.

» Aussi c'est sans étonnement, mais non sans une profonde douleur que nous venons aujourd'hui, nos chers et bien-aimés Coopérateurs, vous signaler la sacrilége audace avec laquelle, au mépris de notre Mandement du 19 septembre 1851, on fait pleuvoir au milieu de vous un déluge d'indignes et grossiers couplets contre le Fait de la Salette : productions anonymes, où les choses saintes sont insultées à la manière des impies, et des hommes qui n'ont pas la foi; où l'autorité que nous tenons de Dieu et de son Eglise est outrageusement vilipendée; où notre conseil épiscopal et les membres les plus distingués de notre clergé sont horriblement injuriés; où le Père commun des fidèles lui-même n'est pas respecté; où, enfin, le mensonge et la calomnie le disputent à la bassesse des idées, à la grossièreté des termes, à la bouffonnerie du style. En lisant de pareilles pièces, votre juste indignation a égalé l'amertume de notre cœur; vous avez compris notre affliction, et chacun de vous, j'en suis sûr, aurait voulu épargner cet affreux déboire à mes cheveux blancs et à mes vingt-six ans d'épiscopat.

» Comme votre Evêque et avec votre Evêque, nos chers Coopérateurs, vous protesterez contre les assertions calomnieuses que renferment ces indignes couplets et contre les notes encore plus indignes qui les accompagnent; avec votre Evêque, vous protesterez contre la lâcheté d'une imperceptible minorité qui, dans l'ombre et sous le voile de l'anonyme, insulte à une croyance qui commande au moins le respect et qui l'a obtenu universellement; avec votre Evêque, vous protesterez contre les injures prodiguées à de vénérables prêtres, que vous êtes accoutumés à regarder comme vos amis et vos modèles, et dont quelques-uns furent vos maîtres; avec votre Evêque, vous flétrirez comme elle le mérite, cette œuvre de ténèbres et d'iniquité; avec votre Evêque, vous détesterez un énorme scandale donné aux âmes chrétiennes, un triste sujet de triomphe pour l'impiété.

» Mais aussi avec votre Evêque, vous plaindrez des hommes capables d'un oubli aussi étrange de toutes les règles de la vérité, de l'obéissance, de la justice, de la charité; avec votre Evêque, vous déplorerez les tristes effets d'un amour-propre froissé qui ne veut pas convenir de ses torts, qui ne veut pas reculer dans la voie où il s'est une fois engagé; avec votre Evêque, vous oublierez les insultes que l'on nous jette à la face; vous pardonnerez les injures que l'on nous fait à tous, et enfin vous prierez, à l'exemple du divin Maître, pour ceux qui nous outragent, nous calomnient, nous persécutent : *Orate pro persequentibus et calumniantibus vos.* (Matt. 5).

» Notre charge de premier Pasteur ne se borne pas à cette communication de nos pensées et de nos sentiments; elle nous impose un devoir pénible à remplir, celui de punir des coupables.

» En conséquence, de l'avis de notre Conseil, de notre Chapitre et de plusieurs autres prêtres sages et éclairés, expressément convoqués à cet effet, nous déclarons ce qui suit :

» Art. I. L'auteur ou les auteurs des chansons et des notes contre la Salette, celui ou ceux qui les ont fait imprimer, si malheureusement ils sont prêtres, sont et demeurent frappés de suspense dès ce moment et par la présente circulaire : suspense à nous spécialement réservée et à nos successeurs.

» Art. II. Les membres de notre clergé qui, à l'avenir, propageraient à dessein les écrits dont il s'agit, seront frappés *ipso facto* de la même suspense à nous aussi spécialement réservée. La même peine atteindra les auteurs, les conseillers et les propagateurs de tous écrits semblables.

» Art. III. Nous nous réservons de prendre telle autre mesure qu'il appartiendra contre les auteurs et les fauteurs de ces attentats à notre autorité, dès qu'ils nous seront personnellement connus.

» Art. IV. Nous ordonnons de faire disparaître et de lacérer, comme elles le méritent, ces odieuses productions.

» Donné à Grenoble, le 16 juin 1852.

† PHILIBERT, *Evêque de Grenoble.*

Par mandement :
AUVERGNE, *Chan^e hon^e, Secrét^e.* »

A la réception de cette circulaire, on vit tout le clergé ému, indigné, se lever comme un seul homme et protester en termes énergiques contre cette misérable levée de boucliers. Presque tous les cantons protestèrent en corps contre le scandale, et donnèrent une preuve de plus de leur foi à la Salette et de leur respect pour l'autorité qui l'avait proclamée. Dans le petit nombre des autres cantons, les protestations furent individuelles, mais très-nombreuses.

Cependant le Fait de la Salette, même après le Mandement qui en proclamait la vérité et qui prescrivait à tous de le respecter, devait encore subir de nouvelles épreuves. La Mère de Dieu devait être, comme son divin Fils, un signe que l'on contredirait : *signum cui contradicetur*. Luc, 2.

A peine les chansons et les chansonniers, écrasés sous le poids de l'indignation publique, étaient-ils tombés dans l'oubli, que l'on vit apparaître dans la Circulaire qu'un éminent Prélat adressait à son clergé, un article, qui, sous le titre : *Miracles, prophéties, images*, semble être, sinon la réprobation du Fait de la Salette, que l'on ne nomme point, au moins la condamnation indirecte de l'autorité qui l'a approuvé. Cet article a paru une bonne aubaine aux opposants, et quelques jours après, ils l'accolaient comme préface à un inqualifiable pamphlet dont nous parlerons ci-après. L'œuvre de l'auguste Pontife ne pouvait tomber plus bas. Toutefois, en y regardant de bien près, nous ne voyons rien dont l'opposition puisse faire trophée.

Et d'abord, l'apparition de la Salette eut lieu le 19 septembre 1846, époque d'une paix générale et profonde en Europe ; la Circulaire parle des perturbations sociales qui font éclore dans les esprits faibles et les imaginations ardentes les idées de miracles, de visions, etc. Or, ces perturbations sociales n'ont eu lieu que dix-sept mois plus tard et le 24 février 1848.

La Circulaire s'élève ensuite contre la spéculation qui s'attache à tout, qui se mêle à tout, qui séduit la *crédulité simple et naïve* par le récit de *faux miracles* et *d'indulgences apocryphes*. Nous nous permettons ici de faire cinq questions : 1° Tout profit honnête provenant de la fabrication et du commerce des objets religieux est-il une spéculation illicite et défendue ? Certes, ce ne peut être le sens de la Circulaire. 2° N'est-il pas dans l'intérêt de la Religion et de la piété que les fidèles portent sur eux, conservent dans leurs maisons, aperçoivent sur la voie publique et dans l'intérieur des édifices sacrés, des croix, des tableaux, des statues, des images, des chapelets, des médailles et autres symboles de leur foi? Il faut donc qu'il y ait fabrication et commerce de tous ces objets divers. Mais parce que ces objets sont pieux, ceux qui les fabriquent, ceux qui les vendent, doivent-ils passer pour d'indignes spéculateurs? On ne peut encore attribuer ce sens à la Circulaire. 3° La spéculation n'est-elle pas infiniment plus à craindre, n'est-elle pas infiniment plus funeste à la société et à la famille, lorsqu'elle s'attache à des objets purement temporels, à ce qui concerne le bien-être matériel de la vie, que lorsqu'elle s'occupe d'objets de piété et de dévotion? Certes, un bon paysan hasardera sans peine cent francs dans une entreprise incertaine dont on lui fait espérer quelque profit ; et ce même homme, assez bon chrétien d'ailleurs, craindra de dépenser quelques sous pour mettre un crucifix dans sa maison, pour donner une croix en cuivre à sa fille, un chapelet en bois à son fils. Pourquoi? parce qu'on se défend moins des spéculateurs qui promettent des avantages purement temporels, presque toujours incertains, qu'on ne se défend des marchands d'objets destinés à nourrir et à augmenter l'esprit de Religion. 4° Pourquoi tous les sanctuaires de la chrétienté sont-ils environnés de marchands d'objets religieux? N'est-ce pas parce que tous les pèlerins sont bien aises d'emporter avec eux de pieux souvenirs de leur pèlerinage? Les uns sont donc nécessaires aux autres. Il est même des villes, telles que Rome, des bourgs, tels que *Einsiedeln*, en Suisse, dont les habitants vivent en partie du produit de la fabrication et du commerce des objets pieux achetés par les pèlerins? Qui osera blâmer Rome? Qui osera blâmer Fourvière? Ne doit-on pas plutôt bénir une Religion, qui par la pompe de son culte extérieur, par la richesse de ses temples, de ses ornements, de ses vases sacrés, etc., contribue au bien-être temporel d'un certain nombre de ses enfants? N'est-ce pas la belle pensée de Montesquieu? *Chose singulière!* dit-il, *la Religion chrétienne, qui ne paraît s'occuper que des destinées immortelles de l'homme, fait encore son bonheur ici-bas.* 5° Enfin, dans le sanctuaire naissant de la Salette, n'y a-t-il que spéculation? Y spécule-t-on plus qu'à Lorette, qu'à Fourvière, qu'au Laus, qu'à l'Osier? On y vend, dit-on, l'eau d'une fontaine réputée miraculeuse. — Mais non : on l'expédie à ceux qui la demandent, et ceux-ci en payent le port, les vases et l'emballage. Et s'ils s'apercevaient de la spéculation, feraient-ils de nouvelles demandes? — Pourquoi plaindre ceux qui ne se plaignent pas? — Et si cette eau n'avait jamais produit d'effets merveilleux, continuerait-on à en demander de loin, à en emporter quand on est sur les lieux (1)?

Rien de plus sage que le 2º paragraphe de cet article.

Quant aux paragraphes 3º et 4º qui semblent exiger l'intervention du Concile provincial et même du Pape quand l'Evêque doit prononcer sur un miracle, il nous semble être restrictif de l'autorité que le Concile de Trente accorde à l'Ordinaire et que lui reconnaissent Benoît XIV et de savants canonistes. Nous espérons le prouver dans quelques instants.

Vient le paragraphe 5º où l'éminent Pontife défend de *publier en chaire, sans sa permission, le récit d'un fait miraculeux, quand bien même l'authenticité en serait attestée par un Evêque étranger.* Cette autorisation, il ne

---

(1) Au reste, le sage et prudent Prélat a voulu prévenir toute espèce de trafic sur la montagne, en confiant le pèlerinage à une société de Missionnaires pieux, instruits, désintéressés, connus comme tels de tout le Diocèse. Si en dehors du clergé, il y avait spéculation, le clergé en serait il responsable?

la donnerait qu'après avoir consulté le souverain Pontife, et avoir reçu de lui un rescrit qui serait une garantie de la vérité du miracle. L'illustre Prince de l'Eglise peut s'imposer cette loi ; il peut l'imposer à son Diocèse et ses prêtres doivent s'y conformer. Mais dans les autres Diocèses on pourra toujours, ce nous semble, suivre le droit commun, et parler, même en chaire, d'un miracle contenu dans un livre approuvé par l'Ordinaire et à plus forte raison, juridiquement constaté par un Evêque, même sans intervention du Concile provincial, même sans rescrit du souverain Pontife. Ainsi à Rome même, on voit partout la nouvelle Médaille frappée en mémoire du miracle de Rimini, la médaille miraculeuse, appelée par les habitants, *la Médaille française*. A Rome et dans l'Eglise de saint André *delle Fratte*, on voit exposé le tableau représentant la conversion miraculeuse de *M. Ratisbonne*, et cette conversion fut proclamée par S. E. le cardinal *Patrizi*, sans rescrit aucun de Sa Sainteté. Ainsi encore, et à moins d'une prohibition particulière, on peut publier la guérison miraculeuse de *Mlle de Maistre*, constatée par l'Evêque de Nice. Il nous semble qu'il en est des miracles approuvés comme des livres : Or, un livre approuvé par un Evêque peut être lu partout. Il y a même cette différence en faveur du miracle, c'est que celui-ci est examiné avec plus de sévérité que celui-là.

Enfin la dernière phrase du même paragraphe porte : *Dans deux ou trois de nos paroisses, MM. les curés ont cru pouvoir lire en chaire le Mandement d'un Evêque d'un autre Diocèse, au sujet d'un miracle, sans nous avoir consulté : c'était là un acte irrégulier.* Nous regardons aussi cet acte comme irrégulier, partout où il s'est produit sans l'assentiment exprès ou sagement présumé de l'Ordinaire.

A la première lecture de cette pièce, les Argus de l'opposition ont poussé un cri de joie : *C'en est fait de la Salette !* Mais cette pièce 1° ne nomme point la Salette, elle y fait seulement une allusion assez transparente ; 2° elle ne nie point le miracle, elle laisse subsister ce nom; 3° elle exprime seulement une improbation sur la manière dont ce miracle aurait été jugé. Nous défions hardiment d'y trouver autre chose; et le blâme indirect qu'elle semble déverser sur la conduite de Mgr de Grenoble sera bientôt dissipé par ce que nous dirons plus bas.

Mais comment l'opposition se justifiera-t-elle de l'injure qu'elle vient de faire à l'illustre Prélat en mettant son article, d'ailleurs rempli de sages prescriptions à la tête du plus mauvais écrit que l'on puisse publier contre la Salette ? Et qu'elle ne dise pas qu'elle est étrangère à cet odieux pamphlet; elle en a fourni les matériaux; jamais homme du monde n'a pu apprendre par d'autres que par les opposants tout ce qui s'est dit dans les Conférences tenues à l'Evêché, tout ce qui s'est passé au Séminaire, presque tout ce qui est contenu dans un volumineux manuscrit que l'on signale depuis quatre ans comme l'arsenal des opposants. C'est dans leurs conventicules, remarqués du public, que le pamphlétaire a été longuement instruit. A leurs renseignements, il a joint ses hérésies en matière de théologie et de droit canon, ses bévues historiques, son plan de dénigrement contre les choses et les personnes, ses sorties contre l'autorité épiscopale, agissant dans les limites de son droit et de son devoir. Il a le courage de nommer par leurs noms des Prélats vénérables, de les mettre en scène, de les inscrire faussement dans le catalogue des opposants, etc., etc. *C'est une œuvre de ténèbres*, comme l'a justement appelé un de ces illustres Evêques qui a trouvé étrange l'abus que l'on a osé faire de son nom. Mais écoutons notre vénérable Evêque signalant lui-même par la voie de la presse religieuse cet odieux écrit :

*À M. le Rédacteur de l'*Univers.

Grenoble, 1er septembre 1852.

« Monsieur le Rédacteur,

» Une brochure infâme, remplie d'allégations fausses, de suppositions calomnieuses, d'assertions mensongères et d'injures grossières contre le Fait de la Salette et contre les personnes les plus respectables, vient de paraître à Grenoble.

» Cet écrit est déjà qualifié *d'œuvre de ténèbres* par un de mes vénérables collègues.

» Toute la critique que nous en voulons faire, c'est qu'il renferme autant de mensonges que de mots.

» Le clergé et les âmes honnêtes le laisseront tomber dans l'oubli et le mépris qu'il mérite.

» Plusieurs plumes en feront, au besoin, prompte justice. Soyez assez bon pour publier cette lettre dans votre estimable journal. J'invite tous les journaux religieux à la reproduire.

» Veuillez agréer, Monsieur le Rédacteur, l'assurance de ma considération distinguée. »

† PHILIBERT, *Evêque de Grenoble.*

C'est au moment de la retraite ecclésiastique que parut ce libelle. Comme l'année précédente on voulait causer du trouble parmi les retraitants; on espérait peut-être que la curiosité ferait acheter le livre dont on voulait faire une spéculation aux dépens de la vérité, de la justice, de la charité et du respect dû à l'autorité.

Vers la fin de la retraite, Mgr de Grenoble voulut adresser lui-même à ses prêtres l'allocution suivante, qu'il fit imprimer ensuite pour être envoyée au clergé resté dans les paroisses :

« Messieurs et chers Coopérateurs,

» A la fin de cette retraite et avant de nous séparer, je viens vous faire part des joies et des douleurs que mon cœur a éprouvées.

» J'ai été réjoui de vous voir à la retraite, assidus aux exercices, et vous édifiant les uns les autres par le silence et le recueillement.

» J'ai été réjoui d'avoir pu m'entretenir avec un certain nombre d'entre vous de ce qui m'intéresse toujours si vivement, de vos peines, de vos consolations, de vos espérances, de l'état religieux de vos paroisses. Je regrette que mes souffrances et des occupations journalières ne m'aient pas permis de le faire avec tous, ni autant que je l'aurais désiré. Mais nous continuerons à nous dédommager des privations que le ciel nous impose, par cette correspondance que vous entretenez avec moi et avec mes vicaires généraux, et qui est si nécessaire pour maintenir l'union qui doit régner entre le père et les enfants, entre le premier pasteur et ses laborieux coopérateurs.

» Je me réjouis des bonnes et saintes dispositions dans lesquelles vous quitterez ce nouveau cénacle pour aller reprendre dans vos paroisses l'œuvre si belle, si grande, si méritoire de la sanctification des peuples. Quel bonheur pour une paroisse de revoir son pasteur renouvelé par la retraite, et lui rapportant les bénédictions qu'il a reçues du ciel pour elle et pour lui-même!

» Je me réjouis avec vous et comme vous de l'heureux succès de l'affaire de la Salette, nouvelle et abondante source de grâces pour le diocèse privilégié entre tous les diocèses, et pour l'univers catholique qui nous envie notre bonheur.

» Je me réjouis avec vous et pour vous de la société naissante d'un corps de Missionnaires destinés à vivifier le pèlerinage pendant l'été, et à vous aider pendant l'hiver dans la grande œuvre de la régénération des âmes.

» Après mes Mandements du 19 septembre 1851 et du 1ᵉʳ mai de cette année, il semble que nous avions droit à quelque consolation et à quelque repos. L'adhésion publique d'un grand nombre de mes collègues, l'adhésion particulière d'un bien plus grand nombre encore, l'insertion de mes deux Mandements dans un journal romain avec la permission de la censure pontificale, une souscription ouverte en faveur de la Salette dans la capitale même du monde chrétien; des sanctuaires élevés en l'honneur de N.-D. de la Salette à Nantes, à Morlaix, dans le nord, en Belgique, etc., et beaucoup d'autres circonstances me prouvaient que non seulement je n'ai pas outrepassé le droit qui m'est conféré par les saints canons, mais encore qu'en usant de ce droit, j'ai réjoui le monde chrétien.

» L'opposition qui avait été permise et même utile pendant les quatre ans qui ont précédé mon jugement, est devenue, depuis deux ans, ardente, injuste et passionnée. Depuis mes Mandements, elle n'est plus aux yeux d'un très-grand nombre de mes collègues et des théologiens les plus estimables, elle n'est plus qu'une révolte contre l'autorité. Elle n'est plus, ajoute-t-on, que le dépit de l'orgueil qui ne veut pas avouer qu'il s'est trompé. Elle se produisait, il y a deux mois, par d'infâmes chansons, accompagnées de notes révoltantes et calomnieuses. J'ai dû les flétrir comme elles le méritaient. Vous les avez flétries vous-mêmes avec autant d'énergie que d'unanimité. Vos protestations resteront dans les archives de l'Evêché comme un monument impérissable de votre respect filial envers votre Evêque, de votre parfait accord avec lui. Dieu en soit loué !

» Mais, qui le croirait ! trois jours seulement avant la retraite, et dans la coupable intention, sans doute, d'en troubler la paix, on a publié dans la ville une brochure encore plus infâme que les chansons, dont l'auteur, affectant d'être catholique et même respectueux pour la sainte Vierge, montre son ignorance en théologie, en droit canon et en histoire ecclésiastique. Ressassant des objections surannées et parfaitement résolues depuis longtemps, il s'applique surtout à déverser l'injure, le mépris et la calomnie sur mes actes les plus légitimes, sur tous les croyants et les défenseurs du Fait de la Salette; il n'épargne pas les plus respectables prêtres qui m'entourent de leur affection et qui ont toute ma confiance, et dont plusieurs ont été vos maîtres, vos guides, et seront toujours vos modèles.

» Vous partagez déjà, je le sais, Messieurs et bien-aimés Coopérateurs, ma juste douleur; ce n'est que dans mon diocèse que se trouvent des opposants aussi audacieux; plaise à Dieu que ce ne soit pas dans les rangs de mon clergé! Mais si c'est dans son sein que se trouvent les coupables, et s'ils ne sont déjà sous le coup de quelque sentence épiscopale, nous renouvelons contre eux les peines portées par notre circulaire du 16 juin, c'est-à-dire la suspense *ipso facto* avec toutes les clauses qui suivent; et s'ils publient ou contribuent à faire publier encore quelque chose de pareil, nous les frappons d'excommunication comme coupables de semer le scandale parmi les Fidèles, la division dans le clergé et la révolte contre l'autorité épiscopale : excommunication encourue par le seul fait et réservée à nous et à nos successeurs personnellement.

» Cependant le Dieu de toute bonté nous ménage, en ce moment même, de nouvelles consolations au milieu de nos douleurs. Le pèlerinage de la Salette est chaque jour plus fréquenté; les cultivateurs commencent à reconnaître la terrible vérité de ce qui fut annoncé il y a six ans. Plusieurs diocèses, celui de Luçon entre autres, se préparent à solenniser le 19 du courant par des prières et des chants en l'honneur de Notre-Dame de la Salette ! L'illustre et vénérable Evêque de Bruges (Belgique), vient d'autoriser une neuvaine de prédications et de prières pour solenniser d'une manière spéciale à Ypres l'anniversaire du 19. Depuis trois ans, il se fait un concours très-édifiant de plusieurs milliers de personnes à une chapelle bâtie à Morlaix en l'honneur de Notre-Dame de la Salette. Nous avons demandé à Sa Sainteté des grâces et des indulgences en faveur du sanctuaire, du pèlerinage, des Missionnaires et de la confrérie de Notre-Dame de la Salette, et en huit jours nous avons déjà reçu deux rescrits portant concession de quelqu'une des grâces demandées. Le premier déclare privilégié à perpétuité le grand autel du nouveau sanctuaire ; le second permet à tous les prêtres qui iront à la Salette de dire la messe *de Beatâ*, excepté un certain nombre de jours de fêtes et de féries privilégiées. Nous vous ferons connaître plus tard les autres grâces et priviléges que nous attendons et qui nous sont promis. Qui osera dire maintenant que nous ne marchons pas d'accord avec Rome ? Et si nous nous sommes trompés dans ce que nous avons arrêté sur le Fait de la Salette, à qui appartient-il de nous redresser, si ce n'est à Rome ? Certes, si les droits d'un Evêque sont connus quelque part, n'est-ce pas à Rome ?

» En conséquence, nous ordonnons que, cette année, le 19 septembre soit célébré dans toutes les Eglises de notre diocèse, sous le rit solennel majeur, avec bénédiction du très-saint Sacrement matin et soir ; que la messe de paroisse ou de communauté soit la messe *de Beatâ*, chantée avec la prose *Ave, virgo virginum*, comme à la fête du saint Rosaire, et commémoraison du Dimanche. Les vêpres chantées seront celles de la fête du saint Rosaire, après lesquelles, il y aura chant du *Parce, Domine* trois fois, pour apaiser la colère de Dieu, et les litanies de la sainte Vierge. On pourra même faire, dans les paroisses rurales, si le temps le permet, une procession pendant laquelle on chantera les susdites litanies. Puisse cette fête toucher le cœur de Dieu, nous rendre Marie propice, elle qui est la mère de miséricorde, et engager puissamment les mauvais chrétiens à rentrer en eux-mêmes, et à fléchir la colère du ciel par le respect pour le saint nom de Dieu, par la sanctification du Dimanche et par la fidélité aux lois de la sainte Eglise !

» Et sera notre présente allocution lue dans toutes les Eglises et Chapelles de notre diocèse, le dimanche 19 septembre, à la messe de paroisse ou de communauté.

» Grenoble, le 12 septembre 1852. » (1)

† PHILIBERT, *Evêque de Grenoble.*

Par Mandement :

AUVERGNE, *Chan^e hon^e, Secrét^e.*

Cette belle et touchante allocution fut reçue avec une joie incroyable. Dès le lendemain, la protestation suivante fut rédigée et couverte de signatures :

Grenoble, le 11 septembre 1852.

« Monseigneur,

» Les membres soussignés du clergé réunis pour la retraite pastorale, soumis à l'autorité de leur Evêque portant son jugement doctrinal sur le Fait de la Salette, protestent spontanément et avec énergie, contre tout ce qu'un pamphlet qui vient de paraître, contient d'injurieux au premier Pasteur du diocèse et à des confrères, honorés à juste titre de votre confiance et que nous aimons et vénérons comme nos pères, ou que nous chérissons comme des frères et des amis. Ils protestent également contre tout écrit semblable qui serait publié à l'avenir. »

(Suivent 212 signatures).

---

(1) Prononcée le 10, imprimée le 12.

« Les membres de la commission nommée par leurs confrères en retraite (septembre 1852), à l'effet de rédiger la protestation ci-dessus, prient Monseigneur de remarquer qu'ils n'ont pu pendant la retraite donner communication de cette protestation, ni à leurs confrères qui habitent la ville, ni à ceux qui n'ont pu rester jusqu'à la fin. Ont signé les membres de la commission : MM. Albert, curé de Voiron ; Marchand, curé de Voreppe ; Cottave, curé de Miribel ; Deflacieux, curé de Moidieu ; Boullu, aumônier à Voiron ; Ripert, aumônier à la Côte ; Chevallier, vicaire de Saint-Siméon ; Ballet, vicaire du Grand-Lemps.

CHAPUYS, *secrétaire*.

Avec la permission de notre vénérable Prélat, nous fîmes à l'indigne pamphlet, une première et courte réponse, que nous reproduisons ici avec des développements que l'on nous a demandés :

LA SALETTE VENGÉE CONTRE DE NOUVELLES ATTAQUES.

Nous examinerons deux questions : *1° Sur quoi repose le Fait de la Salette ; 2° Mgr l'Evêque de Grenoble a-t-il pu prononcer sur ce Fait ?*

I. — La vérité du fait de la Salette repose sur deux fondements inébranlables :

Iᵉʳ FONDEMENT. — Les deux bergers ne sont *ni trompeurs ni trompés*.

Ils ne sont point *trompeurs*, parce qu'ils n'ont pu inventer leur récit, ni les circonstances qui accompagnent leur récit ; ni concerter entre eux leur récit ; ni convenir entre eux des réponses à faire quand ils seraient interrogés ensemble ou séparément ; ni prévoir les milliers d'interrogatoires qu'ils auraient à subir ; ni s'imposer un secret, ni se donner la force de le garder inviolablement en tout temps, en tout lieu, à l'égard de tous.

Ils ne sont point *trompés* : ils n'ont été les dupes d'aucune mystification, d'aucune jonglerie, naturellement explicable.

Ainsi l'ont cru, ainsi le croient encore les *partisans* du Fait.

Ainsi l'on cru pendant quatre ans les *opposants*. L'un d'eux écrivait *à la Voix de la Vérité* le 10 juin 1850 : *La plus forte preuve que l'on puisse apporter pour un vrai miracle, c'est l'*IMPOSSIBILITÉ *où l'on est de dire qui a mystifié les enfants, et la* GRANDE DIFFICULTÉ *qu'il y a de soutenir qu'ils sont trompeurs et inventeurs de leur récit.*

Ce qui en 1850 était *impossible*, ce qui était *grandement difficile*, est-il devenu aujourd'hui *possible* et *facile* aux opposants? Et devant cette *grande difficulté*, devant cette *impossibilité*, est-il une objection qui ne tombe d'elle-même?

2ᵉ FONDEMENT. — Avant et après *l'incident d'Ars* (aujourd'hui le *dernier* retranchement de l'opposition), des miracles vrais et bien attestés, publics et éclatants se sont opérés en divers lieux et sur divers malades par l'intercession de la sainte Vierge, invoquée sous le nom de *Notre-Dame de la Salette*, et avec l'usage pieux de l'eau de la Salette.

Un seul de ces miracles, celui d'Avallon, par exemple, proclamé authentique par Mgr l'archevêque de Sens, suffirait pour établir la vérité de l'Apparition de la Salette; et il y en a une infinité d'autres que l'on ne peut mettre en doute, sans nier les fondements de la certitude, et sans avoir l'affreux courage d'avancer que nulle part on n'a eu des yeux pour voir, des oreilles pour entendre, des mains pour toucher; ni Evêques, ni Grands Vicaires, ni prêtres, ni médecins, ni paroisses, ni communautés religieuses n'ont bien vu, n'ont bien jugé, n'ont bien attesté ces deux choses si simples : MALADIE et GUÉRISON.

Les opposants sont-ils donc descendus dans le *pyrrhonisme historique?*

II. — Mgr l'Evêque de Grenoble a-t-il pu proclamer la Vérité du Fait de la Salette par son Mandement du 19 septembre 1851 ?

Il l'a pu; le Concile de Trente, Sess. XXV : *De invocat. vener. et Reliquiis* SS., lui en donne le pouvoir en ces termes : *Nulla etiam admittenda esse nova miracula, nec novas Reliquias recipiendas, nisi eodem recognoscente et approbante Episcopo, qui simul atque de jis aliquid compertum habuerit, adhibitis in consilium Theologis, et aliis piis viris, ea faciat, quæ veritati et pietati consentanea judicaverit.* N'est-ce pas ce qu'a fait l'Evêque de Grenoble? Il ne s'est pas pressé ; il a attendu cinq ans ; il a consulté de savants Evêques ; il a soumis son Mandement à un Prince de l'Eglise romaine....... Enfin il a prononcé.

Il l'a pu, sans recourir ni au Métropolitain ni au Concile provincial, sans violer le Concile de Trente dont voici les paroles suivantes : *Quod si aliquis dubius aut difficilis abusus sit exstirpandus,* (Quel abus y avait-il ici à extirper?) *vel omnino aliqua de iis rebus gravior quæstio incidat :* (Cette question grave dans le Fait de la Salette, était-ce le bruit d'une imperceptible minorité?) *Episcopus, antequàm controversiam dirimat, Metropolitani et Comprovincialium in concilio provinciali sententiam exspectet.* L'Evêque *attendra* cette sentence du Métropolitain et des Evêques comprovinciaux, mais ce sera lui qui *jugera* et non le Métropolitain ni le Concile provincial ; car si le Métropolitain ou le Concile provincial était saisi par le Concile de Trente du droit de prononcer en dernier ressort, alors l'Evêque n'ayant plus rien à faire, n'ayant plus rien à *juger*, pourquoi le Concile de Trente lui commanderait-il d'attendre : *exspectet.* Qu'on remarque bien les termes du Concile : *Antequàm controversiam dirimat;* ce sera à lui de prononcer en dernier ressort; mais avant de le faire, il attendra l'avis du Concile provincial et du Métropolitain : *Sententiam exspectet.* A moins de faire violence au texte du Concile de Trente, peut-on trouver un autre sens à ces mots : *antequàm controversiam dirimat.... Sententiam exspectet.* D'où nous concluons que c'est à l'Evêque de consulter (1), s'il se trouve dans l'embarras, le Concile provincial, mais non à celui-ci d'évoquer à lui l'affaire, et de la juger définitivement. Or, dans l'affaire de la Salette, il n'y a eu ni cette question grave, ni cet abus difficile à extirper. Le Fait de la Salette était à établir d'une manière contradictoire, et c'est ce qui a été fait.

Il l'a pu, sans recourir au souverain Pontife, en vertu du même Concile, dont voici la troisième phrase : *Ità tamen, ut nihil, inconsulto sanctissimo Romano Pontifice,* NOVUM, *aut in Ecclesiâ* HACTENUS INUSITATUM *decernatur.* Eh bien ! l'Evêque de Grenoble, en déclarant l'Apparition miraculeuse et en construisant un sanctuaire nouveau en l'honneur de Marie, qu'a-t-il fait de NOUVEAU ? qu'a-t-il fait d'INUSITÉ ? Depuis dix-huit siècles il y a perpétuité de miracles dans l'Eglise : un miracle de plus n'est donc pas une NOUVEAUTÉ.

Il l'a pu, comme Benoît XIV lui en reconnaît le droit : *de Beatificatione et Canoniz. serv. Dei*, lib. II, cap. 1, nos 12 et 13. *Quod si sermo convertatur ad canonizatos vel Beatificatos...... non solùm possunt Ordinarii suâ* AUCTORITATE ORDINARIA *processus conficere super miracu-*

---

(1) Au reste, où les droits d'un Evêque sont-ils mieux connus qu'à Rome ? *Avant sa publication*, le Mandement a été mis sous les yeux d'un des plus éminents personnages de la ville sainte ; *après sa publication*, il a été inséré le 1er avril 1852, dans l'*Osservatore romano*, avec la permission de la censure romaine, et depuis, Rome a comblé de ses faveurs spirituelles et le sanctuaire et le pèlerinage. Les opposants veulent-ils être plus sages que Rome ?

lis, sed, adhibitis cautionibus à sacro Concilio Tridentino præscriptis, possunt etiam ipsa miracula approbare, ac publicare; tùm quia id eis NON EST A JURE PROHIBITUM, *tùm quia* EISDEM FAVET SACRUM TRIDENTINUM CONCILIUM. Peut-on établir plus clairement le droit, l'autorité de l'Evêque en cette matière ?

Il l'a pu, comme S. E. le cardinal Patrizi, proclamait miraculeuse la conversion de M. Ratisbonne, et cela à Rome même, sous les yeux de Sa Sainteté, mais sans aucun rescrit de Sa Sainteté. Citons son décret en entier.

DÉCRET CONSTATANT LA CONVERSION DE M. MARIE-ALPHONSE RATISBONNE.

In Dei nomine. Amen.

Au nom de Dieu. Ainsi soit-il.

Anno a salutiferâ D. N. J. C. Nativitate milles. octingentes. quadragesimo secundo, indict. rom. xv; pontificatus autem sanctissimi D. N. PP. Gregorii XVI anno XII, die vero tertiâ junii.

L'an de notre Seigneur et Sauveur Jésus-Christ, mil huit cent quarante-deux, de l'indiction romaine le quinzième, la douzième année du pontificat de N. S. P. le pape Grégoire XVI, le troisième jour de juin.

Coram Eminentissimo ac Reverendissimo Constantino card. Patrizi, sanctissimi D. N. PP. in almâ urbe vicario generali, romanæque curiæ ejusque districtus judice ordinario.... comparuit Reverendissimus D. Franciscus Anivitti promotor fiscalis tribunalis vicariatus, ab eodem Eminentissimo ac Reverendissimo D. card. vicario specialiter delegatus, ad effectum inquirendi et examinandi testes super ve-

En présence de l'Eminentissime et Révérentissime seigneur Constantin cardinal Patrizi, vicaire général de N. S. P. le Pape, dans la ville de Rome, juge ordinaire de la Cour romaine et de son ressort, a comparu le Révérendissime François Anivitti, promoteur fiscal près le tribunal du vicariat, spécialement délégué par l'Eminentissime et Révérendissime cardinal vicaire, à l'effet de rechercher et d'examiner les témoins relativement à la vérité et à l'authenticité de la merveilleuse conversion du judaïsme à la religion catholique, qu'a obtenue, par l'intercession de la bienheureuse Vierge Marie, Alphonse-Marie Ratisbonne, de Strasbourg, âgé de 28 ans, alors à Rome. Lequel promoteur déclare s'être appliqué à satisfaire, avec toute la sollicitude et le zèle dont il est capable, au devoir dont il a été chargé, et qu'il a accepté avec empressement; il dit avoir soumis à un examen formel des témoins, au nombre de neuf, qui tous, juridiquement interpellés, ont montré dans leur récit plein de sincérité, une unanimité merveilleuse en tout ce qui se rapporte, soit à la substance du fait, soit aux résultats de cet admirable événement. C'est pourquoi, il assure qu'il s'est convaincu qu'il ne reste rien à désirer pour reconnaître ici le caractère d'un véritable miracle. Toutefois il remet la décision complète de l'affaire à son Eminence Révérendissime, qui, après avoir vu et examiné les actes, les interrogatoires et documents, daignera intervenir, par un décret définitif, selon qu'elle le jugera expédient dans le Seigneur.

ritate et relevantiâ mirabilis conversionis ab hebraïsmo ad catholicam religionem, quam intercedente B. V. Mariâ obtinuit Alphonsus-Maria Ratisbonne, Strasburgensis, anno viginti octo, in urbe præsens; dixitque muneri sibi demandato, alacri libentique animo susceptо, qua potuit sedulitate ac diligentia satisfacere studuisse, subjiciendo formali examini numero novem testes, qui, omnes ad fiscalia interrogatoria respondentes, ingenuâ enarratione, in iis quæ ad substantiam facti et mirabilis eventus extrema pertinent, mirè concordant. Quamobrem sibi visum esse asseruit, nihil ad rationem veri miraculi ulteriùs posse desiderari. Rem tamen omnem definiendam remisit Eminentiæ suæ Reverendissimæ, quæ, visis et examinatis actis, examinibus et documentis, definitivum decretum, prout in Domino expedire ei videbitur, interponere dignabitur.

Ex tunc Eminentissimus ac Reverendissimus D. Card. in urbe vicarius, auditâ relatione, viso processu, visis testium examinibus, juribus ac documentis, iis sedulo maturèque consideratis, consultationibus etiam requisitis theologorum aliorumque piorum virorum, *juxta formam concilii Tridentini, sess. 25, de invocatione, veneratione et reliquiis sanctorum, ac sacris imaginibus*, DIXIT, PRONUNTIAVIT ET DEFINITIVE DECLARAVIT, plene constare de vero insignique miraculo, a D. O. M., intercedente B. Mariâ Virgine, patrato, videlicet instantaneæ perfectæque conversionis Alphonsi-Mariæ Ratisbonne ab hebraïsmo. Et quoniam opera Dei revelare et confiteri honorificum est (Tob. c. XII, v. 7), ideo ad majorem Dei gloriam, et ad augendam devotionem Christi fidelium ergà B. virginem Mariam, benigne in Domino concessit, ut præfati insignis miraculi relatio publicis typis tradi, impressaque evulgari possit, et valeat.

Datum ex ædibus ejus-

En conséquence, après avoir entendu le rapport, et pris connaissance du procès; vu les interrogatoires des témoins, leurs réponses et leurs renseignements; les ayant considérés avec attention et maturité; après avoir recueilli les avis des théologiens et d'autres personnages pieux, suivant la forme indiquée par le concile de Trente (session 25, *de l'invocation et de la vénération des saints, de leurs reliques et des saintes images*), l'Eminentissime et Révérendissime Cardinal vicaire dans la ville, A DIT, PRONONCÉ ET DÉFINITIVEMENT DÉCLARÉ qu'il conste pleinement du vrai et insigne miracle opéré par le Dieu très-bon et très-grand, par l'intercession de la bienheureuse Vierge Marie, dans la conversion instantanée et parfaite d'Alphonse-Marie Ratisbonne, du judaïsme. Et, parce qu'il est honorable de révéler et de confesser les œuvres de Dieu (Tobie, 12, 7), son Eminence daigne permettre qu'à la plus grande gloire de Dieu et pour accroître la dévotion des fidèles envers la bienheureuse Vierge Marie, la relation de ce miracle insigne puisse être imprimée et publiée, et qu'elle ait autorité.

Donné au palais de son

Eminentissime et Révérendissime Cardinal vicaire de la ville, et juge ordinaire, les jours, mois et an que dessus.	dem Eminentissimi D. Cardinalis urbis vicarii et judicis ordinarii, die, mense et anno quibus supra.
Conforme à l'original.	Concordat cum originali.
†	†
Lieu du sceau.	Loco sigilli.
C. Cardin. vicaire.	C. Cardin., vicarius.
Cam. Diamilla, *notaire député.*	Cam. Diamilla, *not. deput.*
Joseph, *Chan.* Tabnassi, *Secr.*	Joseph, *Can.* Talnassi, *Secr.*

Il l'a pu, comme l'Archevêque d'Embrun autorisa le sanctuaire du Laus, comme l'Evêque de Grenoble autorisa le pèlerinage de l'Osier, l'un et l'autre sans rescrit Apostolique.

Il l'a pu, comme un Evêque a autorisé le culte de la Médaille miraculeuse, il y a une vingtaine d'années, et cela sans rescrit de Rome.

Il l'a pu, et feu Mgr Devie, de si sainte mémoire, si versé dans la Théologie et dans le Droit canon, écrivait à Monseigneur de Grenoble, le 20 décembre 1851 : « Je vous félicite, Monseigneur, d'avoir pris votre parti
» relativement à l'affaire de la Salette en publiant votre
» Mandement et en prenant des mesures pour con-
» struire un nouveau sanctuaire à Marie. D'après les
» Lois canoniques, vous êtes SEUL à portée de décider
» cette question. Que le Dieu de bonté daigne bénir
» votre entreprise et vous y faire trouver une source
» de consolation. »

Il l'a pu, et le Concile provincial de Paris, tenu en 1849, titre II, chap. 3, consacre ce droit, en ces termes : « *Comme d'après l'apôtre saint Paul, il ne faut pas croire à tout esprit*, nous avertissons les Fidèles de ne pas se faire témérairement propagateurs de prophéties, de visions et de miracles, *concernant la politique, l'avenir de l'Eglise ou tout autre objet de ce genre, qu'on répand dans le public* SANS QUE L'ORDINAIRE LES AIT REconnus et approuvés. Remarquez ici le perfide tour de force du nouveau canoniste. Dans son libelle, il veut établir deux choses : la fausseté du Fait et l'incompétence de l'Evêque à prononcer sur le Fait. Or, ce second point étant clairement établi par le Concile, qu'a fait le faussaire? Il n'a cité du texte que nous copions que les mots qui ne sont pas soulignés!!! Et voilà le secret de sa brochure : taire ou dénaturer tout ce qui le gêne, même dans les actes de l'Eglise. Il s'est imaginé qu'on n'irait pas vérifier après lui. *Accipe nunc Danaüm insidias, et crimine ab uno disce omnes.*

Le Sanctuaire de Fourvière, dans son origine, a-t-il jamais produit un rescrit de Rome, ou même un Mandement de l'Archevêque de Lyon en sa faveur?

Pour proclamer un miracle, il suffit que l'Evêque en ait acquis la preuve ; pour construire une nouvelle chapelle en l'honneur de la sainte Vierge ou d'un saint canonisé, il suffit de la volonté de l'Evêque.

Pour établir quelque chose de *nouveau* ou *d'inusité*, il faut recourir à Rome. Voilà la règle sur toute la matière. Or, qui osera dire que le culte de la sainte Vierge, ou une extension de ce culte, est une chose *nouvelle* ou *inusitée* dans l'Eglise?

Contre le Fait de la Salette et contre la vénérable autorité qui le proclama *vrai*, s'élevaient naguères d'infâmes chansons, et aujourd'hui un pamphlet est publié.

Nous le demandons à tout homme sensé, ne fût-il même pas bien chrétien :

Contre un Fait établi et contre une autorité sacrée agissant dans la plénitude de ses droits :

Que signifient des chansons infâmes et doublement anonymes? Rien, absolument rien; si ce n'est dans les auteurs l'impuissance de nuire.

Que signifient des notes injurieuses et calomnieuses? Rien.

Que signifie un pamphlet qui, en ne respectant rien, déshonore son auteur? Rien.

Le Fait de la Salette est-il faux, parce que le pamphlétaire (1) fait une *grosse hérésie* en faisant dériver la primauté d'honneur et de juridiction que possède de *droit divin* le Chef suprême de l'Eglise, d'un consentement des Evêques du quatrième siècle? parce qu'il dit une fausseté, une bévue historique et une hérésie, en égalant Antioche et Alexandrie avec Rome? Non, mille fois non.

Le Fait de la Salette est-il faux, parce que le pamphlétaire dit que la raison de la tenue des conciles, c'est la liberté de *discuter*, sans ajouter que c'est surtout pour *juger* et *terminer* les questions? Non, mille fois non.

Le Fait de la Salette est-il faux, parce que le pamphlétaire, s'érigeant en canoniste d'une nouvelle espèce, ose avancer que la sentence d'un Evêque n'est juste, n'est valide, qu'autant qu'elle est soumise à la juridiction du Concile provincial? Non, mille fois non.

N'est-il pas inconcevable que l'on ait osé imprimer les assertions *schismatiques* suivantes : « Quoiqu'il ad-
» vienne, je serai heureux de voir se clore cette longue
» série d'erreurs et de fautes, que ne saurait protéger le
» Mandement du 19 septembre en imposant un silence
» qui n'a jamais été pour les Evêques un *droit*, qui ne
» peut pas être pour les Fidèles un *devoir*.

« Le Mandement du 19 septembre 1851 est contraire à

---

(1) *Pamphlétaire, libelliste*, d'après le Dictionnaire de CHAPSAL : auteur d'écrits injurieux, diffamatoires. Qu'on mette à l'alambic, qu'on distille la publication dont il s'agit, qu'en sortira-t-il ? injures, diffamations, contes imaginés par besoin...... Mais quelque chose de concluant contre la Salette? Rien, rien, rien ; sinon encore l'ignorance de l'auteur sur les matières ecclésiastiques, et même sur celles de la Salette.

la *dignité humaine* », — jargon philosophique sous lequel s'enveloppe l'orgueil humain : *Quid habes quod non accepisti?* (Cor. 4. 7.) L'humilité, voilà la seule dignité de l'homme et du chrétien. « Le Mandement du 19 sep- » tembre 1851 *est l'oubli de toutes les règles;* » — ajoutez : telles que les a imaginées une opposition téméraire et scandaleuse.

« Le monde catholique gémit, demande le rappel, la » réparation de ces erreurs (du Mandement). » — Lisez : l'opposition seule et celui qu'elle a choisi pour son *véridique* organe. Sur 819 prêtres employés dans le diocèse, il n'y a pas plus de 30 à 40 opposants. Ils sont connus et comptés.

« L'autorité d'un Evêque n'est qu'une raison indivi- » duelle, *rien de plus, rien de moins;* elle n'a jamais le » droit de s'imposer, l'Eglise le lui a constamment dénié. » — Autant de mensonges que de mots, condamnés par la doctrine du Concile de Trente et par la pratique constante de dix-huit siècles. Principe anarchique, subversif de toute autorité.

« Les Papes et même le célèbre Grégoire VII, ne font » rien sans le Concile provincial. » — Bévue historique. Les Conciles provinciaux loin d'être les conseillers des Papes, soumettent, au contraire, leurs actes à l'approbation du Pape. Une fausseté de plus ou de moins, qu'importe au pamphlétaire?

Au reste, vous croyez, lecteur candide, qu'il tienne beaucoup au Concile provincial ou au Pape. Feignant de croire que c'est nous qui redoutons le jugement d'un Concile ou du Pape (et dans le Mandement du 19 septembre 1851, Mgr de Grenoble se soumet d'avance au jugement du Vicaire de J.-C.), le pamphlétaire nous compose lui-même un Concile dont il choisit les membres dans la magistrature de Grenoble, parmi les avocats, les prêtres, etc., devant lequel il paraîtra lui-même, *se faisant fort d'établir l'exactitude la plus scru-*

puleuse de tous les détails, de tous les faits qu'il vient de consigner. Voilà, selon lui, les juges qui devront décider *si dans le Fait de la Salette et dans ses conséquences, il y a miracle ou non, véritable apparition ou non*; voilà le tribunal qu'il élève au-dessus de l'Evêque et de ses théologiens, au-dessus du Concile provincial; mais il se trompe étrangement. Plus les magistrats et les avocats appelés à former ce singulier tribunal, seront catholiques instruits des premières notions de la Religion, plus ils déclineront leur compétence en pareille matière. La seule chose pour laquelle ils seraient vraiment compétents, ce serait pour flétrir justement et avec indignation les faussetés, les mensonges et les diffamations de son libelle, ses provocations au mépris de l'autorité épiscopale, sa hardiesse à tronquer les actes même d'un Concile, à forger des lettres qui n'ont jamais été écrites, à faire parler des prélats et le Pape même comme ils n'ont jamais parlé; à louer un chanoine mort aux dépens de ses confrères vivants; à faire passer un prêtre pour un infâme, un curé très-connu pour un escroc, etc., etc. Aussi, quand *il se fait fort de soutenir devant ce tribunal de sa composition la scrupuleuse exactitude de tous les détails, de tous les faits qu'il vient de consigner*, on ne sait s'il faut rougir de honte pour lui, ou s'il faut plaindre sa folie. Mgr de Grenoble l'a dit dans sa juste réclamation : *le libelle contient autant de mensonges que de mots*, et il faudrait un volume entier pour les relever tous.

Le Fait de la Salette est-il faux, parce que le pamphlétaire, se plaçant au-dessus de son juge, dans l'ordre religieux, gourmande l'autorité qui en a proclamé la vérité? parce qu'il se moque de cette autorité? Non, mille fois non.

Le Fait de la Salette est-il faux, parce que le pamphlétaire, outrage dans son livre les personnes les plus respectables du diocèse? Non, mille fois non.

Le Fait de la Salette est-il faux, parce que sous le titre de *Persécutions*, le pamphlétaire raconte quelques actes de l'autorité, en les dénaturant ou en les présentant sous un faux jour, afin de rendre odieux l'exercice le plus légitime de l'autorité, comme si un *opposant* avait le droit d'être *désobéissant;* comme si au civil, il était permis d'appeler *persécutions* la destitution ou la suspension d'un maire par le préfet? Non, mille fois non.

Le Fait de la Salette est-il faux, parce qu'aucun membre de la commission, excepté quatre opposants, n'ont, aux yeux du pamphlétaire, ni lumières ni amour de la vérité? Non.

Parce que M. Rousselot, le plus coupable de tous les croyants, disons le mot, le plus scélérat, a commis, d'après l'énumération bénévole et toute bienveillante du pamphlétaire, au moins onze *crimes* dans ses écrits sur la Salette? Ecrits approuvés par son Evêque, lus partout et traduits en plusieurs langues. — Nous examinerons à l'article suivant quelques-uns de ces *crimes*.

Est-ce réfuter un fait que de l'appeler jonglerie, comédie, sottise, etc., sans se donner la moindre peine pour justifier ces assertions en l'air? Non, certes.

Vilipender l'autorité épiscopale dans sa personne ou dans ses actes, est-ce chose toute simple et permise? Non, non, non.

S'indigner du silence imposé par le Mandement sur la Salette, en rappeler à une nouvelle discussion, cela n'est-il pas permis? Non, il n'en sera jamais ainsi dans l'Eglise; il n'en est pas même ainsi des arrêts des tribunaux, et tout le monde adopte la maxime : *Res judicata pro verâ habetur.*

Mais le libelliste ne dit-il pas *pour sa raison* que depuis dix-huit siècles *il est permis de discuter les paroles et les miracles de l'Evangile?* Oui, il le dit, et en cela il se range avec les hérétiques et les incrédules. Car pour le chrétien catholique, loin de les discuter, il en reçoit humblement la foi de l'Eglise, à laquelle il appartient de les interpréter infailliblement.

Avez-vous épuisé tout ce que le libelle contient de faux, d'énorme, d'hérétique, d'injurieux, d'outrageant, etc., etc.? Non certes. Un enfant peut, en un instant, embrouiller un écheveau de fil, il faut des heures pour le débrouiller; ce qui est la traduction libre, mais vraie de cet axiôme des écoles : *Plus negaret...... quàm probaret......*

Mais l'auteur menace de donner une suite à son livre! Attaquer de cette manière le Fait de la Salette, se déchaîner ainsi contre une autorité sacrée pour le vrai chrétien, ce sera montrer une fois de plus que l'on n'a rien de sérieux à objecter; ce sera prouver une fois de plus que l'on est vaincu; ce sera une fois de plus afficher sa honte.

Et c'est au moment des inondations; au moment où plusieurs branches de récolte périssent par une maladie inconnue; au moment où tout nous presse de recourir au ciel, d'apaiser la justice divine; au moment où le culte de Marie, protectrice miséricordieuse de la France et du diocèse, reçoit partout une extension désirable : c'est en ce moment, dis-je, qu'est venue apparaître, comme un sinistre météore, cette odieuse production!!!

Grenoble, 3 septembre 1852.

L'abbé Rousselot,

Chanoine, Vicaire général.

Au reste, les prêtres du diocèse absents de la retraite voulurent aussi faire entendre leurs réclamations. Nous n'en citerons que deux : l'une collective, l'autre individuelle. Elles suffiront pour faire voir comment le pamphlet a été jugé partout.

Canton de la Tour-du-Pin, le 20 septembre 1852.

Monseigneur,

Apprenant qu'après d'odieuses chansons, un nouvel écrit vient de paraître encore, dénaturant indignement le Fait de la Salette, si glorieux cependant pour notre diocèse, les prêtres du canton de la Tour-du-Pin s'empressent de témoigner à Votre Grandeur toute la peine qu'ils en ressentent.

Aurions-nous à déplorer que les auteurs de ces méprisables libelles se rencontrassent dans les rangs du clergé; ah! nous les plaindrions sans doute, mais nous n'en réprouverions que plus énergiquement leur conduite, comme oubliant leurs devoirs les plus sacrés envers leur Evêque, comme semant la zizanie parmi leurs Frères et les Fidèles, et comme déshonorant la dignité sacerdotale.

Quoi qu'il en soit, Monseigneur, notre répulsion pour ces productions indignes est d'autant plus vive, qu'elles attaquent outrageusement l'autorité épiscopale et qu'elles blessent nos convictions sur un Fait qui repose sur des preuves si certaines et si convaincantes, et qui, d'ailleurs a pour lui le jugement doctrinal de notre pieux et vénérable Evêque.

Puissent donc notre commune sympathie et notre entière soumission pour tous les actes de Votre Grandeur à ce sujet; puisse aussi notre réprobation pour toutes ces œuvres de ténèbres, être un soulagement à la douleur qu'elles doivent causer à votre cœur d'Evêque et de père.

Daignez agréer, etc.

(Suivent 21 signatures).

Viriville, le jour de la Nativité de la très-sainte Vierge, 8 septembre 1852.

Monseigneur,

Votre lettre au journal l'*Univers*, et plus spécialement la conversation que je viens d'avoir avec le nouveau curé de Marnans, m'ont appris que des prêtres de votre diocèse (1), vos enfants, peut-être comblés de vos bienfaits, dans un ouvrage que l'on pourrait appeler satanique, tant il renferme de fureur impie et de lâche hypocrisie, venaient de contrister votre cœur de père, de fouler aux pieds votre autorité d'Evêque, et d'insulter à votre conviction de serviteur de Marie. Permettez, Monseigneur, à l'un des plus petits entre les membres de votre clergé, de venir déposer à vos pieds l'expression bien sincère de la douleur et de l'indignation qu'il a ressenties à cette malheureuse nouvelle.

Certainement, Monseigneur, c'est triste, bien triste de voir des prêtres que devrait dévorer le seul zèle des âmes, n'être dévoré que par la passion du scandale à tout prix : Et cependant, Monseigneur, j'en bénirais presque la Providence; car si ma foi et ma religion me disent et m'ont toujours dit de croire au *Fait de la Salette*, ma raison me crie bien haut, que c'est un fait certainement divin, que celui contre lequel l'enfer déploie une rage aussi outrée et des moyens aussi indignes; et ainsi, Monseigneur, la boue dont on veut salir le prodige qui éternisera votre épiscopat, ne pro-

---

(1) Il est impossible de lire le pamphlet, et de ne pas rester convaincu que si l'auteur n'est pas un prêtre, il a été au moins instruit et dirigé par quelques prêtres.

duira en définitive qu'un seul effet, celui d'imprimer à ce fait le brillant cachet des œuvres vraiment divines.

Puisse cette pensée atténuer la douleur de mon Père et de mon Evêque! Puissent tous les prêtres réunis en ce moment autour de vous pour les exercices de la retraite, redoubler d'amour et de respect, et vous consoler ainsi de l'ingratitude et de l'impiété de quelques-uns de leurs malheureux frères.

J'ai l'honneur d'être, etc.

L'abbé F***.

On vient de le voir : la Salette devait succomber sous les coups redoublés d'une opposition incessante, rarement sage, souvent violente et injuste. Cependant la Salette a triomphé, ce qu'elle n'aurait pu faire si elle n'était un Fait vraiment divin. L'opposition ouvrira-t-elle enfin les yeux? Sentira-t-elle enfin l'inutilité de ses attaques? Nous osons l'espérer, surtout si elle veut lire sans prévention les réponses que nous allons donner à ses nouvelles objections.

ARTICLE II.

OBJECTIONS NOUVELLES CONTRE LE FAIT DE LA SALETTE.

Après le Mandement du 19 septembre 1851, qui a enfin donné au Fait de la Salette sa dernière sanction, il peut paraître superflu de résoudre ici des objections qui n'ont point arrêté l'autorité, que l'autorité avait mûrement examinées avant de prononcer. Cependant les partisans sincères comme les adversaires raisonnables de la Salette aimeront à en trouver ici la solution : les premiers pour éclairer leur foi, les seconds pour abjurer leur incrédulité.

Nous prions d'abord nos contradicteurs de ne pas répéter toujours ce qu'ils ont dit tant de fois : *A quoi bon discuter sur le Fait de la Salette? La Religion n'a rien à gagner à ce Fait, quand même il serait vrai.*

Cette manière de raisonner est celle des incrédules et des indifférents en matière de Religion. *A quoi bon*, ont-ils toujours dit, *tant discuter sur la révélation? sur les miracles? Sommes-nous obligés à tant de recherches? La Religion naturelle ne suffit-elle pas?*

1° Elle révèle une indifférence secrète pour un Fait, qui supposé vrai, et venant de Dieu, mérite examen, attention, réflexion et croyance;

2° Elle suppose que Dieu peut faire quelque chose d'inutile dans l'ordre de la nature et dans celui de la grâce; quelque chose dont l'homme, ou même le chrétien n'a pas à s'occuper.

Quoi donc! la sainte Vierge a pu apparaître à la Salette, et nous n'aurions pas à nous occuper de la réalité ou de la fausseté de cette apparition? Et si elle a apparu sur cette montagne, la Religion n'a rien à gagner à ce que l'univers aille l'y honorer? Un catholique peut-il raisonner ainsi?

3° Dire que *la Religion n'a rien à gagner au Fait de la Salette quand même il serait vrai*, c'est dire que la Religion n'a rien à gagner à la perpétuité des miracles, à la manifestation de la sainteté des serviteurs de Dieu, à l'établissement de nouveaux sanctuaires ou de nouvelles pratiques de piété........ La Religion n'a-t-elle donc rien gagné aux exercices du mois de Marie, au culte de la Médaille miraculeuse, à l'établissement de l'Archiconfrérie du saint Cœur de Marie, à tant d'autres associations pieuses? Ne gagne-t-elle rien à la béatification et à la canonisation des chrétiens morts en odeur de sainteté? Avec un pareil raisonnement, nous n'aurions ni la dévotion du scapulaire, ni celle du Rosaire, ni les pèlerinages de Lorette, de Fourvière, du Laus, de l'Osier, de la Louvesc........ La Religion a beaucoup à gagner à tout fait divin, qui en démontre de plus en plus la vérité, la sainteté; elle a beaucoup à gagner à tout fait qui contribue à la conversion des pécheurs, à la sanctification des justes; elle a beaucoup à gagner à l'extension du culte de Marie et des Saints. — Disons plus : Que n'a-t-elle pas déjà gagné depuis l'apparition de Marie à la Salette ? Cette année-ci, 1852, ne compte-t-on pas près de 1,000 messes dites sur la montagne, 10 à 12,000 communions, beaucoup de conversions, beaucoup d'offrandes généreuses pour la construction du nouveau sanctuaire, etc., etc.. Ah! si la Religion n'avait rien à gagner à la Salette, l'enfer ne se déchaînerait pas avec tant de fureur, tant d'acharnement contre elle; il n'inspirerait pas contre elle tant de prévention; il ne suggèrerait pas tant de mensonges, de calomnies, d'injures. Et certes, malheur aux opposants, si par un entêtement coupable, ils se font les suppôts du démon et combattent avec lui contre un Fait consolant pour la Religion, et accueilli partout avec bonheur. — Venons aux objections.

1re OBJECTION. Depuis longtemps on attribue à un personnage célèbre une objection, qui n'est que spécieuse en elle-même, mais qui est devenue le rempart derrière lequel certains opposants se croient inattaquables, à tel point que l'un d'eux ne craignait pas de dire : *Je verrais un mort ressusciter sur la montagne de la Salette, que je croirais à la puissance de la sainte Vierge, mais non à son apparition en ce lieu.* Un homme de bon sens lui répondit : *Eh bien! au lieu d'aller prier la sainte Vierge à Fourvière, au Laus, ou à la Salette, allez la prier sur la place Grenette! Elle exauce partout!*

Voici l'objection dans toute sa force et telle qu'elle est présentée par nos adversaires :

Dès les premières années qui suivirent l'apparition,

on parla de nombreux miracles opérés par Notre-Dame de la Salette. On en trouve plus de quarante dans vos deux publications. En les supposant vrais, réels et parfaitement constatés, ils ne prouvent point la réalité de l'apparition; ils prouvent seulement que la sainte Vierge, toute puissante auprès du Tout-puissant, s'est plu à exaucer miraculeusement ceux qui recouraient à elle avec foi et confiance, quoiqu'ils l'invoquassent sous un faux nom, et avec une erreur matérielle dans l'esprit. La sainte Vierge exauce partout ceux qui l'invoquent avec dévotion. Entre l'apparition sur la montagne et les miracles opérés, il n'y a pas une connexion nécessaire, il n'y a pas une liaison telle que de la réalité des miracles l'on puisse ou que l'on doive conclure à la réalité de l'Evénement de la Salette.

RÉPONSE 1re. Ceux qui font cette objection admettent donc qu'il se fait des miracles en faveur de l'apparition vraie ou supposée de la Salette. Il faut leur en savoir gré; car il est des opposants qui rejettent absolument tous les miracles racontés par ceux qui ont écrit sur la Salette. Mais ceux-ci ne peuvent les nier que dans l'une des quatre hypothèses suivantes :

1° S'ils les nient précisément parce que ce sont des faits surnaturels et opérés par l'intervention extraordinaire de Dieu, ils se mettent au rang des déistes; ceux-ci n'admettent aucun miracle, pas même ceux qui servent de fondement à la Religion chrétienne;

2° S'ils les nient parce que, selon eux, aucun n'est suffisamment prouvé, parce qu'il y a eu partout illusion et dans les malades guéris, et dans les médecins et autres personnes qui leur donnaient des soins, et dans les témoins qui ont attesté la maladie et la guérison, alors ils tombent dans le pyrrhonisme historique; ils renversent toutes les lois du témoignage humain; ils détruisent jusqu'aux fondements de la certitude. Ils ne veulent donc croire que ce qu'ils voient de leurs yeux, que ce qu'ils entendent de leurs oreilles, que ce qu'ils touchent de leurs mains ! Les autres hommes n'ont donc ni les sens ni la raison suffisante pour juger s'il y a eu dans tel cas maladie et guérison. N'est-ce pas là le scepticisme avec ses absurdités?

3° Quelques-uns les nient peut-être parce qu'ils se sont figurés que depuis les temps apostoliques, il ne se fait plus de miracles dans l'Eglise. Ceux-ci n'ont donc jamais lu les vies des saints, ni l'histoire ecclésiastique, ni l'immortel ouvrage de Benoît XIV sur la *Béatification et la Canonisation des serviteurs de Dieu.* Ils ignorent donc qu'une des preuves les plus frappantes et les plus sensibles de la vérité de la Religion, se tire de la perpétuité des miracles dans l'Eglise?

4° Enfin, d'autres ont publié qu'ils ne croyaient aucun de ces miracles, parce que nous les avons recueillis trop légèrement sur des ouï-dire, sur des renseignements fournis par l'enthousiasme, par la crédulité...... Plusieurs ont ajouté que ces miracles avaient été contredits dans les lieux où, selon nous, ils se sont opérés.... D'autres même se sont aventurés jusqu'à publier que nous avions reçu, mais que nous tenions secrètes, des réclamations qui nous avaient été adressées contre la réalité de plusieurs miracles consignés dans nos livres : injure purement personnelle et toute gratuite que nous abandonnons au jugement de nos lecteurs.

Nous demanderons d'abord aux opposants quelles pièces ils ont à produire pour justifier de leurs assertions tranchantes, toujours contredites par les renseignements que nous prenons. Pas un miracle dont nous ne donnions, au moins sommairement les pièces justificatives. Pourquoi n'opposent-ils pas pièces à pièces, témoignages à témoignages, autorité à autorité?

Toujours fort de notre conscience, nous affirmons ensuite, n'avoir reçu jusqu'ici ni démenti, ni plainte sur aucun fait merveilleux. Loin de là, nous avons entre les mains les témoignages les plus positifs en faveur de nos récits.

Ainsi, depuis quatre ans, on s'obstine à contester de mille manières et sur mille ouï-dire, la guérison de la sœur *saint Charles* d'Avignon, que nous avons racontée pag. 102 et suivantes de la *Vérité*. Et cependant, l'un de MM. les vicaires généraux, membre de la commission chargée d'examiner le prétendu prodige de Saint-Saturnin, nous écrivit le 28 mars 1851 :

Avignon, le 28 mars 1851.

M. Barrère, vicaire général, à M. l'abbé Rousselot,

« M. le vicaire général et vénéré collègue,

» Excusez, je vous prie, le retard que j'ai mis à répondre aux quelques questions que vous m'avez fait l'honneur de m'adresser touchant la guérison de la sœur saint Charles, religieuse hospitalière de la communauté de Saint-Joseph de cette ville. Nos affaires de St-Saturnin-lès-Apt sont une des causes de ce retard.

» Ce qu'on vous a rapporté, Monsieur le vicaire général, que Mgr l'archevêque actuel d'Avignon aurait dit que cette guérison n'avait rien d'extraordinaire, *est tout-à-fait dénué de fondement*. La guérison de sœur saint Charles eut lieu en avril 1847. Mgr Debelay n'est arrivé ici qu'à la fin de février 1849. On ne s'occupait guère alors dans notre ville de la guérison de notre religieuse. Lorsqu'on en a parlé à Sa Grandeur comme d'une guérison qui tenait du prodige, le Prélat a admis le fait tel qu'on le lui donnait, mais il n'a pas cru devoir se livrer à un examen pour en reconnaître la nature et les caractères véritables.

» Pour ce qui me concerne, Monsieur le vicaire général, *je ne puis rien ajouter* à ce que j'ai eu l'honneur de vous écrire dans le temps (1) par rapport à la guérison de cette religieuse ; je ne crois pas non plus *qu'on doive en rien retrancher* quelle que puisse être l'issue des débats actuels relativement au fait de la Salette (2).

» Agréez, etc. »

Sur cette même guérison, le vénérable Evêque de la Rochelle écrivait à Mgr de Grenoble, le 16 novembre 1851 :

« Monseigneur,

. . . .

» J'ai vu l'an dernier, à Avignon, la sœur saint Charles qui a ressenti une des premières les effets miraculeux de l'eau de la Salette. Nous avons admiré ensemble *l'étonnante incrédulité* de ceux qui l'avaient vue aux portes du tombeau, et qui s'obstinaient à ne considérer sa guérison soutenue que comme un événement ordinaire.

» Mgr l'archevêque d'Avignon eut la bonté de me parler, à cette occasion, de Rosette Tamisier qui, dèslors, commençait déjà à chercher la réputation d'une sainte favorisée du ciel. Je me permis de dire à ce digne Prélat que la réputation de cette fille ne se soutiendrait pas, et que d'après les règles si savamment et si sagement tracées par le théologien Amort dans son ouvrage *De revelationibus, visionibus et apparitionibus*, elle n'était qu'une fourbe, digne du plus souverain mépris par son orgueil et son imposture. Les feuilles publiques ne l'ont que trop confirmé.

» Veuillez agréer, etc. »

† CLÉMENT, *Evêque de la Rochelle.*

---

(1) Voir *Vérité*, pag. 114 et 115.
(2) Allusion à l'incident d'Ars, que l'on colportait partout, comme la ruine du Fait de la Salette.

A ces deux pièces que peuvent opposer les adversaires de la Salette? eux qui ont publié à son de trompe que cette guérison n'avait rien d'extraordinaire, que Mgr l'archevêque d'Avignon n'y croyait pas? Eux qui ont tenté d'envelopper dans la même réprobation et l'apparition de la Salette et le fait de St-Saturnin?

Renchérissant sur tous ces mensonges, le pamphlétaire a l'inqualifiable hardiesse de se constituer le secrétaire de Mgr l'archevêque d'Avignon, et de faire dire et écrire ce que le vénérable Prélat n'a jamais ni dit ni écrit. Qu'on juge de sa témérité par la lettre suivante :

Avignon, le 18 octobre 1852.

« Monsieur le vicaire général,

» J'ai communiqué à Mgr l'archevêque la lettre que vous m'avez fait l'honneur de m'écrire le 11 de ce mois, et dans laquelle vous avez transcrit le passage suivant d'un libelle publié à Grenoble :
» Mgr l'archevêque d'Avignon a écrit à son ami et
» collègue de Gap ; il a dit à maintes et maintes per-
» sonnes à l'occasion de la sœur saint Charles : ne pro-
» fanons pas les miracles ; *sœur saint Charles* est une
» femme hystérique, elle est à sa trentième guérison,
» car tous les mois elle est malade, et si dans ma ville
» épiscopale quelqu'un s'avisait de parler de cette
» guérison comme miraculeuse, on lui rirait au nez. »
» Aussi, après avoir lu le passage du libelle en question, Sa Grandeur a répondu qu'il n'y avait rien de vrai dans ce récit, et qu'elle n'avait jamais tenu, ni *de vive voix*, ni *par écrit* le langage qu'on lui prête.

» Je suis autorisé, Monsieur le vicaire général, à vous en donner l'assurance.

» Vous pouvez faire de cette lettre l'usage que bon vous semblera.

» Agréez, Monsieur le vicaire général, etc., etc.

» BARRÈRE, *v. g.* »

La guérison d'*Antoinette Bollenat*, quoique juridiquement proclamée miraculeuse, a été aussi attaquée par quelques opposants peu respectueux pour l'épiscopat. Voici ce que Mgr l'archevêque de Sens en écrivait en juin 1850, à Mgr de Grenoble :

« J'ai lu avec un vif intérêt, dit-il, les *Nouveaux*
» *Documents*; ils me semblent être de nature à faire
» impression sur les esprits les plus prévenus. Cette
» impression sera plus forte encore lorsque l'on pourra
» voir que le fait de guérison opérée sur Antoinette
» Bollenat, ma diocésaine, se continue, ainsi que
» l'atteste le médecin qui lui a toujours donné ses
» soins, dans le certificat que j'ai l'honneur d'envoyer à
» Votre Grandeur. »

Ce certificat assure qu'Antoinette Bollenat est un type de santé, malgré des travaux extraordinaires, et qu'elle a échappé à une espèce d'épidémie qui a atteint les divers membres de sa famille.

M. l'abbé Yvon vient de nous écrire spontanément sur cette même guérison, le 17 septembre 1852 :

« J'ai été très-péniblement affecté lorsque j'ai lu dans l'*Univers*, il y a peu de jours, la lettre que vous avez été contraint de publier pour faire tomber l'infâme pamphlet qui venait de paraître. Je me suis alors reproché de n'avoir pas encore eu le courage de faire en compagnie d'Antoinette Bollenat, le voyage de Grenoble et de la Salette que nous avons en projet déjà depuis longtemps. Je pense que quand les plus incrédules auraient vu de leurs yeux la personne qui a été le sujet de la guérison la plus éclatante, la plus authentique, lorsqu'ils auraient vu avec elle un prêtre âgé, retraité, qui était membre de la commission choisie par Mgr de Sens....., ils auraient été fort empêchés dans leurs beaux raisonnements et obligés de se rendre à l'évidence. »

Dans la nouvelle édition que nous venons de donner du *Manuel du Pèlerin à la Salette*, on trouve le récit de neuf guérisons miraculeuses dues à l'intercession de Notre-Dame de la Salette. Celle de *Mélanie Gamon* (que l'on peut voir dans la *Vérité*, pag. 126 et suivantes), a été indignement dénaturée par une opposition qui, ne connaissant plus de bornes, a osé dire tout haut : que le curé de St-Félicien passant par Grenoble avait déclaré 1° que cette guérison était fausse, et qu'il avait été lui-même victime d'une mystification; 2° que cette fille n'avait été malade que par suite de sa conduite immorale. Instruit par nous, le respectable archiprêtre s'empressa de nous faire la réponse suivante, que nous reproduisons ici comme une leçon sévère donnée à des opposants qui ont pris à tâche de se flétrir eux-mêmes.

Lettre de M. Fustier, curé, chanoine honoraire, à M. Rousselot.

Saint-Félicien, 1er octobre 1852.

» Monsieur le vicaire général,

« Arrivant de la retraite ecclésiastique de Viviers, je lis votre honorée lettre avec autant de surprise que de plaisir. Je m'empresse d'y répondre : la vérité, mon honneur et celui de ma paroissienne, et par dessus tout la gloire de Marie m'en font un devoir.

» Je ne puis m'expliquer cet acharnement que met l'opposition à la réalité de plus en plus évidente du grand événement de la Salette, surtout si cette opiniâtre et superbe opposition venait de quelques membres de notre corps. Quels qu'ils soient, ces philosophes sont un peu trop voltairiens, qu'ils m'excusent si je qualifie ainsi leur blâmable entêtement. Quand on fait appel au mensonge, à la calomnie, à la diffamation pour soutenir sa cause, c'est prouver qu'on la sent bien mauvaise; c'est la mauvaise foi qui abjure la loyauté.

» Pour vous convaincre, Monsieur le grand vicaire, ainsi que le public, des assertions menteuses des opposants, j'ai l'honneur de vous certifier 1° que malgré mon vif désir, je n'ai pas encore eu le bonheur de visiter la Salette. Je défie donc ceux qui me prêtent une rétractation de ce que j'ai dit et écrit sur la guérison de Mélanie Gamon, ma paroissienne, de m'avoir vu et entendu;

» 2° Mélanie continue d'être assez bien portante, malgré les soucis et les peines que lui a donnés la longue maladie d'une de ses sœurs que j'ai enterrée, il y a peu de temps.

» On la voit souvent à la table sainte et elle ne cesse d'édifier ma paroisse. Oser attribuer sa maladie à une mauvaise conduite, c'est plus que calomnie, c'est une vraie diffamation : ma paroisse entière est là pour lui rendre justice.

» Je persiste donc, Monsieur le grand vicaire (ma conscience encore plus que mon devoir m'en fait une obligation), à soutenir et à publier que la guérison de Mélanie a eu tous les caractères d'une guérison surnaturelle, comme j'ai eu l'honneur de vous le prouver dans mes précédentes lettres. Toutes les arguties peu édifiantes de l'amour-propre qui s'est fourvoyé, ne me feront pas dévier de la vérité.

» Je remplis une tâche bien douce pour mon cœur, d'avoir à défendre la gloire de notre auguste Mère; je ne sais quel intérêt peuvent trouver ceux qui se plaisent à la rabaisser ; si on peut leur permettre le doute, quoique aujourd'hui présomptueux, ils devraient au moins attendre et se taire. Leur doute n'est point un péché, leur langage en est un.

» Daignez agréer, etc.

B. FUSTIER,
Chanoine honoraire, archiprêtre. »

Battus sur ce terrain, les opposants ont pris une autre tournure; ils ont répandu le bruit qu'ils tenaient leurs dires, non de l'archiprêtre, mais d'un curé du canton; ce qui leur a valu la seconde lettre suivante :

Saint-Félicien, 11 octobre 1852.

» Monsieur le grand vicaire,

« D'après votre honorée lettre du 8 du courant, ce ne sera plus seulement Mélanie Gamon qui deviendra victime des plus noires calomnies à cause de sa guérison, bien reconnue miraculeuse, qu'elle doit à Notre-Dame de la Salette ; ce sera, à son tour, le curé de Saint-Félicien, *esprit opiniâtre qui ne revient jamais sur ce qu'il a avancé, même après en avoir reconnu la fausseté.*

» Sans excuser cet opposant, qui me juge sans me connaître, je le remercie de tout mon cœur de ce qu'il me rend digne de subir cette humiliation pour la gloire de notre auguste Mère, et pour le triomphe de la vérité. Pour toute vengeance, je fais le vœu bien sincère qu'il ne mérite pas le portrait qu'il fait de moi.

» Je garderais volontiers le silence, et laisserais ma disculpation entre les mains de Marie, si sa gloire et votre prière ne me faisaient un devoir de parler. Je dois vous dire, Monsieur le grand vicaire, 1° que j'ai l'honneur d'être dans de très-bons rapports avec mon digne évêque, qui vient tout récemment de me nommer archiprêtre, lequel n'est certes pas homme à capituler devant *les esprits opiniâtres*.... Que Sa Grandeur a lu toutes mes lettres constatant ce miracle; qu'elle a visité ma paroisse deux fois depuis, où elle a séjourné deux ou trois jours, et que nul doute ne s'est élevé sur les attestations de ce curé *si opiniâtre*;

» 2° Mes chers confrères du canton, réunis aujourd'hui même chez moi pour la conférence ecclésiastique, ont tous attesté, ce que je savais déjà, qu'aucun d'eux n'avait de neveu au séminaire de Viviers; qu'aucun n'avait fait le pèlerinage de la Salette. Leur ayant lu votre honorée lettre, leur indignation m'a rendu justice, et ils ont voulu signer ma réponse, pour protester contre la calomnie. J'ai refusé la signature de trois curés et de quelques vicaires, placés dans mon canton postérieurement à ce miracle. Les prêtres qui ont signé sont tous d'une piété, d'un mérite bien reconnu, incapables de signer pour une chose fausse, et surtout pour mettre à l'abri ma prétendue opiniâtreté.

» Quel peut donc être ce curé malveillant, plus ennemi de soi que de moi-même, sur le dire duquel s'appuie votre opposant? Je voudrais le connaître, l'amener, ainsi que votre opposant, sur les lieux. Je leur offre d'avance ma table et toute ma cure. Qu'ils fassent cette épreuve : ils ne seront pas les seuls qui aient fait ce voyage pour se convaincre de la vérité de cette guérison qui a étonné toute la contrée. Je les défierai de pouvoir rester incrédules à la vue de cette masse de témoins oculaires. En attendant, j'ose prier votre opposant de se rappeler que : *testis unus testis nullus*.

» Je souhaite de tout mon cœur, Monsieur le grand vicaire, que ces nouvelles preuves puissent dessiller les yeux à ceux dont on pourrait dire : *Oculos habent, et non vident*. Tous leurs subterfuges si déloyaux, si peu charitables, ne tournent, ni à leur honneur, ni à la gloire de notre bonne Mère, dont ils feraient mieux d'obtenir la protection.

» Daignez agréer, etc.

» B. Fustier,

» *Chanoine honoraire, archiprêtre.* »

Cette lettre est signée par 8 prêtres du canton.

Un des grands vicaires de Bourges ayant reçu le Mandement du 19 septembre 1851, s'est empressé d'en aller donner lecture à la religieuse Ursuline dont il nous avait raconté la guérison. (Voir *Nouveaux Documents* pag. 242.)

Même chose est arrivée à Cambrai, dont l'un des grands vicaires nous écrit :

Archevêché de Cambrai, le 22 novembre 1851.

Extrait d'une lettre de M. Bernard, vicaire général, à M. Rousselot.

« Monsieur le vicaire général,

» Je vous remercie de l'attention que vous avez eue de me faire parvenir deux exemplaires du Mandement de Mgr de Grenoble sur l'événement miraculeux de la Salette. Je me suis empressé d'en donner communication à la maison de Vanderburch où se trouve encore une des jeunes filles guéries par l'intercession de Notre-Dame de la Salette. » ....

Bernard, *vicaire général.*

Le récit de ces deux guérisons se trouve *Nouveaux Documents*, pag. 234 et suiv.

Le pamphlétaire qui attaque tout, nie tout, se rie de tout, n'a pas épargné deux autres guérisons : Celle de *Marie Gaillard* et celle de *Victorine Sauvet.*

1° Qu'on relise, *Vérité*, pag. 128 et suiv., la guérison de *Marie Gaillard*, femme *Laurent*. Les habitants de Corps et des environs, témoins du changement subit, extraordinaire et soutenu, qui s'est opéré dans l'état de cette pauvre infirme, en ont été frappés comme d'un prodige qui, à leurs yeux, confirmait celui de l'apparition. Les opposants et le pamphlétaire leur triste organe ne voient rien de surnaturel dans cette guérison, et la raison de leur incrédulité se réduit à cette pitoyable ineptie : *Marie Gaillard n'a pas été guérie selon notre manière de voir ; donc, elle n'a pas été guérie du tout.* La guérison eût été plus complète, n'auraient-ils pas trouvé le moyen de la contredire, eux qui s'obstinent encore aujourd'hui à nier les guérisons si bien prouvées de la *sœur saint Charles*, de *Mélanie Gamon*, etc.? Comment faut-il que Dieu s'y prenne pour que ses œuvres échappent à leur ergoterie?

2° Quant à la guérison de *Victorine Sauvet*, le témoignage de plus de cent personnes qui ont attesté sa cécité, et l'impossibilité de contrefaire l'aveugle pendant si longtemps, nous font persister à croire sa guérison réelle et même surnaturelle. Si elle s'est enorgueillie du bienfait obtenu par l'intercession de Notre-Dame de la Salette, si elle a donné dans quelques écarts d'une imagination déréglée, elle paraît s'en être repentie. Nous donnons ici le billet souscrit de sa main et laissé entre les mains d'un de ses directeurs :

« Je reconnais avoir été trompée dans les prétendues
» visions que je croyez *(sic)* avoir de la sainte Vierge.
» Je m'engage par conséquand *(sic)* à n'en plus parler.
» Le 30 décembre 1850.
» Victorine SAUVET. »

Nous laissons au pamphlétaire la honte de ses récits obscènes, de ses mots orduriers à l'occasion de cette fille. Historien à la manière de Voltaire, il nous rend acteur dans le rôle qu'il fait jouer à cette triste dupe de son imagination. Nous lui renvoyons les infamies d'une prétendue pièce que, selon lui, nous aurions écrite à un magistrat; nous lui renvoyons ce mensonge, comme son bien propre.

Ajoutons en finissant que ceux auxquels nous demandons des renseignements sur les faits consignés dans nos publications, rendent justice au zèle que nous apportons à la recherche de la vérité, et à la circonspection que nous mettons dans l'admission des faits. (Voir *Nouv. Doc.* pag. 134 et suiv.)

Réponse 2e. A moins d'être déiste, phyrrhonien, ignorant ou prévenu, il faut nécessairement admettre des miracles opérés par suite de prières à Notre-Dame de la Salette et l'usage pieux de l'eau merveilleuse. Mais, disent nos adversaires, ces miracles ne prouvent rien en faveur de l'apparition; ils n'ont pas avec l'apparition une connexion intime, une liaison nécessaire, Dieu peut faire partout des miracles pour récompenser la dévotion à la sainte Vierge, quoiqu'elle n'ait pas réellement apparu à la Salette.

En raisonnant ainsi, les opposants ont-ils bien réfléchi sur les terribles conséquences de leur raisonnement? En effet, ce raisonnement 1° blesse la souveraine véracité de Dieu; 2° il anéantit tous les sanctuaires de Marie et des saints; 3° il rend impossible la béatification et la canonisation des serviteurs de Dieu; 4° il ébranle jusqu'aux miracles de l'évangile; 5° il est contraire au sentiment commun des peuples.

1° Le raisonnement des adversaires de la Salette blesse la souveraine véracité de Dieu. Tout le monde convient que Dieu peut *permettre*, c'est-à-dire, *ne pas empêcher* l'erreur de l'esprit, comme *il permet*, c'est-à-dire, *n'empêche pas* les égarements du cœur ou le péché. Dieu permet ou n'empêche pas le *péché* parce qu'il respecte la liberté de l'homme; parce que l'homme ne peut glorifier son créateur que par un hommage libre; parce que l'homme ne peut s'assurer à lui-même le bonheur éternel que par une obéissance libre. Dire que Dieu *pousse* l'homme au péché, qu'il *précipite* l'homme dans le péché, c'est blasphémer avec Luther *l'infinie Sainteté* de Dieu. Pareillement, Dieu peut permettre, ou ne pas empêcher l'*erreur* de l'esprit, soit parce que l'erreur est l'apanage de tout être borné et fini, soit parce qu'en permettant l'erreur, Dieu nous fait sentir la faiblesse de notre raison, ou nous punit justement de l'orgueil qui nous porte à nous prévaloir de cette étincelle de raison que nous tenons de lui. Ainsi Dieu a-t-il justement puni les philosophes orgueilleux des temps passés et des temps modernes en les laissant tomber dans des erreurs monstrueuses, en les livrant à un sens réprouvé : *tradidit illos in sensum reprobum*, Rom. 1. Mais n'est-ce pas blasphémer la *souveraine Véracité* de Dieu, de dire que Dieu *pousse* l'homme à l'erreur, qu'il le *précipite* dans l'erreur?

Or dire que Dieu peut faire des miracles pour faire tomber l'homme dans une erreur grossière et inévitable, dire qu'il peut faire des miracles qui portent inévitablement l'homme à admettre ou une fourberie sacrilége ou une jonglerie détestable : dire cela, n'est-ce pas outrager, n'est-ce pas blasphémer l'infinie Véracité du souverain Etre? Ajoutons que Dieu nous ayant donné une propension invincible à reconnaître dans le miracle la voix de notre créateur, de notre souverain maître; dire que Dieu abuse de cette propension jusqu'à faire des miracles en faveur du mensonge, n'est-ce pas outrager, n'est-ce pas blasphémer son infinie Véracité? Ceux qui invoquent la sainte Vierge sous le nom de Notre-Dame de la Salette, croient à l'infinie puissance, à l'infinie bonté de Dieu; ils invoquent avec ferveur et confiance l'auguste mère de Dieu; ils emploient l'eau d'une fontaine qu'ils croient pieusement avoir été sanctifiée par la sainte Vierge, comme ailleurs on emploie l'huile qui brûle devant sa statue : rien de défendu, rien de superstitieux dans leurs neuvaines, dans leurs prières, dans les moyens qu'ils emploient. Mais si la Salette n'est qu'une fourberie ou une jonglerie au dire des opposants, Dieu peut-il sans blesser sa Véracité, les exaucer miraculeusement, et par un miracle confirmer et rendre générale la foi et la confiance à une véritable imposture? Cela est-il croyable? Cela est-il possible? Et peut-on l'assurer sans blasphème?

2° Aussi nos adversaires par leur singulière manière de raisonner *anéantissent-ils les sanctuaires les plus révérés et les pèlerinages les plus célèbres de l'univers.*

En effet, si la sainte Vierge exauce partout, comme ils le disent, à quoi bon me transporter à Fourvière? A quoi bon l'invoquer sous le nom de Notre-Dame de *la Garde*, de *Liesse* ou d'*Einsiedeln*, etc.? Si la sainte Vierge exauce indépendamment de l'erreur matérielle que j'ai dans l'esprit, dès-lors, la faveur extraordinaire ou la guérison merveilleuse que j'ai obtenue, n'a plus de liaison nécessaire, ni avec le sanctuaire où je me suis transporté, ni avec le titre sous lequel j'ai invoqué la divine Marie. Autant valait-il la prier dans ma chambre ou dans mon jardin! Voilà cependant où en sont arrivés les opposants! Plutôt que d'admettre le pèlerinage de la Salette, ils ont imaginé un principe qui tend à la destruction de tous les autres pèlerinages, un principe qui est en opposition avec le sentiment de l'Eglise, avec la pratique des chrétiens de tous les siècles?

Mais n'est-il pas vrai que la *sainte Vierge exauce partout?* Nous répondrons hardiment non; et ce prétendu adage n'est pas vrai, au moins dans sa généralité. Car Dieu lui-même, quoique présent partout, exauce-t-il partout? Pourquoi donc voulut-il avoir un temple, et même un temple unique, dans lequel toute la nation juive devait, chaque année et à certains jours, se rendre pour prier, offrir des sacrifices, et recevoir là, et non ailleurs, l'effet des promesses divines? Pourquoi sous la loi évangélique, y a-t-il des Eglises, des lieux spécialement consacrés à la prière, à la réception des sacrements et des autres grâces, que Dieu n'accorde pas à ceux qui pouvant ou devant y venir, n'y viennent cependant pas? Et l'Eglise, dépositaire de l'autorité de Dieu et des mérites de Jésus-Christ, n'assigne-t-elle pas des lieux pour gagner des indulgences que l'on ne gagnerait pas ailleurs? N'assigne-t-elle pas des objets pieux à porter sur soi ou à tenir chez soi pour jouir de certaines faveurs dont on est privé si on n'a pas ces objets? Mais pourquoi la sainte Vierge ne choisirait-elle pas certains lieux pour y être honorée plus particulièrement, et y faire sentir plus efficacement les effets de sa puissante et miséricordieuse intercession? La visite de ces lieux de bénédiction ranime la foi, excite la ferveur et exige des sacrifices. Cette foi et ces sacrifices sont récompensés par des grâces plus spéciales et quelquefois extraordinaires, que l'on n'obtiendrait pas ailleurs.

Il n'est donc pas vrai, en général, que *la sainte Vierge exauce partout*, indifféremment et avec la même effusion de grâces. Telle est sa volonté, ou plutôt, telle est la volonté de Dieu lui-même; tel est le sentiment de l'Eglise; telle est la persuasion des fidèles.

3° Par leur faux raisonnement, les adversaires de la Salette rendent *impossible la béatification et la canonisation des saints* :

En effet, un serviteur de Dieu vient de mourir avec la réputation d'un saint. On s'empare des moindres objets qui lui ont appartenu : linges, vêtements, meubles, livres, tout est distribué et devient relique entre les mains des pieux Fidèles. Un malade est guéri subitement en invoquant le défunt; un autre recouvre la vue en appliquant sur ses yeux un linge qui appartenait

6

au serviteur de Dieu; un enfant mourant que l'on porte au tombeau qui vient de se fermer, recouvre tout-à-coup la vie et la santé. Tout le monde, à la vue de ces prodiges, s'écrie : *c'est un saint.* Non, répondent les opposants : *ces effets merveilleux, ces guérisons miraculeuses, sont dus à votre foi, à la confiance que vous avez à la bonté et à la puissance de Dieu. Celui que vous invoquez dans votre simplicité, que vous prenez pour un saint, n'est réellement qu'un réprouvé, parce qu'il n'y a pas de connexion nécessaire entre les miracles et la sainteté de celui auquel vous les attribuez.* Mais dès lors, que deviennent les procès de béatification et de canonisation des serviteurs et des servantes de Dieu? Ces longues et sages procédures de la congrégation des rites, sont-elles désormais possibles? Dès lors, que signifie cette congrégation elle-même? A quoi est-elle bonne? Dès lors, que signifie encore cet immortel et savant ouvrage de Benoît XIV sur cette matière? Selon la nouvelle doctrine des opposants, il n'est bon qu'à être jeté au feu. Voilà, cependant, où les conduit inévitablement leur belle manière d'expliquer les miracles opérés en faveur de l'apparition de la Salette. Portée à Rome, cette doctrine échapperait-elle à la censure?

4° Cette manière de raisonner des opposants tend *à ébranler jusqu'aux miracles de l'évangile.* En effet, les incrédules s'emparant de cette nouvelle et étrange manière d'argumenter pourront dire que les plus grands miracles de l'évangile n'ont pas une liaison nécessaire avec la divinité de celui qui les opérait. Les aveugles qui voient maintenant, les sourds qui entendent, les muets qui parlent, les malades qui sont guéris, doivent leur guérison à la vivacité de leur foi; ils se trompaient en la demandant à Jésus-Christ, en croyant la tenir de Jésus-Christ. Ainsi tomberait le grand et invincible argument que la Religion tire des miracles du Sauveur et de ses apôtres. Si Jésus-Christ a quelquefois loué tout haut la foi des malades, s'il a attribué leur guérison à leur foi, c'était à la foi que ces malades avaient en lui. Ainsi en saint Mathieu, chap. 9., v. 28, des aveugles s'étant approchés de lui pour être guéris, Jésus-Christ leur demande : *Croyez-vous que je puisse vous guérir ? Creditis quia hoc possum facere vobis?* S'il guérit un paralytique, c'est afin qu'on croie qu'il est Dieu, et qu'il a un pouvoir qui n'appartient qu'à Dieu, celui de remettre les péchés. (Ib., v. 6). Quand il a guéri l'aveugle-né, il lui demande : *Croyez-vous au Fils de Dieu? Credis in Filium Dei?* (Saint Jean, c. 9, v. 35.) Il veut que l'aveugle-né, comme fruit de sa guérison, croie au Fils de Dieu. Ainsi, d'après Celui qui est la vérité même, les miracles évangéliques étaient essentiellement liés, non à une foi quelconque en Dieu, mais à la foi en Celui qui les opérait. *La nature n'obéit point aux imposteurs*, a dit un écrivain du 18e siècle : elle leur obéirait suivant les opposants, puisqu'ils ne sont pas nécessairement liés à la cause qui les produit.

5° La singulière idée de nos adversaires *est contraire au sentiment du genre humain*. En effet, les Grecs et les Romains ne croyaient pas que les Dieux exauçassent partout leurs adorateurs. Dans des circonstances extraordinaires, les Romains montaient au Capitole, les Grecs consultaient Apollon de Delphes; les Egyptiens invoquaient Sérapis. Les Chinois et les Indiens ont des pagodes qu'ils visitent plus souvent et avec plus de confiance. Les Mahométans font le pèlerinage de la Mecque pour être plus agréables à leur grand prophète. Tant il est naturel à l'homme de croire que Dieu, quoique présent partout et pouvant l'exaucer partout, s'est cependant choisi certains lieux où il se plaît à manifester sa bonté, sa miséricorde, où il veut être honoré d'un culte plus spécial, où il faut se transporter pour obtenir plus sûrement l'effet de sa demande. Faites croire, si vous le pouvez à cet homme qui a été guéri en recourant à Notre-

Dame de *Fourvière* ou de la *Garde*, qu'il aurait été tout aussi bien guéri en invoquant la sainte Vierge dans son champ ou dans sa maison : il n'en croira rien ; il se rira de vous et il aura raison. Pourquoi raisonner autrement du pèlerinage de la Salette que de tout autre?

Rendons ceci encore plus sensible par une comparaison. Depuis plus de deux cents ans, des miracles sans nombre et dans l'ordre de la nature et dans celui de la grâce entraînent les populations à la Louvesc, au tombeau de saint François Régis, comme au tombeau d'un grand saint, d'un vrai thaumaturge. Ces populations sont-elles, peuvent-elles être dans l'erreur? Le tombeau vers lequel elles se précipitent, n'est-il rien? Ne renferme-il que les cendres d'un voleur? Ainsi faut-il raisonner du pèlerinage de la Salette. Si la célèbre montagne n'a été que le théâtre d'une jonglerie, comment Dieu y entraîne-t-il des flots de peuple par la voie irrésistible des miracles?

Concluons : des miracles ont été opérés à la suite de l'Evénement de la Salette.

Révoquer en doute ces miracles, c'est méconnaître les lois du témoignage humain.

Mais ces miracles ont été opérés par l'invocation de Notre-Dame de la Salette, avec l'usage de l'eau de la fontaine de la Salette ;

Et il y a une liaison étroite et nécessaire entre ces miracles et la cause qui les a produits :

La raison et l'autorité démontrent cette liaison ; l'univers la proclame depuis six ans, et en cela, il ne fait que suivre une propension gravée dans tous les cœurs.

Donc, les miracles qui ont suivi l'apparition, prouvent la *réalité* de cette même apparition.

OBJECTION 2º. — L'INCIDENT D'ARS. — Voici la grande difficulté des opposants, le grand argument qu'ils ne cessent de faire valoir comme décisif et péremptoire contre la Salette. Pour cette objection, ils abandonnent volontiers toutes les autres; et il nous donnent le droit de leur dire : *Cessez donc de nous parler et du défaut de liberté dans les Conférences de 1847, et de la Dame noire, et de la traînée lumineuse, et de nos prétendues altérations de la vérité sur le Fait de la Salette.*

Cette objection avait été résolue dans la petite brochure de cinquante pages que nous publiâmes en février 1851. Le coryphée de l'opposition nous fit l'honneur de nous dire que rien d'aussi fort n'était sorti de notre plume; il ajouta qu'il nous répondrait, c'est-à-dire, dans notre pensée, qu'il combattrait nos preuves, ce qui eût été loyal. Mais jusqu'ici il s'est contenté de reproduire et de publier par la voie de la presse, l'objection dans sa prétendue force, sans dire un mot de nos réponses. Ressasser une objection, la présenter sous toutes les formes, sans dire un mot de ce qui la détruit, c'était la méthode de Voltaire attaquant la Religion ; mais cette méthode est bonne apparemment, quand il s'agit d'attaquer la Salette.

Cette objection était complètement résolue par le voyage de Rome. Le démenti d'Ars ayant réduit au néant le secret des deux enfants, quel secret nous restait-il à porter à Rome? Le voyage de Rome, nous l'avons déjà dit, est l'anéantissement des pérégrinations d'Ars; tout homme sensé en conviendra.

Enfin, le Mandement du 19 septembre 1851, était et devait être la solution définitive de l'incident d'Ars, incident qu'on avait examiné avec d'autant plus de soin qu'il paraissait plus grave et qu'il avait surpris quelques bons esprits.

Aujourd'hui cependant, quelques croyants sont encore frappés de ce prétendu démenti d'Ars; ils désirent connaître la solution d'une difficulté chère aux opposants, qui viennent de la reproduire dans leur fameux pamphlet, mais en remplaçant par de grosses injures la réponse que nous avons faite dans le temps.

Dans le § II de l'article précédent on a vu que la Salette ne fut pour rien dans le voyage de Maximin à Ars; que cet adolescent se laissa entraîner par pure étourderie et ne pensant pas plus à la Salette que ses trois guides.

Toute la question d'Ars dont on cherche à nous étourdir depuis deux ans se réduit à un *malentendu* dont il est aisé de se convaincre, ou à un *mensonge* qui ne peut nuire au Fait de la Salette.

Nous établissons deux Propositions dont les preuves seront poussées jusqu'à la démonstration.

1re Proposition : *Maximin ne s'est point démenti ou rétracté à Ars;*

2° Proposition : *Et supposé que Maximin se soit démenti ou rétracté, ce démenti ou cette rétractation n'infirme en rien, et à plus forte raison ne détruit nullement le Fait de la Salette.*

Ire PROPOSITION.

MAXIMIN NE S'EST POINT DÉMENTI OU RÉTRACTÉ A ARS.

Trois preuves établissent cette proposition : 1° La conduite et le caractère de Maximin; 2° la conduite et les dires de M. le curé d'Ars; 3° l'appréciation du Fait d'Ars par les autorités les plus graves.

Ire Preuve. — *La conduite et le caractère de Maximin.*

La conduite de Maximin. — Il va en étourdi à Ars; il en sort en étourdi. Il ne montre ni avant ni après son voyage, les sentiments de contrition et d'humilité que lui prêtent les opposants, et qui n'ont jamais existé que dans leur imagination. Un des trois conducteurs, que nous croyons sincère, nous assure qu'au sortir d'Ars, Maximin était tout joyeux, tout content, et que rien ne pouvait faire soupçonner qu'il vînt de faire un aveu pénible et humiliant.

Arrivé à Lyon, Maximin rencontre M. l'abbé Bez, qu'il a connu à la Salette, se jette entre ses bras, ne montre ni le repentir ni l'embarras d'un petit imposteur qui vient de se rétracter. Même conduite devant le père E*** dont il est connu, devant les autres personnes qu'il rencontre, devant M. l'abbé C*** le maître de pension, qui le garde trois semaines dans son établissement.

De retour à Grenoble, Maximin subit un examen sévère à l'Evêché en présence de Mgr l'Evêque et d'une commission composée de prêtres et de laïques. On veut lui faire avouer sa rétractation dont le bruit commence à se répandre. On le prend de toutes les manières; on le tourne, on le retourne en tout sens. Il se montre ferme, intrépide, constant. Il proteste qu'il dira toujours ce qu'il n'a jamais cessé de dire, qu'il le dira au lit de la mort, savoir : qu'il *a vu quelque chose* à la Salette, c'est-à-dire, comme il s'explique : *une belle Dame qui lui a parlé et qui a disparu.* Il soutient ne s'être point démenti à Ars, mais il avoue que n'entendant pas *distinctement* le curé (1), il a dit plusieurs fois des *oui* et des *non*, au hasard. Même intrépidité, même constance de la part de Maximin dans d'autres interrogatoires qu'on lui fait subir hors de l'Evêché. Impossible de le faire tomber en contradiction; il est ce qu'il a toujours été.

M. le chanoine H*** le prend un jour à part dans la sacristie : *Oh! mon petit, je t'ai toujours beaucoup aimé, mais maintenant* je t'aime bien davantage. — Eh pour-

---

(1) C'est une chose connue des pèlerins, et qui nous a été attestée par nombre de prêtres respectables, que le bon curé d'Ars est difficilement compris au saint tribunal et même dans ses instructions publiques.

quoi, Monsieur? — *C'est qu'aujourd'hui tu es un enfant bien sage. Auparavant tu étais un petit menteur; mais aujourd'hui tu viens d'avouer ton mensonge à Ars; aujourd'hui, tu es un petit garçon bien sincère, bien franc.* — *Mais, Monsieur, je ne me suis pas démenti.* — *Nous savons, mon enfant, à quoi nous en tenir. La Salette n'est plus rien, tu l'as sagement avoué. Tu n'as maintenant plus de secret.* — *Mais, Monsieur, je ne me suis pas démenti.* — *Nous savons le contraire; tu as tout démenti; aussi je t'aime bien maintenant.* — *Monsieur, vous vous moquez de moi.* — *Mais non, mon ami, je ne m'en moque pas.* — *Monsieur, on se moque aujourd'hui de la Salette; mais c'est comme une fleur qu'en hiver on couvre de fumier et de boue, et qui au printemps ou en été sort de terre plus belle.* — Phrase aussi belle que surprenante dans la bouche du petit étourdi; mais phrase *textuelle*, et telle que la rendit à tous ses confrères M. le chanoine H***, après la sortie de Maximin.

Dès le lendemain de l'interrogatoire subi à l'Evêché par Maximin, un des membres de la commission, M. l'abbé G***, se rendit auprès de Mélanie, et du ton le plus affirmatif lui dit: *Eh bien! Mélanie voilà quatre ans que vous nous trompez; Maximin vient d'avouer au curé d'Ars que vous n'avez rien vu sur la montagne.* Mélanie avec surprise: *oh le malheureux!* s'écria-t-elle, *pour moi je dirai toujours que j'ai vu quelque chose.* — Et qu'entendez-vous *par quelque chose?* — *J'entends une belle Dame qui nous a parlé et qui a disparu.* — Et qui vous a dit tout ce qui est dans votre récit depuis quatre ans? — *Oui, Monsieur.* — Voilà donc le témoignage de Mélanie parfaitement identique avec celui de Maximin comparaissant la veille à l'Evêché.

Maximin a passé l'année 1850-1851 au Petit Séminaire de Grenoble et presque toutes les semaines, il a été interrogé sur le fait d'Ars par des amis de la vérité, qui voulaient sincèrement connaître jusqu'à quel point cet incident était ou pouvait être nuisible à leur croyance à la Salette. Mais durant tout ce temps, que fit l'opposition ? Elle fit deux fautes : 1° Quoiqu'elle eût l'enfant sous ses yeux et sous sa main, elle dédaigna de le voir et de l'entendre, comme si elle eût eu peur d'entrevoir la vérité ; et durant tout ce temps, elle déploya un luxe de zèle à faire passer cet adolescent comme un imposteur précoce dans l'opinion publique en mettant de côté le principe le plus vulgaire des tribunaux de la justice humaine : *Personne ne doit être condamné sans avoir été entendu;* 2° la Salette avait deux témoins, *Mélanie* et *Maximin*; la première était restée témoin irréprochable et inflexible; on ne parla que du prétendu démenti du second; on le publia comme suffisant seul à l'anéantissement de la Salette.

Que fait encore Maximin depuis son retour d'Ars ? Le 13 mars 1851, à l'insu de ses professeurs, il jette à la poste la lettre suivante, qu'il écrit à M. de B*** résidant à Paris, l'un de ses bienfaiteurs, et en même temps, l'un de ses conducteurs à Ars. Nous donnons cette lettre avec son style et son orthographe :

Au Petit Séminaire de Grenoble, 13 mars 1851.

» Mon cher Monsieur,

. . . .

« On vous a dit que je m'étais démenti devant le curé d'Ars. Je *me* pense que *tous* ces choses viennent du vicaire car vous savez *se* qu'il nous disait à la Providence où il nous mena car pour moi je vous assure que je ne me suis nullement *déclaré* (démenti) et je suis toujours *pres* à donner mon sang pour soutenir *se* que j'ai vu car le curé d'Ars peut avoir mal compris ou le démon peut lui avoir changé mes paroles dans ses oreilles car moi je vous assure que je ne me suis pas déclaré puis *se* que jai dit depuis quatre ans que javais vu cela pensez Monsieur que l'argent (1) *que* nous a été présenté pour dire que nous avions vu n'était pas nous *laurions* pauvres comme nous étions vous qui connaissez nos familles. Je vous prie de juger de tout ceci et vous verrez que ce que nous avons dit depuis quatre ans est la vérité.

» Monsieur je vous prierai de venir à Grenoble au plutôt *car je vous languis* beaucoup quand vous *viendrai* je vous embrasserai comme un fils *qu'il* embrasse son père après six moix qu'il ne *la* pas vu. Je vous prierai de me faire réponse au plutôt. »

Je vous salue avec respect

Votre très-humble serviteur,

Maximin GIRAUD.

Cette lettre, écrite à l'abandon, a convaincu plus d'un lecteur de la fausseté du prétendu démenti; elle est une réclamation énergique à la fois et simple contre cette fausseté.

2° *Le caractère de Maximin.* — Ce caractère que nous avons dépeint (*Vérité*, pag. 75 et suivantes), est aussi incompatible avec l'idée d'un *démenti* à Ars qu'avec celle d'une *invention* à la Salette. A l'appui de ce que nous avançons, nous donnerons ici deux lettres, écrites à d'autres qu'à nous, qui nous ont été communiquées, mais que l'on ne nous accusera pas d'avoir provoquées. Suivra un extrait de deux autres lettres qui nous ont été adressées directement.

---

(1) Maximin rappelle ici à M. de B*** , les offres d'argent, faites aux enfants pour les séduire. Voyez entre autres, celle de M. Dupanloup, dans les *Nouv. Doc.*, pag. 91 et suivantes.

La première est du R. P. D. E***, religieux chartreux, à M. l'abbé G***.

« Monsieur,

» Maximin a passé ici la plus grande partie de ses vacances. Il est parti pour assister à la prise d'habit de Mélanie. Je lui ai fait faire une retraite pendant une huitaine de jours, mais ce n'est pas sans peine. Avec un caractère si léger et si singulier, il y avait impossibilité de la lui faire faire d'une manière conforme aux règles ordinaires. Cependant il s'y est encore assez bien prêté; mais comme il n'est pas souvent maître de lui-même, il a fallu bien de l'indulgence. J'espère, Monsieur l'abbé, que vous l'aurez trouvé un peu changé. Outre les séances au confessionnal, je le faisais venir deux fois par jour dans ma cellule pour l'instruire et lui donner de bons avis. Je l'ai trouvé suffisamment instruit. Il paraît qu'il avait bien appris le catéchisme pour sa première communion. La connaissance toute particulière que j'ai de lui n'a fait que me confirmer de plus en plus dans la croyance du Fait de la Salette; c'est pour moi une vérité incontestable. Ses bonnes qualités, et surtout ses défauts, font disparaître le moindre soupçon d'imposture. Quand Maximin serait gagé, sollicité, pressé, quand même il ferait tous ses efforts pour jouer le rôle d'imposteur, jamais il n'y parviendrait : tout chez lui s'y oppose d'une manière invincible. »

Grande-Chartreuse, 13 octobre 1851.

La seconde est de M. l'abbé R***, curé de M***, auprès duquel Maximin a travaillé pendant les vacances de cette année 1852. M. R*** écrit à Mlle D***.

» Mademoiselle,

« Si j'ai tant attendu de vous répondre, c'est que je voulais étudier *mon homme*, savoir un peu à quoi m'en tenir et avoir sur lui un jugement motivé. Maximin est toujours la sentinelle avancée de la sainte montagne ; on peut bien dire de lui : *La garde meurt et ne se rend pas.* La Dame, il l'a vue : elle l'a entretenu : elle lui a donné un secret et un ordre et il ne dément rien. Il maintient le fait dans toute son étendue, et il est inflexible, inébranlable ; il vous terrifie parfois par des réponses justes, fortes et nullement préméditées et qui sortent comme la fontaine de sa source. Jusqu'ici, il n'a pas contenté ses professeurs, voire même cette année passée ; ses progrès ont été peu satisfaisants. Cependant on découvre en lui des moyens naturels, de la mémoire et de l'intelligence, et il ne faudrait pas aller croire qu'il ne puisse pas faire de bonnes et fortes études. Il a tous les éléments et les ressources pour cela. Comment se fait-il qu'il n'ait pas fait de plus rapides progrès, j'en connais la cause.

Quoi qu'il en soit, Maximin est parti ; il comprend la nécessité du travail, il s'y met et j'espère qu'en peu de temps, il va gagner celui qu'il a perdu. Son caractère si léger perd de sa légéreté, son jugement mûrit, il devient tout-à-fait raisonnable, et il fait bon causer avec lui sur n'importe quoi : il est d'une franchise si naïve, surtout quand il raconte ses étourderies, qu'il vous fait plaisir et vous fait espérer, et vous convainc qu'il sera un jour un homme. »

La troisième est adressée à nous-même, par M. l'abbé C***, le maître de la pension où Maximin de retour d'Ars, séjourna quelques semaines. Nous en donnons un extrait :

» Monsieur le vicaire général,

. . . .

« J'ai eu l'occasion de voir et d'étudier de près dans son état naturel, et sans qu'il s'en doutât, le petit berger, objet de tant de jugements et d'appréciations contradictoires; tout ce qui a été publié pour ou contre le Fait de la Salette, a fortifié mes convictions et les a rendues inébranlables au point que si Maximin, aujourd'hui, essayait de se donner à lui-même un démenti, je n'hésiterais pas à lui dire qu'il est maintenant un menteur. C'est un enfant à part, qui demande à être dirigé d'une manière toute spéciale, comme vous pouvez vous en convaincre par vous-même. Je lui porte naturellement beaucoup d'intérêt. » (20 mars 1852.)

La quatrième enfin, nous est adressée par le R. P. D. E***, auteur de la première qu'on vient de lire. Elle est du 14 septembre 1852.

Grande-Chartreuse, 14 septembre 1852.

» Monsieur,

. . . .

« Il est nécessaire que l'on sache une bonne fois pour
» toutes que Maximin depuis l'origine du Fait jusqu'à
» présent ne s'est jamais écarté d'un point de la ligne
» que la Reine du Ciel lui a tracée, et qu'en toute cir-
» constance, il a parfaitement rempli son mandat.
» .... J'ai rassemblé comme dans un faisceau ce
» qu'il y a de plus convaincant dans vos brochures, et
» je joins cette preuve invincible et sans réplique à la
» connaissance de Maximin pendant les jours de re-
» traite qu'il a faite auprès de moi il y a un an. Lui
» seul est à mes yeux une démonstration complète du

» Fait contesté. Je l'ai sondé tous les jours, plusieurs
» fois par jour, de toutes les manières, et cela pendant
» l'espace d'un mois. Il m'avait pris en amitié et m'a-
» vait donné toute sa confiance. J'ose dire qu'à force
» d'application, j'ai pu étudier et connaître ce caractère
» si singulier, si mobile. La nature est toute pure chez
» lui ; il n'y a rien de plus. C'est un genre tout par-
» ticulier............ On aura beau entasser brochure sur
» brochure, on argumentera encore mille fois plus
» contre, rien ne pourra ébranler la conviction de celui
» qui observe le naturel du petit. Le naturel et le
» surnaturel qu'il y a dans lui : voilà le miracle bien
» visible et perpétuel.

» . . . . Fr. E*** »

Ceux qui ont voulu suivre à fond cet adolescent ont trouvé ainsi que le bon P. Chartreux, comme deux êtres en lui : le petit Maximin toujours léger, mobile, sans gêne pour personne ; et le panégyriste toujours grave, recueilli, imperturbable de la Salette.

IIe Preuve. — *La conduite et les dires de M. le curé d'Ars.*

S'il y a eu rétractation à Ars, qui doit mieux le savoir que le vénérable curé devant lequel elle s'est faite. Or, le bon curé paraît l'avoir racontée comme *certaine* aux uns, comme *douteuse* aux autres ; comme ayant *ébranlé* sa conviction personnelle, suivant les uns, comme ne l'ayant diminué en rien suivant les autres. C'est-à-dire, que les opposants se sont chargés eux-mêmes de faire parler le saint homme de vingt manières différentes, toutes plus ou moins contradictoires, invraisemblables, et mêmes imprudentes et blâmables. Rien ne prouve mieux qu'il n'y a point eu de rétractation que ces variantes sans nombre que l'on a fait entrer dans le récit de cette prétendue rétractation, qui n'a pu avoir lieu, qui n'a pu être racontée, que d'une seule et même manière. Une des variantes, que les opposants firent d'abord entrer dans leur récit, et qu'ils ont abandonnée depuis, est celle d'un procès-verbal de cette rétractation, dressé sur le champ et en moins de vingt minutes, signé par le curé, par Maximin et par des témoins. Depuis que nous avons porté le défi solennel, il y a plus de dix-huit mois, de montrer ce procès-verbal, purement imaginaire, les opposants l'ont fait disparaître de leurs légendes controuvées.

Ce qu'il y a de positif, c'est que le bon curé d'Ars écrivit, le 5 décembre 1851, quelques semaines après le voyage de Maximin, à Mgr de Grenoble : *Si le fait est l'ouvrage de Dieu, l'homme ne le détruira pas.* Est-ce là le langage d'un homme bien convaincu qu'il a découvert une fourberie ?

Peut-on supposer qu'une fourberie, reconnue comme *telle*, puisse jamais être l'*ouvrage de Dieu*, et devenir même tellement l'*ouvrage de Dieu* que *l'homme ne le puisse détruire ?*

Ce qu'il y a de positif, c'est ce qu'il a dit à plusieurs personnes : *On peut y croire ou n'y pas croire.* Peut-on parler ainsi d'un fait qui vient d'être démenti ?

Ce qu'il y a de positif, c'est ce qu'il a dit et que nous a attesté feu le saint et savant Evêque de Belley, dans le diocèse duquel se trouve Ars : *Il faut s'en rapporter sur le Fait de la Salette à la décision de l'autorité.* Celui qui parle ainsi est-il bien persuadé d'un démenti ?

Ce qu'il y a de positif, c'est qu'un mois après le prétendu démenti, le curé eut avec l'envoyé de M. B***, Lyonnais aussi honorable que bon chrétien, l'entretien suivant : *L'envoyé :* Croyez-vous à la Salette ? *Le curé :* Oui, j'y crois. — Cependant, le cardinal a reçu une lettre signée de vous, Monsieur le curé, et dans cette lettre vous dites qu'il ne faut pas y croire, que cela est faux. — *Tous les jours je signe une quantité de lettres, et je n'en lis aucune; mais je crois à la Salette* (1). (Lettre du 27 janvier 1851, de M. l'abbé B*** à M. l'abbé Rousselot.)

Ce qu'il y a de positif, c'est que vers la fin de décembre 1850, un missionnaire d'un ordre religieux, le R. P. B***, étant venu demander à M. le curé la vérité sur le prétendu démenti de Maximin, le bon curé lui répondit textuellement : *J'ai toujours cru à la Salette*, J'Y CROIS ENCORE. J'ai béni des médailles, des images de Notre-Dame de la Salette; j'en ai distribué un grand nombre. J'ai écrit tout cela à Mgr l'Evêque de Grenoble. ET VOYEZ SI JE N'Y CROIS PAS! Et en disant ces dernières paroles, M. le curé s'était approché de son lit, et en retirant les rideaux, il montra au R. P. B***, une grande image de Notre-Dame de la Salette, encadrée et suspendue à la tête de son lit. Le R. P. B*** ajoute. « Je
» n'insistai pas davantage, parce que je fus convaincu
» que le saint curé n'était presque pour rien dans tout
» ce que l'on m'avait dit. J'ai rapporté cela à un grand
» nombre de personnes qui toutes ont conclu avec moi
» que l'imagination de certains ennemis de la Salette,
» avait fait tous les frais des dénégations qui ont
» scandalisé les âmes pieuses. Je certifie, Monseigneur,
» l'exactitude de tout ce que je viens de vous rapporter. »
(Lettre du R. P. B*** du 11 août 1852, à Mgr l'Evêque de Grenoble. — Lettre de M. M***, curé de S***, à M. Rousselot, du 30 octobre 1851.)

Ce qu'il y a de positif, c'est que le bon curé a été

---

(1) Effectivement, tous les jours dans la sacristie, le bon curé signe quantité d'images, de petits livres de piété, de règlements de vie, etc., pour satisfaire l'empressement des pèlerins accourus à Ars. Parmi ces objets, des lettres contre la Salette furent présentées à sa signature, par un opposant bien connu.

désolé de tous les propos qu'on lui faisait tenir. Aussi l'a-t-il témoigné à plusieurs personnes, dont l'une nous écrit, le 20 octobre 1854 : « Monsieur, connaissant
» votre dévouement à la cause de Notre-Dame de la
» Salette, je m'empresse de vous faire part de ce que
» j'ai recueilli à ce sujet, lors de mon voyage à Ars.
» J'ai vu M. le curé, qui est vraiment désolé de tous
» les propos qu'on lui fait tenir. Il m'a dit, ainsi qu'à
» Madame D***, née du C***, qu'il n'avait jamais dit
» QUE LE FAIT DE LA SALETTE N'EUT PAS EU LIEU; seule-
» ment, qu'il était possible que *l'enfant ne se fût pas
» bien expliqué*, ou que *lui-même ne l'eût pas bien com-
» pris :* que d'ailleurs, *il n'avait jamais vu Mélanie*,
» qui, peut-être, aurait été plus claire dans ses répon-
» ses. Madame D*** m'a encore répété les mêmes paro-
» les il y a cinq jours (Lettre de Madame I. G*** F*** à
» M. Rousselot, du 20 octobre 1851).

Ce qu'il y a de positif, c'est que des ecclésiastiques croyants ayant interrogé le curé d'Ars, ne l'ont point trouvé aussi affirmatif que le font les opposants, sur le prétendu démenti de Maximin. Plusieurs d'entre eux que nous connaissons parfaitement, sont revenus d'Ars plus croyants qu'ils n'y étaient allés.

Ce qu'il y a de positif, c'est que le curé d'Ars a dit à nombre de prêtres et de laïques qui le consultaient sur la Salette, qu'ils faisaient bien d'y aller. Et depuis le Mandement du 19 septembre, il encourage à faire le pèlerinage.

De tous ces témoignages, il suit évidemment que le bon curé a toujours cru *personnellement* à la vérité de la Salette; qu'il a par conséquent douté de la *réalité* du démenti, ou s'il l'a regardé comme bien *réel*, il ne l'a pas regardé comme *suffisant* pour détruire sa foi per-sonnelle. En croyant entendre un démenti sortir de la bouche de Maximin, il s'est sagement souvenu que la Salette avait un autre témoin qui devait être entendu.

Ce qu'il y a de certain, c'est qu'une rétractation véritable de la part de Maximin, imposait au curé d'Ars de graves devoirs à remplir, soit envers le jeune imposteur, soit envers l'autorité ecclésiastique. Il s'agissait de la conversion et du salut d'un jeune pécheur, débutant dans la carrière de la vie par une imposture sacrilége, monstrueuse, déshonorante; et le bon curé ne fait rien pour le sauver, il ne le retient point auprès de lui, comme il en retient d'autres; il le laisse aller au bout de vingt minutes sans autre prescription que celle de retourner dans son diocèse. Il s'agissait ensuite d'avertir l'autorité ecclésiastique, afin qu'elle avisât aux moyens d'arrêter une erreur, qui depuis quatre ans grandissait toujours. C'était le cas, ou jamais, de montrer au grand jour le zèle, la prudence, la sagesse du bon prêtre, intimement convaincu de la réalité et des conséquences d'un semblable démenti. Il fallait obliger l'enfant à se rétracter devant des témoins; il fallait dresser procès-verbal en bonne et due forme de cette rétractation. Rien de tout cela n'a été fait; le bon curé n'a donc pas cru à un démenti bien réel, bien formel. Ou l'enfant a donné au curé la permission de dévoiler son démenti, ou il l'a refusée. Dans le premier cas, pourquoi n'en avoir pas usé largement? Et dans le second cas, le curé ne pouvant rien dire, d'où vient que les opposants le font tant parler, et qu'ils parlent tant eux-mêmes de ce qui a dû rester secret?

IIIe Preuve. — *Appréciation du Fait d'Ars par les autorités les plus graves.*

I. *Le Fait d'Ars jugé à Belley.* — Mgr l'Evêque de Grenoble, à la première nouvelle de ce qui s'est passé à Ars, ne néglige rien pour découvrir la vérité. Il interroge Maximin, le fait interroger en sa présence par une Commission; il charge plusieurs personnes de l'interroger en particulier, afin d'obtenir de lui dans l'abandon de l'intimité, un aveu qu'il n'a peut-être pas osé faire en public (1). Il envoie donc deux de ses prêtres à Ars. Ensuite il fait faire un recueil de tout ce qui lui est venu d'Ars, de tout ce que dit l'enfant; celui-ci demandait expressément une confrontation à laquelle il s'offrait de lui-même. Toutes les pièces sont envoyées à Mgr de Belley, supérieur-né et juge naturel du bon curé d'Ars. Mgr *Devie* a dans ce moment auprès de lui Messeigneurs de Valence et de Viviers, qu'il a invités au sacre de son coadjuteur, Mgr Chalandon. Il mande venir auprès de lui, M. Reymond, opposant connu au Fait de la Salette, et après l'avoir entendu longuement, il examine ensuite avec les Evêques de Valence et de Viviers le dossier qu'il a entre les mains. C'est à la suite de cet examen qu'il écrit à Mgr de Grenoble, la lettre suivante :

Belley, 15 janvier 1851.

» Monseigneur,

« Avant de répondre à la lettre que vous m'avez fait l'honneur de m'adresser, j'ai voulu prendre des renseignements sur ce qui s'est passé à Ars. J'ai vu assez longuement M. Reymond, qui fait fonctions de vicaire et qui a interrogé le jeune homme de la Salette. Mgr de Valence et Mgr de Viviers étant auprès de moi à

---

(1) L'auteur du pamphlet tâche de présenter comme suspects les prêtres qui, par ordre et délégation de l'autorité épiscopale, ont eu ces entretiens avec l'enfant. Il suppose méchamment qu'ils ont tout fait pour étouffer la vérité; et nous avons tout fait pour l'obtenir. Parlerait-il ainsi des interrogatoires secrets qu'un juge d'instruction fait subir à un prévenu? Il devrait, s'il veut être conséquent, blâmer le tribunal sacré, où le prêtre juge, absout ou condamne sans l'assistance d'un greffier. Qu'il sache qu'un prêtre ne vend pas plus sa conscience qu'un juge d'instruction.

l'occasion du sacre de Mgr Chalandon, je leur ai communiqué les pièces que vous m'avez envoyées et voici le résultat de nos réflexions : 1° nous regardons toujours comme assuré que les enfants ne se sont pas entendus pour tromper le public et qu'ils ont vu réellement un personnage qui leur a parlé (1); 2° est-ce la sainte Vierge? tout porte à le croire; mais tout cela ne peut être constaté que par des miracles différents de l'apparition (2); 3° ceux qui sont allégués dans les deux écrits de M. Rousselot ont-ils un caractère suffisant, considérés en eux-mêmes et dans leurs rapports avec l'apparition? C'est à vous, Monseigneur, à examiner et à prononcer. Il me semble que quelques-uns ont été admis un peu précipitamment, ce qui fait un peu tort aux autres (3). Il faudrait donc s'assurer sévèrement de la vérité de ceux qui paraissent plus authentiques (4).

---

(1) La question d'Ars est donc tranchée par un juge compétent et suffisamment éclairé.

(2) Quoique la preuve tirée de l'impossibilité que les enfants aient été *trompeurs* ou *trompés*, soit péremptoire en elle-même, néanmoins elle a acquis une toute autre force par l'adjonction des miracles. Sans les miracles, elle eût été suffisante, sans doute, pour proclamer *indubitable* et *inexplicable* le Fait de la Salette; mais sans les miracles, le Fait de la Salette n'aurait pu être proclamé *surnaturel* et *divin*. *Sans les miracles*, le Fait restait croyable d'une foi purement *humaine; avec les miracles*, il a pu être proclamé croyable d'une foi *ecclésiastique*. Nous ne voyons pas d'autre sens à donner à cette phrase de Mgr de Belley.

(3) Est-il étonnant que Mgr *Devie* n'ayant pas encore lu notre second volume, ait partagé l'opinion répandue par les opposants, que nous avions admis précipitamment, non pas *quelques* miracles, mais à peu près tous les miracles renfermés dans nos deux publications? Nous venons de répondre aux opposants sur la prétendue fausseté de quelques-uns de ces miracles.

(4) On l'a fait. Et d'ailleurs combien en faudra-t-il au gré des opposants? Un seul, celui d'Avallon, pourrait suffire à la rigueur. Aussi évitent-ils d'en faire mention.

Je n'ai pas lu la seconde brochure de M. Rousselot, quoique j'aie lieu de croire qu'il me l'a envoyée ; mais je ne sais où la prendre dans ce moment ;

4° Est-il à propos de construire une chapelle, comme vous en avez le projet ? Nous n'avons pas traité cette question d'une manière directe ; mais si le pèlerinage se soutient (5) ; si on a la preuve que de nouvelles grâces spirituelles et temporelles sont accordées par l'intercession de la sainte Vierge (6) ; si on offre des fonds pour cette construction (7), c'est le cas de dire comme le bon curé d'Ars : *la Providence lève les obstacles que les hommes apportent à ses desseins* (8). A votre place, je ferais et ferais faire beaucoup de prières ; et sans décider positivement que l'apparition est surnaturelle (9), je me féliciterais de trouver l'occasion d'élever un nouveau sanctuaire à la gloire de Marie, qui, dans tous les cas, mérite notre confiance et notre reconnaissance.

Voilà, Monseigneur, avec simplicité ce que je crois devoir répondre à la marque de confiance que vous avez bien voulu me donner.

» Agréez, etc. » † A. R., *Evêque.*

---

(5) Le pèlerinage s'est soutenu.
(6) Ces grâces ont été accordées, et le sont chaque jour.
(7) Les fonds ont été offerts ; ils continuent d'arriver.
(8) Paroles tellement remarquables qu'elles prouvent que le bon curé n'a été que bien médiocrement touché du démenti qu'il a paru attribuer à Maximin. Qui peut, en effet, faire concorder ces paroles avec une fourberie réellement découverte ?
(9) Mgr de Belley ne refuse pas à Mgr de Grenoble le *Droit* de prononcer sur le Fait de la Salette ; il est seulement d'avis qu'il ne fasse pas encore *usage* de ce *Droit*. Les opposants nient le *Droit* lui-même. Que Mgr de Belley ne veuille parler ici que de l'*usage* du Droit, et non du *Droit* lui-même, cela ressort jusqu'à l'évidence par ses lettres subséquentes. Il nous écrit le 15 février suivant : *Mgr de Grenoble a seul qualité pour se prononcer dans cette affaire.* Après le Mandement, il écrit à Mgr de Grenoble la lettre qu'on a lue plus haut, pag. 94.

Cette lettre est *claire* et *précise*; le pamphlétaire seul y a vu ce qui n'y est pas, et n'a pas fait semblant d'y voir ce qui y est réellement. Comment a-t-il osé la produire? Comment n'a-t-il pas vu qu'elle pulvérise le fantôme d'Ars?

Si le Fait d'Ars n'était pas déjà tranché par cette lettre, il le serait de nouveau par la réclamation que NN. SS. de Valence et de Viviers adressèrent le 8 février suivant au journal l'*Univers*. Dans cette lettre commune, les vénérables Prélats se plaignirent de ce que *sans leur aveu, on a invoqué leur autorité en faveur du Fait de la Salette, parce que*, disent-ils, *nous n'avons point eu à émettre, et nous n'avons point émis de jugement ni exprimé d'approbation sur ce Fait. Nous respectons la croyance que tant de personnes lui accordent, et* NOUS ATTENDONS LA DÉCISION QUI SERA DONNÉE PAR NOTRE DIGNE ET VÉNÉRABLE COLLÈGUE *de Grenoble*, SEUL COMPÉTENT POUR PRONONCER. L'entendez-vous, MM. les opposants, qui aujourd'hui même, osez vous moquer du Fait et blâmer l'AUTORITÉ COMPÉTENTE QUI A PRONONCÉ? NN. SS. de Valence et de Viviers ont eu avec leurs collègues de Belley, *de simples conversations dans lesquelles on n'a nullement discuté le Fait; il a été* seulement question de l'INCIDENT *survenu à Ars, lequel n'a pas paru avoir l'importance qu'on lui donnait*. Mais une fourberie nettement avouée pouvait-elle être traitée d'*incident qui n'a pas eu l'importance qu'on lui donnait*, et cela par de vénérables Prélats?

Le voilà donc jugé ce fameux démenti d'Ars et réduit à un *incident* sans grande importance.

2º *Le fait d'Ars jugé ailleurs*. Mgr de Grenoble pouvait s'en tenir là; et cependant désireux de connaître jusques dans les plus minutieux détails tout ce qui avait rapport à cet *incident*, dont l'opposition a fait et fait encore tant de bruit, il ne manqua aucune des occasions que lui offrait la Providence de le soumettre à un nouvel examen. Il pria plusieurs illustres Prélats qui lui rendirent visite, d'interroger Maximin. Les RR. PP. Chartreux auxquels l'enfant fut confié pendant les deux mois de vacances, et plusieurs autres personnes, prêtres et laïques instruits, furent aussi priés de faire cet examen, et de le pousser aussi loin que possible. Tous se déclarèrent pleinement satisfaits des explications simples, naïves et péremptoires qu'on leur donna, à tel point que l'un des Prélats renonça à faire le voyage d'Ars, après avoir entendu Maximin; un autre écrivit que cet enfant *lui avait plu par la rudesse même de sa nature et la netteté de ses réponses, et lui avait laissé la plus vive impression de sa sincérité.* On a vu plus haut les lettres du R. P. E*** Chartreux. Nous ne finirions pas, si nous voulions rapporter les autres témoignages que recueillit, sur l'incident d'Ars, le vénérable Prélat de Grenoble.

De notre côté, nous n'avions rien négligé pour savoir comment l'incident d'Ars était apprécié soit à Belley, soit à Lyon.

Peu de jours après cet incident, Mgr de Belley, disait à un Père Mariste : *La chose qui s'est passée à Ars, n'est qu'une épreuve et une tempête suscitée par le démon; le Fait de la Salette en ressortira plus éclatant.* (Lettre de Lyon, du 29 janvier 1851.)

Le P. C***, Mariste : *J'ai toujours cru au Fait de la Salette et j'y crois aujourd'hui comme avant. Et moi aussi,* ajouta l'auteur de la lettre, *et plus fortement que jamais.* (Lettre du P. E***, Mariste, du 6 mars 1851.)

Un grand théologien, le R. P. M***, disait à ses confrères : *L'incident d'Ars n'est qu'une taquinerie du Diable.* Nous avons eu une longue conférence avec ce savant professeur; il nous a répété sa phrase.

Mgr de Belley, deux mois avant sa mort, répétait encore ce qu'il a dit si souvent : *Je n'attache aucune importance à ce qui s'est passé à Ars; M. le curé d'Ars n'est pas compétent pour juger un Fait si grave, et du reste il n'a entendu qu'un témoin*. Lettre de M. T***, datée de M***, diocèse de Belley, le 12 mai 1852.

Quiconque a réfléchi sur les preuves qui entourent le Fait de la Salette, doit nécessairement tirer cette conclusion : *Si Maximin s'est démenti à Ars, c'est alors qu'il a menti*. Lettre de M. l'abbé C***, chef d'institution à Lyon, du 20 mars 1852.

D'après tous ces renseignements, après tant de précautions prises, le vénérable Evêque de Grenoble a donc pu, sans hésiter et sans crainte de se tromper, insérer dans son Mandement du 19 septembre 1851, pag. 6, un *considérant* où l'incident d'Ars se trouve compris parmi *les prétentions ou suppositions contraires* dont il déclare AVOIR UNE PARFAITE CONNAISSANCE.

Mais pourquoi, disent les opposants, n'a-t-on pas confronté Maximin avec le respectable curé d'Ars ? Cette confrontation aurait mis fin à la difficulté.

Nous répondrons : 1° une confrontation qui n'aurait pas tourné à l'avantage des opposants, leur aurait-elle fait mettre bas les armes ? Il est permis d'en douter en les voyant incidenter sur tout ;

2° Après la lettre de Mgr Devie, après celle de NN. SS. de Valence et de Viviers, après les examens les plus longs, les recherches les plus minutieuses, à quoi bon une confrontation ? Si à leur retour d'Ars, les opposants se fussent donné la peine de voir un instant Maximin qui est resté sous leurs yeux et sous leurs mains, et de l'interroger, ils seraient bien vite revenus de l'idée d'une confrontation ;

3° Mgr de Grenoble a demandé cette confrontation, nous l'avons demandée par lettre du 14 février 1851 ; Maximin s'y est toujours offert spontanément. Mgr *Devie*, ne l'a point jugée nécessaire ; il l'a même jugée inopportune ; il est allé plus loin ; il a dit, il a écrit : *ce qui s'est passé à Ars, n'est qu'une épreuve ; le curé d'Ars n'est pas compétent pour juger un fait si grave*..........

l'affaire ayant été traitée d'Evêque à Evêques était suffisamment éclaircie sans confrontation ;

4° Si la confrontation avait tourné au désavantage du curé, comme cela est très-probable, d'après tout ce que nous avons dit jusqu'ici, cette confrontation inutile en elle-même et par rapport à la Salette, n'aurait pu rester secrète, et le ministère si utile du saint Prêtre en aurait souffert dans l'esprit des hommes légers et frivoles du monde. Mgr de Belley a donc sagement fait de refuser ;

5° Une confrontation *inutile* avant le Mandement du 19 septembre aurait été une faute énorme après le Mandement, et il y a lieu de s'étonner qu'un opposant ait eu le courage de la proposer. Aussi a-t-il eu pour réponse : *Je ne puis ni ne veux me déjuger.*

Les opposants ajoutent : N'est-il pas vrai que Maximin a dit à Ars, qu'*il n'avait pas vu la sainte Vierge, qu'il n'avait rien vu.* Maximin convient d'avoir dit qu'*il n'a pas vu la sainte Vierge,* parce qu'en effet il n'a jamais dit autre chose sinon qu'il a vu une *Belle Dame*, et qu'il n'a su qu'après, que cette *Belle Dame* était la sainte Vierge. Les deux enfants gardiens fidèles du texte primitif de leur récit, n'y ajoutent rien, n'en retranchent rien.

Maximin a-t-il ajouté : *Je n'ai rien vu ?* Il nie de l'avoir fait autrement que par impatience d'entendre les violentes sorties que faisait contre lui M. le vicaire. *Eh bien ! oui ; mettez que je n'ai rien vu ; supposez que je n'ai rien vu, que je suis un menteur....* Il l'a fait d'autres fois ; mais personne ne s'y est mépris. Ni le curé d'Ars ni les opposants ne se montrent bien sûrs que cette dernière phrase, *je n'ai rien vu,* ait été articulée. Si elle a été nettement dite, comment les opposants ne s'accordent-ils pas là-dessus ? Et comment le bon curé a-t-il, ainsi qu'on l'a vu plus haut, conservé sa foi *personnelle* à la Salette ? Comment aurait-il traité si légèrement un démenti s'il lui avait paru bien formel ?

Deux conclusions découlent de notre première proposition : *1° Tout prouve qu'il n'y a* point eu de démenti à Ars ; tout le bruit fait par les opposants au sujet de ce prétendu démenti se réduit à un mal-entendu ; 2° et ce mal-entendu bien établi et reconnu tel à Belley et à Grenoble, une confrontation n'était nullement nécessaire.

IIe PROPOSITION.

SUPPOSÉ QUE MAXIMIN SE SOIT DÉMENTI OU RÉTRACTÉ A ARS, CE DÉMENTI OU RÉTRACTATION N'INFIRME EN RIEN, ET A PLUS FORTE RAISON, NE DÉTRUIT NULLEMENT LE FAIT DE LA SALETTE.

Ici les preuves sont d'une telle évidence que nous ne craignons pas de faire aux opposants la concession la plus large qu'ils puissent demander, et de leur abandonner notre première proposition malgré toutes les preuves dont nous l'avons entourée.

Ire Preuve. — *Impossibilité d'une invention à la Salette.*

Pendant quatre ans, croyants et opposants ont reconnu que les deux enfants n'avaient pu inventer ni concerter entre eux le récit qu'ils ont fait à l'univers. Aussi l'opposition a-t-elle tellement senti l'impossibilité de cette invention et de ce concert, qu'elle a été forcée de faire intervenir un jongleur adroit et resté invisible, dont les enfants auraient été les dupes ou les complices. Elle a même osé s'aventurer jusqu'à dire que des prêtres et des religieuses les avaient formés au rôle qu'ils ont joué. Si pendant ces quatre ans Maximin ou Mélanie s'étaient avisés de dire : *Nous avons inventé ce que nous vous disons, ce que nous répétons à l'univers*, qu'aurait dit l'opposition ? Elle aurait dit à ces enfants : *C'est maintenant que vous mentez ; vous étiez incapables d'inventer votre récit.* Au bout de quatre ans, Maximin va dire à

Ars (et nous supposons qu'il l'a réellement dit) : *J'ai inventé mon récit*, et aussitôt les opposants de battre des mains et de s'écrier : *Tu dis vrai, nous te croyons sur parole*, sans s'inquiéter le moins du monde comment cette assertion peut rendre *possible* ce que jusque-là, ils avaient cru *impossible*. Pour nous, nous dirons hautement avec tous les gens sensés : *Maximin, tu n'as pas menti à la Salette, mais tu mens maintenant*.

Pour faire mieux ressortir cette preuve, supposons que le petit pâtre Maximin, au lieu de son rôle, eût récité tout à coup la belle fable du *Chêne et du Roseau* : l'opposition n'aurait pas manqué de dire : *assurément ce petit berger n'a pu inventer cette fable; quelqu'un la lui a fait apprendre; car il n'en comprend pas même les mots, il n'en sent nullement la beauté*. Mais tout à coup au bout de quatre ans, Maximin vient dire : *c'est moi qui suis l'inventeur de cette fable;* l'opposition oserait-elle lui dire : *nous te croyons et tu as vraiment inventé cette fable?* Ne lui dirait-elle pas plutôt : *Tu mens! ou tu as fait un vrai miracle en inventant une si belle fable.* Pourquoi donc l'opposition raisonne-t-elle autrement sur le Fait de l'apparition? Et pourquoi, voulant échapper au prodige de la Salette, aime-t-elle mieux admettre un autre miracle plus étonnant, celui d'un récit impossible à inventer? — Or, miracle pour miracle, l'univers admet et admettra toujours de préférence, celui de l'apparition dont *l'inventeur serait plus grand que le héros*.

D'ailleurs, un mensonge à Ars peut s'expliquer; un mensonge sur la montagne non-seulement est inexplicable, mais impossible.

IIe Preuve. — *Les miracles.*

A moins de fouler aux pieds toutes les règles du témoignage humain, il faut admettre en faveur du Fait de la Salette des miracles nombreux, éclatants, bien prouvés;

miracles opérés soit *avant*, soit *après* l'incident d'Ars, c'est-à-dire, soit *avant* la découverte de la fourberie ou de la jonglerie de la Salette, soit *après* cette découverte. Si l'incident d'Ars est la révélation d'une fourberie ou d'une jonglerie, Dieu lui-même a donc confirmé une abominable imposture par des miracles : proposition impie et blasphématoire, que sont forcés d'admettre ceux qui soutiennent le démenti d'Ars. Mais une pareille assertion fait horreur. Donc, *il n'y a point eu de démenti à Ars*, ou s'il y en a eu un, ce démenti est un *mensonge isolé*, qui ne peut nuire en aucune façon au Fait de la Salette, qui n'explique nullement ce Fait.

IIIe Preuve. — *Le secret des enfants.*

Avec le démenti d'Ars, toujours supposé réel, tombe le secret des enfants. Ceux-ci n'ont rien vu, rien entendu sur la montagne ; ils n'ont point reçu de secret, ou le secret qu'ils se vantent d'avoir reçu se réduit à rien. Or, on a vu plus haut que ce n'a été qu'avec beaucoup de peine qu'on a pu les amener à découvrir leur secret au Pape ; on a vu que *Mélanie*, en particulier, a fait beaucoup de résistance, et que sa résistance portait principalement sur la crainte de déplaire à la sainte Vierge. *Maximin* a aussi combattu avant de se déterminer à dire le sien. Ces enfants avaient donc un secret, et ce secret subsiste malgré le démenti d'Ars. Donc, *il n'y a point eu de démenti à Ars*.

Ce n'est pas tout. Arriva le moment où par ordre de Monseigneur ils durent écrire, chacun séparément, leur secret. Ils l'écrivirent, ou tel qu'ils l'avaient reçu, ou ils en forgèrent un. Mais dans cette seconde hypothèse, quel ne dut pas être leur embarras ? Quel secret inventèrent-ils ? Combien de temps aurait-il fallu pour inventer ce nouveau mensonge ? Ce mensonge qui devait être porté à Rome et mis sous les yeux de Sa Sainteté ? Que de difficultés dans l'hypothèse d'un démenti réel à Ars? Donc, *ce démenti n'a pas eu lieu;* et les enfants n'ont eu à faire que ce qu'ils ont fait, c'est-à-dire, écrire leur secret sans embarras, sans recherche, sans s'arrêter autrement que pour demander aux témoins qu'on leur avait assignés, l'orthographe de certains mots. Ils ont écrit leur secret couramment comme s'ils les avaient lus dans un livre. Dans la supposition d'une fourberie découverte à Ars, que l'opposition veuille bien nous dire : Quel secret les enfants ont-ils eu à écrire? Quel secret avons-nous porté à Rome? Et comment ce secret s'est-il trouvé une prédiction de l'avenir?

Enfin, le secret est remis entre les mains du souverain Pontife, qui en fait sérieusement une première lecture, qui annonce qu'il le relira *à tête reposée*, et qui enfin déclare que ce sont des *malheurs prédits qui menacent la France*. Si les enfants ont véritablement vu un personnage céleste sur la montagne de la Salette, tout se conçoit, tout s'explique. Mais s'ils n'ont rien vu (et ils n'ont rien vu au dire de ceux qui soutiennent la réalité d'un démenti à Ars), comment se sont-ils hasardés à envoyer à Rome des prédictions de malheurs? Comment même ont-ils pu les imaginer. Il faut donc de toute nécessité en venir à cette conclusion : *Il n'y a point eu de démenti à Ars.*

Ajoutons ici deux choses remarquables. Maximin interrogé sur la manière dont il a commencé sa lettre au souverain Pontife, répond : j'ai commencé ainsi : On dit que le 19 septembre 1846, j'ai vu la sainte Vierge; *on en jugera par ce qui suit.* — Quant à Mélanie, interrogée si elle a mis des dates certaines aux malheurs qu'elle annonce, elle a répondu : *Oui.* Que l'opposition veuille bien concilier ce langage des enfants avec le démenti d'Ars. Jamais elle ne le pourra. Donc, *il n'y a point eu de démenti à Ars.* Donc une confrontation n'était nullement nécessaire.

IVᵉ Preuve. — *Mélanie, second témoin du Fait de la Salette*, non interrogée a ars.

Pendant quatre ans, deux témoins attestent devant un tribunal le même fait, arrivé dans le même temps, avec les mêmes circonstances. Ces deux témoins ne se sont point concertés, ils n'ont pu même se concerter. Réunis ou séparés, ils disent les mêmes choses, répondent parfaitement et identiquement à toutes les difficultés qui leur sont proposées. Tous les deux sont invariables et inflexibles, et les magistrats restent pleinement convaincus de leur sincérité. Tout à coup l'un d'eux vient dire : *J'ai trompé la justice, j'ai inventé tout ce que j'ai dit jusqu'ici*. Quelle attitude prendront à l'égard de ce témoin des magistrats judicieux et bien convaincus de l'impossibilité où il a été de déposer autrement qu'il ne le faisait auparavant? Hésiteront-ils à lui dire : *tu mens aujourd'hui?* Hésiteront-ils à lui appliquer la peine des parjures? — Et voilà précisément le cas où s'est trouvé Maximin, se démentant lui-même à Ars ? Jusques-là témoin irréprochable et parfaitement d'accord avec Mélanie sans s'être néanmoins entendu avec elle, il se rend coupable d'un vrai *mensonge* à Ars ; les milliers de personnes qui l'ont entendu, interrogé, confronté avec Mélanie, pourront-elles contenir leur indignation et ne pas s'écrier : *Malheureux! c'est maintenant que tu mens*.

Des preuves sans réplique établissent donc notre seconde proposition ; il faut donc conclure une seconde fois : Une confrontation n'était nullement nécessaire.

On nous communique à l'instant une lettre qui confirme tout ce que nous venons de dire. Le caractère de Maximin, objet de tant d'appréciations contradictoires, y est présenté au naturel, et l'incident d'Ars jugé de nouveau par des hommes parfaitement compétents. Nous en donnons un extrait :

M***, 22 novembre 1852.

» Mademoiselle,

« .... Je dois vous dire tout d'abord que je ne
» comprends pas la malveillance, la malignité, la ca-
» lomnie qui poursuivent ces enfants ; et si je n'avais pas
» eu Maximin un mois et demi auprès de moi, voyagé
» avec lui à la Louvesc et à la Salette ; si je n'avais
» pas fait de son cœur une étude approfondie, et de ses
» moyens naturels un examen sérieux, vraiment je me
» laisserais surprendre comme bien d'autres, et par tout
» ce qu'on imprime et par tout ce qu'on raconte mali-
» cieusement contre lui. Une ignorance grossière chez
» les uns, une insouciance coupable chez les autres, et
» quelque chose de diabolique sans que l'on s'en doute,
» peut-être : telles sont les causes de ces violentes et
» amères diatribes. En voici quelques-unes qui excite-
» ront certainement votre pitié.

» *Maximin*, disent les uns, *est l'être par excellence
» taillé pour mentir*. — S'il s'agit de se soustraire à une
» pénitence de pension, je vous l'accorde et je vous
» promets qu'il s'en tire à merveille. Du reste, il ne
» s'en cache pas, il vous le raconte avec tant de fran-
» chise qu'on ne peut pas moins faire que de lui par-
» donner ces mensonges d'écolier. Quant à moi, je ne
» l'ai jamais surpris à mentir ; il vous dit au contraire
» ce qu'il fait, ce qu'il pense, ce qu'il désire avec ce
» laisser-aller où l'on n'aperçoit pas l'ombre de la dis-
» simulation.

» *Mais qu'il est grossier, qu'il est malhonnête?* disent
» les autres ; *c'est l'effet qu'il nous a produit*. — Dites,
» s'il vous plaît, qu'il est par moment assez insouciant,
» qu'il a parfois peu de politesse, et mieux encore,
» qu'il manque d'usage, et vous serez dans le vrai : et
» puis le tout dépend de la manière dont vous l'abor-

» dez, dont vous l'interrogez. Il ne craint pas une oppo-
» sition grave, digne; mais si votre opposition se ressent
» de la puérilité, de la mauvaise foi, de l'insulte, ce
» dont j'ai été souvent témoin, Maximin s'impatiente,
» il souffre, il rompt au plus vite toute conversation,
» vous donne même la monnaie de votre pièce et s'en
» va. Il faut bien qu'il ne soit pas aussi grossier, aussi
» malhonnête que vous le prétendez; car la plupart des
» personnes qui lui ont fait leur visite ici, à M***, après
» être restés des heures et même des jours entiers avec
» lui, m'ont dit à moi-même : *Mais ce jeune homme est
» bien....! Il plaît...! il a de l'esprit...! du bon sens...!
» un cœur excellent....! Je ne m'attendais pas à cela ; ce
» n'est pas ce que j'en avais ouï dire! etc...*

» *Qu'a-t-il fait*, dit-on encore, *ces deux dernières
» années dans les Séminaires? il a perdu un temps pré-
» cieux et l'a fait perdre à d'autres élèves.* — Il y a là du
» vrai; Maximin en convient lui-même; il m'en a ex-
» primé maintes fois son regret sincère, tout en don-
» nant à ce blâme mérité des causes qui ont bien quel-
» que valeur et qui l'excusaient en quelque sorte. Oui,
» doué d'une mémoire heureuse, d'un assez bon juge-
» ment, il lui était facile, s'il eût travaillé, de briller
» dans ses premières classes. Mais enfin, attendons,
» l'âge amène tout.

» *Franchement, M. l'abbé*, me disait-on un de ces
» jours, *croyez-vous que cet enfant ait vu la sainte Vierge?
» Soutient-il son Fait?* — Ah! certes! s'il le soutient?
» mais avec plus de fermeté d'âme que la garde impé-
» riale ne resta à son poste dans les champs de Waterloo.
» Maximin! c'est au pied de la sainte montagne comme
» une sentinelle armée de toutes pièces! Croyez-le; il a
» à lui seul plus de force que les forts, plus de sagesse
» que les sages; je veux dire, quand il parle de sa
» Dame, entendons-nous bien. On peut lui ôter la vie;
» jamais assurément, jamais, on ne pourra lui sou-

» tirer un démenti.......... Oui, consultez Maximin,
» et quoiqu'il ne soit encore qu'un enfant dans toute
» l'étendue de l'expression, il vous dira avec ce ton
» vrai, simple, naturel, modeste, qu'il a vu une Dame;
» qu'il s'en souvient parfaitement; il répétera son en-
» tretien, taira ce qu'elle lui a dit de taire.....

» Je l'ai conduit moi-même à *la Louvesc* et à Notre-
» Dame d'*Ay*. Il y avait dans l'une comme dans l'autre
» de ces vénérables assemblées vingt-cinq Pères Jésuites.
» Et parmi ces cinquante à soixante prêtres, il s'en trou-
» vait plus d'un qui avait la sagesse, la haute intelli-
» gence de MM. *(ici les noms de quelques opposants con-
» nus)*. La lutte a été sérieuse; l'attaque en bataillon
» carré, Maximin au milieu, a duré quatre heures à *la
» Louvesc*, deux heures et demie à Notre-Dame d'*Ay*.
» Tout a été dit, tout a été supposé; car les disciples
» de saint Ignace ne manient pas mal la parole; ils vont
» droit au but; *Guillaume Tell* ne fut pas plus heureux;
» oui, quand ils argumentent, c'est du solide, c'est du
» positif. Eh bien! Maximin, le jeune séminariste, le
» pauvre sixième, comme il se nomme lui-même, a
» triomphé de ses adversaires, si nombreux et si redou-
» tables; il a su dissiper toutes leurs appréhensions,
» détruire toutes leurs attaques, exciter leur grande
» admiration et emporter avec lui leur croyance au
» grand Événement de la Salette.

» *Votre Maximin, quelle reconnaissance a-t-il? Faites-
» lui du bien, il ne s'en souvient pas.* — Ce reproche n'est
» qu'une pure calomnie; il n'arrivera jamais à son
» adresse. Je puis affirmer qu'il est reconnaissant, qu'il
» est sensible au bien qu'on lui fait. Il a dit maintes
» fois en ma présence à ses bienfaiteurs : Je me sou-
» viendrai de vos bontés longtemps; je n'ai rien, mais
» je vous souhaite à vous et à votre famille les béné-
» dictions d'en Haut; je prierai afin que tout prospère
» dans votre maison.

» *Allons, convenez au moins, M. l'abbé, Maximin*
» *n'a point de piété.* — Convenez aussi, Messieurs, que
» le Divin Maître ne s'est pas manifesté seulement pen-
» dant trente minutes à ses Apôtres ; mais qu'il a vécu
» avec eux pendant trois années. Convenez que ses
» ineffables entretiens, ses adorables prédications, que
» sa parole si persuasive, si entraînante, ses miracles
» de miséricorde et de bonté si nombreux, son exem-
» ple avec tous ses divins attraits, n'obtinrent rien à
» quelque chose près sur ces hommes mûrs et réfléchis,
» mille fois plus favorisés en cela que le jeune Maximin.
» — *Il n'a point de piété.* — Voulez-vous dire qu'il ne
» fait pas ses prières? Il ne les a jamais manquées chez
» moi. — *Qu'il ne s'approche jamais des sacrements ?* —
» Il communia dans le sanctuaire de *la Louvesc* le 8 sep-
» tembre dernier. Le 18 octobre suivant, il partit de
» Corps par une pluie battante, se réconcilia en passant
» dans l'Eglise de la Salette, arriva sur la montagne,
» où je l'attendais, tout inondé de boue, de sueur et
» de pluie, entendit la sainte Messe, et fit pieusement
» ses dévotions.....

» Je m'arrête, Mademoiselle, et me réserve pour une
» autre fois....... Je vous permets de donner lecture de
» ma lettre et d'en faire l'usage que bon vous semblera
» pour la plus grande gloire de Dieu et de notre sainte
» Mère.......... Recevez, etc.

» *L'abbé* R***, *curé de* M***. »

3ᵉ OBJECTION. — Le pamphlétaire, triste organe de l'opposition, prétend avoir decouvert dans nos publications sur la Salette, des omissions, des faussetés, voire des *crimes*, qu'il qualifie ainsi, dit-il, d'après nos propres principes. Il n'a pas assez de colère pour les flétrir, ni assez de 182 pages pour les énumérer, puisqu'il se propose d'y revenir.

Réponse 1re. — Chose singulière ! Il est le seul qui ait fait ces belles découvertes dans nos écrits publiés avec l'approbation de notre vénérable Prélat, lus partout et traduits en plusieurs langues. Il est seul contre tous ; il fait le procès à tous. Nul autre que lui n'a fait ces belles découvertes.

Réponse 2e. — Nous l'avons pris lui-même en flagrant délit de faussetés, d'erreurs et même d'hérésie. Avons-nous, comme lui, égalé Antioche et Alexandrie à Rome ? Avons-nous, comme lui, fait remonter au IVe siècle et dériver du consentement des Evêques la primauté d'honneur et de juridiction que le Pape tient de J.-C. lui-même, et qui par conséquent est de *droit divin ?* Avons-nous, comme lui, tronqué les actes d'un Concile ? Avons-nous, comme lui, attribué à quelque Prélat des lettres que nous aurions fabriquées nous-même ? Il se dit catholique et il déverse le mépris, l'injure, la calomnie sur l'Evêque de Grenoble ; il maltraite les partisans et les défenseurs du Fait de la Salette, etc. Il se dit catholique et il se livre sans retenue à une cruelle démangeaison de diffamer un prêtre et d'autres personnes, etc., etc. Il n'y a pas jusqu'au titre de cette triste brochure qui ne trahisse l'écrivain frivole qui cherche dans une étymologie arbitraire un argument plus que ridicule contre la Salette. En effet, la Salette est le nom d'une petite commune, dont *Fallavaux*, situé dans un vallon, est une section. Cette section est à huit kilomètres au-dessous de la montagne de l'apparition. Nouvelle fée, et d'un tour de baguette, l'auteur de la brochure métamorphose la vallée en montagne, ou la montagne en vallée, afin de pouvoir appliquer au lieu élevé du pèlerinage le nom de la vallée de *Fallavaux*, Fallax Vallis, *Vallée du Mensonge*. Sans doute il a voulu nous rappeler la fable du *singe qui prend le Pirée pour un homme.*

Mais n'a-t-il pas au moins raison de nous reprocher de n'avoir pas jusqu'ici parlé d'une *Dame noire* que

Maximin aperçut gravissant la montagne, lorsque trois semaines après l'Evènement, il s'y rendait lui-même en compagnie de trois ou quatre autres enfants qu'il nomme, portant entre eux, une croix qui devait être plantée au lieu de l'apparition. — Ensuite, de n'avoir jamais fait mention d'une *lumière* dont Mélanie dit avoir été accompagnée un soir qu'elle revenait de faire une commission pour son maître.

Réponse. — Dans les Conférences de 1847, les enfants interrogés si avant ou après l'apparition, sujet unique de leur récit, ils n'avaient rien vu d'extraordinaire, Maximin parla de cette Dame noire qu'un de ses camarades prit pour une sœur de la Providence, et qui était sur le point de gagner le sommet de la montagne lorsque lui et ses compagnons n'étaient encore qu'au pied. Arrivés eux-mêmes sur le lieu de l'apparition, ils y plantent leur croix, et se mettent ensuite à la recherche de cette Dame, qui ayant de l'avance sur eux, ne s'était que peu ou point arrêtée sur la montagne, et s'en était éloignée par l'un des trois ou quatre sentiers qui y aboutissent. — Pareillement, Mélanie, pressée de dire si elle n'a jamais rien vu en dehors de l'apparition, parla de cette lumière dont elle croyait avoir été éclairée pendant une petite partie de sa route.

Or, ces deux faits parurent à la grande majorité de la commission tout-à-fait insignifiants, sans liaison avec le Fait important de l'apparition, et mention n'en fut point faite dans le procès-verbal. On ne comprend même pas comment la philosophie des opposants est venue se briser contre ce singulier paralogisme : Les deux bergers ont vu l'un une Dame, l'autre une lumière, avant ou après l'apparition : donc, l'apparition qu'ils racontent avec tant de détails, n'a pas eu lieu ; manière d'argumenter en tout pareille à celle-ci : Après avoir visité Rome et ses innombrables merveilles, vous avez vu Paris : donc, vous n'avez pas vu Rome. Est-on *vision-*

naire pour avoir vu plusieurs choses disparates, ou même semblables, en différents temps, en différents lieux et avec des circonstances toutes différentes?

Pour mieux comprendre pourquoi les enfants parlèrent de la *Dame noire* et de la *lumière*, il faut connaître le plan d'attaque adopté par l'opposition dans les Conférences : *Le Fait de la Salette ne peut devenir certain ou réunir les conditions de la certitude ; les enfants sont menteurs ; ils sont visionnaires.* Tels furent les trois moyens qu'elle fit valoir. Nous avons répondu à la première difficulté, *Vérité*, pag. 6 et suivantes, et *Nouv. Doc.*, pag. 38 et suivantes ; la seconde trouve sa réponse, *Vérité*, pag. 218 et suivantes. Et quant à la prétention de faire passer les enfants pour *visionnaires*, elle parut tellement peu fondée, tellement inconciliable avec la grossièreté et l'ignorance des deux petits pâtres, que nous l'avions crue jusqu'ici totalement abandonnée, comme n'étant et ne pouvant être d'aucune valeur. Que l'on cherche à faire passer pour visionnaires un *saint Jean de la Croix* et une *sainte Thérèse*, si souvent favorisés d'apparitions et de visions, cela se conçoit ; mais ces deux enfants ! Aussi laissons-nous au pamphlétaire le plaisir de poétiser cette vétille ; comme nous lui laissons le mensonge *tout poétique* d'avancer que Mélanie a vu aussi la *Dame noire*, dont elle n'a jamais parlé. Je ne sais pourquoi dans la récapitulation de nos *crimes*, il a oublié de faire figurer cette omission de la *Dame noire* et de la *lumière* ; car voici celui qu'il place en tête de tous les autres :

En février 1851 (qu'on remarque cette date) et dans une brochure de cinquante pages, nous avons dit qu'*il n'y avait point encore de prêtre pour desservir le pèlerinage de la Salette, et que c'était le curé de la Salette, qui, pour satisfaire la piété des pèlerins, était obligé de faire cette pénible ascension, souvent par des temps affreux, et de louer à cet effet, un guide et une monture.*

Nous avions dit vrai, et nous aurions pu ajouter que M. le curé de Corps ainsi que son vicaire, quoique plus éloignés, se prêtaient aussi aux désirs des pèlerins. Nous aurions pu dire encore, que dans les grands concours, c'étaient tous les prêtres présents qui prêtaient leur ministère aux besoins spirituels des fidèles accourus à la montagne.

Cependant le zélé curé de la Salette succombait sous le double fardeau de sa paroisse de 800 âmes à desservir et des nombreux pèlerins à satisfaire. On lui donne pour le soulager un peu, son frère aîné, prêtre vertueux, mais atteint de la maladie qui l'emporta deux ans après. Ces deux ecclésiastiques se transportent donc alternativement et sur la demande des pèlerins jusqu'au sommet de la montagne éloignée de huit kilomètres de la cure où ils font leur résidence. Ni l'un ni l'autre n'ont de logement sur la montagne; et ce n'est que depuis le premier mai de cette année 1852 que trois missionnaires se sont bâti une pauvre cabane sur la montagne, y vivent au milieu des privations et *desservent* véritablement le pèlerinage. Un quatrième missionnaire, occupé à peu près exclusivement de la paroisse de la Salette, n'a guère le temps de s'occuper du pèlerinage.

Voilà la vérité. Eh bien! selon le pamphlétaire, *la vérité a été, non pas dissimulée, non pas altérée, mais faussée par rapport au prêtre désigné pour desservir la chapelle; donc, il y a eu crime.* Voilà sa conclusion. Voyons ses preuves. Où les trouvera-t-il? Il en trouve deux, péremptoires à ses yeux.

Il tire la première de l'*Ordo* ou annuaire ecclésiastique du diocèse de Grenoble, où se trouve le nécrologe (selon lui *nécrologie*) des prêtres morts dans l'année précédente. Il consacre quelques lignes à rehausser l'autorité d'*un annuaire fait par l'ordre et avec les renseignements des Evêques*. Voilà bien une terrible *Majeure*, qui fait penser à *la montagne en travail*....

Quelle sera la *Mineure?* — Il lit dans l'*Ordo*, sous la date du 24 avril 1851, la mort de *Jacques Perrin (sic)*, avec ces mots latins : *Sacerdos ADJUTOR ad montem la Salette*, qu'il traduit : *prêtre auxiliaire pour la montagne de la Salette*. Misérable équivoque, sur laquelle repose le premier de nos crimes.

L'*Ordo* porte *sacerdos adjutor*, *prêtre auxiliaire*; et nous parlions de prêtre *chargé de desservir*, *désigné pour desservir la chapelle*, et non de prêtre simplement chargé *d'aider*, de *porter des secours*. Une paroisse a-t-elle un *curé* parce que les prêtres du voisinage *lui portent du secours?* Et pour ceux qui savent le latin, *adjutor* fut-il jamais synonime de *præpositus* ; *adjuvare* l'est-il de *præesse?* Et ne voilà-t-il pas *cette montagne en travail qui accouche d'une souris?* Et pour arriver à cette effrayante conclusion, il a fallu au pamphlétaire se recueillir profondément, et s'encourager à marcher sur des charbons : *incedo per ignes*, dit-il ! —*Risum teneatis amici !*

La seconde preuve péremptoire de notre premier crime, c'est que cette année-là, il y eut un prêtre, *qui après la fonte des neiges*, logeait et couchait sur la montagne. Le pamphlétaire a eu grand soin de faire remarquer que notre brochure est de février 1851 ; nous venons, nous aussi, de prier le lecteur de prendre note de cette date. Eh bien ! nous, qui ne sommes ni prophète, ni fils de prophète, avons-nous pu deviner en février ce qui devait arriver trois mois plus tard ?

Voilà donc notre premier crime, bien avéré, bien prouvé surtout !

Qu'on juge maintenant des autres crimes par celui-ci. Les réfuter l'un après l'autre, ce serait du temps et du papier perdus. Le bon sens du lecteur en fera aisément justice.

4ᵉ OBJECTION. — Une dame opposante dit un jour à un prêtre estimable de nos amis : Vous me parlez des adhésions nombreuses qui arrivent de toutes parts à

Mgr de Grenoble. Mais ces adhésions ne signifient rien ; c'est M. Rousselot qui les fabrique ; j'en ai la *preuve matérielle* entre les mains.

Réponse. — A un argument de cette force, il n'y a point de réponse. Nous fîmes donc dire à la dame, que nous déposions 100 fr. à perdre autant de fois qu'elle avait de pièces fausses dont nous ne pourrions produire les originaux ; qu'elle eût aussi de son côté à déposer 100 fr. à perdre pour chaque pièce qui lui paraîtrait fabriquée, mais dont nous lui montrerions les originaux : le tout au profit du sanctuaire de Notre-Dame de la Salette. Le défi n'a pas encore été accepté. — Y a-t-il donc un fanatisme d'opposition ?

5e Objection. — Rome a vu vos livres, disent les opposants ; mais Rome n'a pas lu les nôtres ; Rome ne connaît pas nos objections ; si elle les eût connues, elle aurait empêché la conclusion de l'affaire de la Salette.

Réponse. — 1º La plupart des objections faites par les opposants ont été résolues dans nos publications précédentes ; Rome a pu les lire ; Rome les a lues ;

2º Rome sait ce dont devraient se souvenir les opposants : 1º qu'aucune objection ne peut détruire une vérité bien établie, ni un fait solidement prouvé. S'il en était autrement, quelle vérité serait debout dans le monde ? Le Christianisme attaqué sans relâche depuis dix-huit siècles, n'existerait plus. Le soleil cesse-t-il d'exister, a-t-il moins de lumière et de chaleur, parce que des nuages ou des brouillards le dérobent momentanément à nos yeux ? Rome sait, 2º qu'on peut croire fermement et néanmoins *raisonnablement* une vérité ou un fait, sans connaître toutes les difficultés, toutes les arguties que peuvent imaginer contre cette vérité ou contre ce fait, des esprits ou ignorants, ou prévenus, ou passionnés ; qu'un incrédule peut être ramené à la foi par l'examen sincère des preuves de la Religion, sans qu'il ait besoin de parcourir ou même de connaître les innombrables sophismes entassés dans les livres des incrédules. Rome connaît, 3° quelle est l'autorité de l'Evêque se prononçant sur un miracle, et quel respect est dû à cette autorité.

4° L'opposition voudrait-elle par hasard renouveler la ridicule prétention des Jansénistes du XVIIe siècle qui se donnèrent comme une puissance avec laquelle Rome devait traiter et sans laquelle Rome ne pouvait être suffisamment instruite pour pouvoir condamner leurs erreurs ? Croit-elle que Rome ait besoin pour prononcer en faveur de la Salette de connaître le pamphlet qui contient *autant de mensonges que de mots*, ainsi que l'a justement qualifié notre vénérable Prélat ; qui n'est qu'*une œuvre de ténèbres*, ainsi que l'appelle un Evêque que l'opposition regarde comme un de ses chefs ? Pour bien juger d'un Fait raconté avec ses preuves, le souverain Pontife a-t-il besoin de lire dans le libelle que *sa primauté d'honneur et de juridiction lui vient du consentement des Evêques du IVe siècle ; que Rome n'a rien au-dessus d'Antioche et d'Alexandrie ? Que les Papes ne font rien sans les Conciles provinciaux ? Que la sentence d'un Evêque n'est juste, n'est même valide, qu'autant qu'elle est sanctionnée par le Concile provincial ou par le métropolitain ? Que l'autorité d'un Evêque n'est qu'une raison individuelle, rien de plus, rien de moins ?* Le souverain Pontife a-t-il besoin d'avoir sous les yeux les injures, les mensonges, les diffamations dont fourmille cet écrit informe et indigeste, dicté par la passion ? — Disons plutôt : *Si le pamphlet était connu à Rome, il serait bientôt mis à l'index.*

6e OBJECTION. — Venons maintenant au portrait hideux que le pamphlétaire fait de nous. Pour anéantir le Fait, il fallait écraser l'historien ; c'est ce qu'il tâche de faire toutes les fois que notre nom tombe sous sa plume. En lisant ce qui suit, plus d'un lecteur se rappellera sans doute ce vers connu :

« Qui veut tuer son chien, l'accuse de la rage. »

Selon lui, « M. le vicaire général est l'âme de toute
» cette affaire; M. Rousselot possède une arme à deux
» tranchants, et sous sa plume le récit des enfants, les
» paroles de la belle Dame sont une lanterne magique;
» on y trouve tout ce qu'on veut.

» M. Rousselot, dans ses actes, n'aime pas les témoins;
» il s'enferme seul avec Maximin, il concerte avec celui-
» ci une lettre au curé d'Ars... Le langage de M. Rous-
» selot est entortillé....

» M. Rousselot, que chacun se plaisait à croire un
» homme vertueux et bon, devant lequel on s'inclinait
» comme devant la douceur incarnée, M. Rousselot
» s'abaisse au rôle de pamphlétaire. » (Voir notre réponse à l'incident d'Ars).

« Et c'est un professeur de quarante ans, connais-
» sant mieux que personne le prix du temps, qui écrit
» une semblable billevesée. » (Manière commode de répondre à la brochure sur l'incident d'Ars.)!

» Mais si la plume de M. Rousselot distribue des mots
» et des phrases, la puissance de Dieu distribue la vie
» et la mort.

» La vérité a été, non pas dissimulée, non pas altérée,
» mais faussée par rapport au prêtre désigné pour des-
» servir la chapelle; donc il y a eu *crime*. » (Nous écrivions en février 1851; pouvions-nous prophétiser que trois mois plus tard, un prêtre serait autorisé *provisoirement* à rester sur la montagne? Voilà notre *premier crime*. Il est suivi de dix autres, peut-être plus étranges!)

« M. Rousselot, chanoine et vicaire général, auteur
» de trois ou quatre opuscules sur la Salette, déguise
» avec soin les vérités qui seraient capables d'éclairer
» le public; il inscrit des miracles qui n'ont existé que
» dans son imagination; il établit des principes d'une
» morale démoralisatrice; contradictions, erreurs,
» mensonges se pressent sous sa plume; j'en ai signalé

» plusieurs, d'autres le seront encore dans les chapitres
» qui vont suivre. M. Rousselot n'est pas un juge con-
» sciencieux ; la vérité ne l'inspire pas ; son opinion ne
» saurait commander la confiance, ou éclairer la ques-
» tion.

» M. Rousselot, pour faire adopter le miracle de la
» Salette, avait soutenu une thèse désespérée.

» Un vilain du XIIe siècle n'aurait osé, par rapport à
» elle (la guérison de la femme Laurent de Corps) par-
» ler ni de guérison, ni de miracle. M. Rousselot est
» plus hardi que ce vilain-là.

» Y a-t-il donc aux yeux de M. Rousselot quelque
» rapport entre l'apparition de la Salette et le démon...?
» Parny n'aurait pas osé aller jusques-là, et les impié-
» tés de Parny sont connues de tout le monde.

« M. Rousselot se joue du diocèse de Grenoble. Com-
» ment traitera-t-il les autres diocèses. » (On a vu plus
haut si *ce M. Rousselot* s'est joué des autres diocèses
dans les miracles qu'il leur assigne.)

« Mgr l'archevêque de Paris a dit en 1851 dans ses
» salons et devant une foule nombreuse : « Depuis
» longtemps je sais à quoi m'en tenir sur l'Evénement
» de la Salette ; M. Rousselot a le privilége de l'inven-
» tion ; jamais un miracle ne l'embarrasse et ce qu'il
» recherche, ce n'est pas la vérité, c'est l'effet par rap-
» port à la Salette. »

(Paroles apparemment aussi *vraies* que la lettre écrite
par Mgr l'archevêque d'Avignon à son ami et collègue
de Gap. Voyez plus haut, pag. 110.)

« Pour se donner cette licence, il est obligé de renier
» ses principes ; mais après quarante ans de professorat
» de théologie, n'a-t-on pas le droit de se poser soi-même
» comme règle suprême? M. Rousselot l'a cru, il a fait
» plus, il a pratiqué. » (Assertion aussi injurieuse que
gratuite, et dont les opposants, *autrefois nos disciples*,
feront eux-mêmes justice.)

« Le département de l'Isère ou plutôt le diocèse de
» Grenoble sont vraiment privilégiés ; ils possèdent dans
» M. Rousselot, l'interprète des desseins de Dieu, la
» règle vivante de sa doctrine et de ses principes, la loi
» suprême, incomprise, il est vrai, mais infaillible.
» Heureux, mille fois heureux, M. Rousselot.

» Si M. Rousselot enseigne sur tous les points de sa
» théologie, une morale semblable (sur le mensonge
» attribué à Maximin, *Vérité*, pag. 218-223), il est sans
» contredit, en possession d'une science occulte. Dieu
» garde l'humanité d'être jamais initiée à son secret.

» M. Rousselot ne nous a révélé, sous sa plume, que
» des erreurs. » Pour compléter le tableau, il inculque
fortement que l'argent provenant de la vente de nos
livres, s'il n'est donné aux pauvres, est une escroquerie. (Comme s'il était permis d'escroquer sous prétexte
de soulager les pauvres! Belle théologie!)

Réponse. — 1° Voilà les principaux traits du tableau
que l'on trace de nous; voilà les couleurs sombres sous
lesquelles on nous présente à l'univers. L'univers a lu
nos livres, c'est à lui de juger de la ressemblance du
tableau ;

2° Il nous est glorieux d'être associé dans ces diatribes à notre vénérable Prélat, impudemment accusé
d'avoir manqué de conscience, de droiture et de bonne
foi dans l'affaire de la Salette; d'avoir séquestré les deux
enfants dans l'intérêt d'une pure jonglerie; d'avoir violé
la liberté des discussions dans les Conférences de 1847;
d'avoir persécuté les incroyants; d'avoir violé les lois
de l'Eglise par son Mandement du 19 septembre, etc.,
etc. (N'est-ce pas là une honte pour un homme qui se
dit catholique?)

Il nous est glorieux d'être associé dans ce dévergondage sans nom comme sans raison, à nos chers et vénérables confrères du chapitre, dont trois ou quatre ont
aussi leur bonne part dans cette large distribution d'in-

jures, de mensonges, de calomnies, etc. Il en loue un toutefois, c'est M. le chanoine Bois, mort avant les Conférences de 1847; mais pour le louer il ment, en lui attribuant le rapport de 1846, fait et écrit par M. le chanoine Bouvier, discuté ensuite et signé par le chapitre. Ce rapport est conservé dans les archives de l'Evêché.

Il nous est glorieux d'être associé à un vénérable curé, *fanatique* du culte de la sainte Vierge; à un digne supérieur de séminaire, *de la haute philosophie* duquel on se moque, parce que dans les Conférences de 1847, il a soutenu avec tous les vrais philosophes anciens et modernes qu'en dehors de la certitude *absolue*, il en est une autre, qui suffit dans les tribunaux humains, même pour condamner à la peine capitale. (Voir *Vérité*, pag. 6 et suivantes.)

Il nous est glorieux d'avoir à souffrir pour une cause aussi noble que celle que nous défendons, et que défendent avec nous tant de bons esprits, tant de prélats éminents, tant de théologiens distingués, tant d'hommes vertueux!

3° Depuis quarante ans nous sommes dans le premier Etablissement d'un vaste diocèse, honoré de la bienveillance de l'ancien Prélat pendant treize ans et du Prélat actuel depuis plus de vingt-six ans. Depuis quarante ans nous vivons dans l'intimité de nos collègues du grand Séminaire; depuis près de vingt ans nous sommes membres du chapitre de la Cathédrale. Plus de 1000 prêtres sur 1200 sortis de notre école, sont vivants et exercent le saint ministère dans le diocèse ou hors du diocèse. Pendant quarante ans nous avons eu des rapports précieux avec les Séminaires du voisinage, avec un grand nombre de communautés religieuses et beaucoup de familles honorables; depuis quarante ans nous vivons au sein et sous les yeux d'une ville distinguée par la politesse, l'urbanité, le bon sens et les lumières de ses habitants. Comment concilier notre existence paisible et entourée de la bienveillance générale avec le portrait hideux que nous venons de reproduire? Comment souffre-t-on depuis quarante ans un professeur d'une morale démoralisatrice? Un professeur à la manière de Parny? Un professeur au-dessous d'un vilain du xii⁰ siècle? N'est-ce pas là un phénomène inouï? Et un phénomène plus inouï encore, n'est-ce pas celui du grand nombre de ceux qui adoptent les leçons et les écrits d'un tel professeur? Plus on nous noircit, plus on dénigre par là même ceux qui croient avec nous ou à cause de nous, au Fait de la Salette.

4° Les membres du clergé diocésain qui ont pris parti dans l'opposition, adoptent-ils ou n'adoptent-ils pas le portrait hideux qu'ils viennent de lire? S'ils ne l'adoptent pas, qu'ils fassent donc rougir celui qui a cru leur être agréable en le traçant. Si, au contraire, ils l'adoptent, comment expliquent-ils que des productions si misérables d'un auteur encore plus misérable aient séduit tant de prêtres, de religieux et d'Evêques, en France, en Italie, en Belgique, en Angleterre? Comment ont-elles séduit jusqu'à Rome même?

En abaissant leur ci-devant maître, les opposants, nos disciples, ne voient-ils pas à combien de personnes respectables ils font le procès?

5° Que nos élèves, anciens et nouveaux, qui exercent aujourd'hui les fonctions sacrées avec autant de zèle que de succès, veuillent bien dire si jamais nous nous montrâmes passionné pour les nouveautés, ou enthousiastes du merveilleux. Qu'ils se rappellent avec quelle constance nous nous opposâmes pendant cinq ans, à l'introduction dans le Séminaire d'un système fameux par le nombre et l'autorité de ceux qui le propageaient, mais également faux en politique, en philosophie et en théologie, et proscrit enfin solennellement par Grégoire XVI, dans les encycliques de 1832 et 1834. Qu'ils disent avec quel soin nous les tînmes en garde contre cette grêle de prophéties qui tomba sur la France en 1830, et dont le moindre mal pour les élèves du sanctuaire était de troubler le calme nécessaire à la piété et aux études ecclésiastiques. — Et par rapport à la Salette, qu'on dise si pendant les sept à huit premiers mois nous en avons parlé. Avant d'écrire, nous avons laissé passer devant nous, Mgr l'Evêque de la Rochelle, M. l'abbé Bez, le P. Laurent Hecht, etc.;

6e Tel que l'on nous présente aujourd'hui au public, comment avons-nous réussi à persuader la croyance au Fait de la Salette à tant de bons esprits ? N'est-ce pas parce que nous avons eu la vérité pour nous? Que nous avons été fort par la vérité, et que nous aurions été impuissant contre la vérité? L'oracle de saint Paul, *2, Cor. 13, 8*, sera éternellement vrai : *Non possumus aliquid adversùs veritatem, sed pro veritate :* Nous ne pouvons rien, nous sommes impuissants contre la vérité. Nous n'avons de force que pour la vérité. La vérité peut être combattue, obscurcie même; mais elle triomphe toujours.

7e OBJECTION — *Les défauts des enfants de la Salette.* Le triste oracle des opposants se donne ici une belle carrière. Ramassant dans la boue des ruisseaux tous les bruits semés par la malveillance, il n'omet rien pour avilir les deux enfants et les rendre haïssables. Que ne dit-il pas de Maximin ? Que ne lui fait-il pas dire et faire ?

RÉPONSE. — 1° Les deux enfants sont ce que les opposants ont le moins vu, le moins suivi, le moins étudié depuis six ans. A son retour d'Ars, Maximin a été dix mois au petit Séminaire et sous leurs yeux. Quel est celui d'entre eux qui se soit donné la peine de le voir et de l'interroger? Il leur a paru plus simple de le traduire comme un criminel à la barre de l'opinion publique. L'accusé a toujours le droit d'être entendu avant d'être condamné; ce droit, ils l'ont complétement méconnu à l'égard de cet adolescent;

2° Nous avons nous-même reconnu publiquement les défauts des enfants au moment de l'apparition, et de ces défauts même nous avons conclu et des milliers d'autres ont conclu comme nous, à l'impossibilité d'une imposture inventée, concertée, soutenue par ces deux êtres si chétifs, si défectueux; cette impossibilité a été avouée par les opposants eux-mêmes. Plus on grossit les défauts de ces enfants, plus on augmente l'impossibilité d'une invention de leur part;

3° Nous ajouterons même, que l'impossibilité d'inventer leur rôle est aujourd'hui tellement démontrée à tout homme de bon sens que les enfants ne peuvent désormais se rétracter sans tomber dans un mensonge évident aux yeux du monde entier. Et quand ces enfants deviendraient infidèles à la grâce qu'ils ont reçue, leur mauvaise conduite subséquente serait déplorable, à la vérité, mais elle ne prouverait point qu'ils n'ont point été favorisés du ciel. Les Israélites dansant autour du veau d'or n'avaient donc ni vu les feux ni entendu les foudres du Sinaï? Belle manière de raisonner!

4° On fait Maximin menteur, jureur, blasphémateur, buveur d'eau-de-vie, etc. J'ai fait lire à l'adolescent quelques lignes du portrait peu flatteur qu'on trace de lui. Il a répondu : *Pourquoi ceux qui me traitent ainsi n'osent-ils pas se montrer? Pourquoi dédaignent-ils de me parler? Je leur répondrais comme j'ai répondu à tant d'autres....* Lui ayant montré l'accusation d'avoir bu de l'eau-de-vie lorsqu'il était à l'Œuvre de St-Joseph : *Comment l'aurais-je fait*, reprit-il sur le champ, *je n'avais point d'argent?* Ce qui est vrai. Pour se délivrer des importunités des ouvriers avec lesquels il travaillait, il avait pris le parti de s'appeler *Pierre* Giraud (*Pierre* est aussi son prénom), et de leur dire : *je suis Pierre Giraud; adressez vos questions à Maximin.* Y a-t-il là un grand crime? — Quant au reste du langage qu'on lui prête, il est de l'invention du pamphlétaire;

5° Le pamphlétaire se livre à la diffamation par goût, et comme les harpies de Virgile, il salit tout ce qu'il touche. Ainsi a-t-il diffamé autant qu'il l'a pu *Victorine Sauvet*, et pour elle il a su exhumer de la poudre des bibliothèques et traduire, d'après Voltaire, les expressions les plus ordurières. — Un prêtre est-il *placé provisoirement* sur la montagne de la Salette; ce prêtre sous sa plume cynique n'est qu'un misérable. — Maximin a une sœur, restée étrangère au Fait de la Salette. En haine du petit garçon et de la Salette, cette jeune fille, admise depuis plusieurs mois dans le couvent de Notre-Dame de la Croix, où elle se fait remarquer par sa bonne conduite, est cruellement et mensongèrement immolée dans son honneur. Qu'on aille aux renseignements, et on restera stupéfait de la hardiesse du diffamateur ;

6° Mais, disent les opposants et leur honteux organe : des enfants, tels que Maximin et Mélanie, ne seraient pas admis à déposer devant les tribunaux, et sur leur témoignage on ne condamnerait pas à une amende de vingt-cinq centimes. — Jusqu'à quand l'opposition se permettra-t-elle d'outrager la logique? Jusqu'à quand se permettra-t-elle ce vice de raisonnement qu'on appelle *transitus de genere ad genus*? Dans la grande Eglise de Milan et au milieu d'une foule compacte, un enfant de deux ou trois ans ne sachant pas encore parler, s'écrie : *Ambroise Evêque*. Et après cet enfant tous les catholiques, grands et petits, savants et ignorants, de répéter : *Ambroise Evêque!* Cet enfant interprète du ciel, aurait-il pu témoigner devant les tribunaux de la terre? Vous voyez un enfant de six ou sept ans soulever un fardeau de deux ou trois quintaux. Nierez-vous le prodige parce que cet enfant ne peut encore ester en justice? Un petit pâtre des Alpes, ne sachant ni lire ni écrire, n'ayant jamais eu d'autre compagnie que celle des autres pâtres grossiers et ignorants comme lui, vous récite tout-à-coup une fable digne des meilleures de notre immortel

La Fontaine. Nierez-vous de l'avoir entendu parce que, selon les lois, son témoignage n'est pas encore recevable? — Ajoutons, que même devant les tribunaux les enfants sont entendus à titre de renseignements, et que comme tels ils ont déterminé les magistrats à envoyer aux galères d'abominables monstres à face humaine. — Il y a six ans, Maximin et Mélanie n'auraient pu déposer juridiquement; s'ensuit-il qu'ils soient les inventeurs de leur récit? La conclusion contraire n'est-elle pas plutôt véritable et la seule vraie?

8ᵉ OBJECTION. — *Défaut de liberté dans les Conférences de 1847.*

RÉPONSE. — 1° C'est l'éternel refrain de toutes les minorités vaincues;

2° A qui est-ce de juger qu'une question toute religieuse est suffisamment débattue dans un synode, dans un concile provincial, dans une commission ecclésiastique? N'est-ce pas au président de ces assemblées? N'est-ce pas à l'Evêque ou aux Evêques chargés de porter un jugement définitif?

3° Sur quoi donc a-t-on arrêté la discussion dans les Conférences? Elle a été arrêtée lorsqu'elle portait sur un curé injustement soupçonné de trafiquer de l'eau de la Salette, sur la puérile importance d'une Dame noire, dont nous avons parlé, objection pag. 155; enfin, sur la thèse de la *certitude*, longuement discutée et mise dans le plus grand jour par M. Orcel, supérieur du grand Séminaire. Si on en croyait les opposants, on discuterait encore, puisqu'ils se plaignent que le Mandement du 19 septembre leur ait imposé silence.

9ᵉ OBJECTION. — Nous l'avons déjà dit : Un volume entier ne suffirait pas pour démasquer tout ce que le pamphlet renferme de faux, de perfide, de mensonger. Entre mille faits plus ou moins dénaturés pour surprendre la bonne foi du lecteur, mais dont aucun n'atteint la Salette, nous citerons encore celui-ci : — Le Mandement du 1er mai 1852, prescrivait une quête à faire dans toutes les Eglises du diocèse. Or, un opposant osa envoyer une offrande *ridicule*, et par là même *injurieuse* à l'autorité, comme résultat de la quête faite dans une paroisse de 5,000 âmes. Selon le pamphlétaire, la modicité du don venait de ce qu'il y a peu de croyants dans cette population. Pure fausseté : les croyants avaient porté eux-mêmes ou avaient fait passer leurs offrandes par d'autres voies. L'opposant et son avocat trouveront, sinon une réponse, au moins une leçon, dans la lettre suivante :

Saint-Siméon, 29 mai 1852.

M. Chevalier, prêtre, à M. Auvergne.

« Monsieur le Secrétaire,

» Quelques petites particularités se rattachent à notre quête pieuse en faveur de Notre-Dame de la Salette, et prouvent que toujours de la bouche des enfants sort pour Jésus et pour Marie un hommage pur.

» Après avoir lu le Mandement et la lettre circulaire de Monseigneur, nous invitâmes les parents à faire contribuer leurs petits enfants à cette quête d'un intérêt tout spécial ; cette bonne œuvre imprimerait et entretiendrait dans leur âme d'une manière plus forte et plus durable le souvenir fortuné de cet événement merveilleux.

» Notre invitation, Monsieur le Secrétaire, a été bien prise. Jamais tant d'enfants aux offices que le dimanche 16 courant. Les pères et les mères en avaient autour d'eux et à leurs bras. Nous vîmes ces petits enfants s'empresser des premiers à présenter leur petite offrande. Il en est qui la faisaient avec tant d'amabilité et de gentillesse qu'on laissait échapper à son insu un sourire de plaisir et de reconnaissance ; plusieurs étaient si innocents de leur acte qu'il fallait que leurs mères menassent leurs mains vers le plat de la cueillette; d'autres nous poursuivaient des yeux et de leur main pour la remettre à notre main.

» Un petit enfant de cinq ans avait reçu de son oncle une étrenne pour acheter des amusements le jour de la foire de St-Siméon. Après quelques instants de silence, il dit : Je garderai cinq sols pour la sainte Marie de la Salette. Je les donnerai, n'est-ce pas? dimanche à M. le curé : il n'y manqua pas.

» Une famille tout-à-fait indigente habite près de la cure; elle se compose en ce moment de sept garçons dont le plus âgé est dans ses douze ans et le plus jeune a quatorze jours. Les plus grands au retour du catéchisme dirent à leur mère : mère, on nous a dit qu'il fallait dimanche donner une offrande pour Notre-Dame de la Salette. Ne nous donnerez-vous pas des sous? — Où les prendrais-je mes enfants? Je voudrais bien aussi donner, car bien sûr, nous serons les seuls qui ne donnerons pas. La mère était attendrie et les enfants se regardaient tout inquiets.

» Dans le cours de la semaine, le plus âgé (qui est sourd), dit à ses cadets : il nous faut aller prendre des écrevisses; nous les porterons à Monsieur le curé; il nous donnera l'étrenne et nous la donnerons à Notre-Dame de la Salette.

» La petite troupe s'apprête et va dire à la mère : mère, voulez-vous, s'il vous plaît, nous laisser aller à la rivière prendre des écrevisses pour M. le curé. — Oui, mes enfants; mais vous l'ennuyez avec vos écrevisses (ils en apportent assez souvent). — Oh! que non! nous lui dirons que cette fois nous les avons prises à cause de Notre-Dame de la Salette, et il nous donnera *de* l'étrenne.

» Voilà nos petits pêcheurs à l'œuvre, et bientôt ils reviennent avec un plat passable d'écrevisses de toutes tailles. Ils font leur cadeau, et le dimanche les cinq plus grands, dans le chœur de l'Eglise, à côté les uns des autres se regardaient instinctivement et confondaient sur le plat de la cueillette leurs joyeuses mains chargées chacune d'une petite offrande. Le père au bas de l'Eglise avait le sixième dans le contour de son bras gauche, et l'enfant en souriant à son père et à moi m'invitait à prendre son offrande et son père à faire la sienne. La bonne mère était agenouillée dans le sentier de la chapelle de la sainte Vierge et donnait ses dix centimes pour elle et pour le septième de ses garçons qui devait venir au monde douze heures après. *Beati pauperes!*

» Ailleurs, sans doute, Monsieur le Secrétaire, des familles auront fait des dons bien riches, mais ici on a donné de la pauvreté même.

» Nous avons été content de la bonne volonté de toute la paroisse : il n'y a pas de famille qui n'ait contribué et dans le plus grand nombre de familles, il y a peu de membres qui n'aient donné eux-mêmes. Aussi notre offrande générale, sans être aussi forte que nous le voudrions, est bien convenable; elle est le double et plus, des autres quêtes qui ont été commandées jusqu'à ce jour, depuis que nous sommes à St-Siméon. Encore, il nous a manqué notre plus riche et plus généreuse maison (le château de Gouttefray).

» Nous avons donné, Monsieur le Secrétaire, ce petit récit intéressant par ceux qui en font le sujet, persuadé que les actions des enfants sont agréables à Celle qui a choisi des enfants pour nous informer des plaintes et des volontés de Notre-Seigneur.

» S'il parvenait jusqu'à Monseigneur, nous désirerions qu'il ajoutât à la grande et glorieuse joie dont le comble l'événement de la Salette.

» Nous avons été très-agréablement surpris d'apprendre que sa Grandeur a présidé contre son attente, à la pose de la première pierre du monument de la Salette. Nous espérons que la sainte Vierge qui l'a favorisé dans cette circonstance, comme dans tant d'autres, l'aura ramené mieux portant, pour le conserver longtemps afin de perpétuer et achever son œuvre à la Salette et procurer aux dévoués à la Salette l'avantage d'entendre encore plusieurs fois la voix rajeunie du saint prélat nous parlant de la protection de Notre-Dame.

» Votre tout dévoué,

» Chevalier, *prêtre.* »

CONCLUSION INATTAQUABLE.

Nous sommes maintenant en droit de dire à l'opposition :

Contre le Fait de la Salette vous avez multiplié les objections ; vous avez débité tout ce que peuvent imaginer séparément ou de concert, l'ignorance, la malveillance et la subtilité philosophique ; vous avez ressassé de vingt manières au moins, l'incident d'Ars ; vous avez composé des chansons infâmes accompagnées de notes plus infâmes encore ; vous avez imprimé un libelle injurieux, mensonger, diffamatoire ; vous avez accumulé dans un long manuscrit toutes les arguties que peut suggérer l'amour-propre qui ne veut pas avouer sa défaite ou son impuissance ; vous pouvez encore continuer vos efforts, soulever de nouvelles difficultés, créer même des fantômes :

Eh bien ! tout cet échafaudage a-t-il expliqué jusqu'ici, expliquera-t-il jamais :

1° Comment les deux pauvres petits bergers des Alpes ont été ou *trompeurs* et inventeurs du drame merveilleux qu'ils déroulèrent aux yeux de l'univers le 19 septembre 1846, ou *trompés* et victimes d'une mystification ;

2° Comment le Dieu de toute *vérité* et de toute *sainteté* a fait et continue de faire des miracles sans nombre, entièrement, absolument inexplicables dans l'hypothèse d'une fourberie sacrilége ou d'une détestable jonglerie ;

3° Comment les deux bergers, toujours constants et inflexibles aux yeux de l'univers, mais toujours *fourbes* ou *abusés* selon vous, ont pu écrire et envoyer un secret ou des secrets au Chef suprême de l'Eglise ;

4° Comment tant d'hommes croyants, Evêques, prêtres, théologiens habiles, laïques instruits, admettent fermement le Fait de la Salette, malgré l'incident d'Ars et toutes vos autres objections? N'y a-t-il donc de l'esprit, du bon sens, de la philosophie, que dans les incrédules?

Le fameux NON, s'il a été prononcé à Ars, explique-t-il comment Maximin a été *imposteur* ou *mystifié* quatre ans auparavant sur la montagne? Certainement non. Donc il ne signifie rien contre la Salette. — Ce fameux NON se concilie-t-il, peut-il se concilier avec la continuation des miracles? Evidemment non. Ce fameux NON laissait-t-il un secret à porter à Rome? Evidemment non. — Si les opposants sentent le vice du raisonnement tiré du fait d'Ars, en nous l'opposant sans cesse ils se montrent de *mauvaise foi*; s'ils ne sentent pas ce vice, ils se montrent *mauvais logiciens*.

Nous pourrions multiplier les applications ; et tant que les opposants n'auront pas répondu d'une manière au moins *plausible* aux questions que nous venons de poser, ils auront pu faire du bruit, mais ils n'auront abouti qu'à montrer à l'univers, d'un côté, leur impuissance ou leur mauvais vouloir à la manière des incrédules de tous les temps, et de l'autre, à faire ressortir la Vérité du Fait et combien notre Conclusion est inattaquable.

L'univers les laissera donc se débattre et montera à la Salette !!!

ARTICLE III.

LES DEUX MANDEMENTS DE MONSEIGNEUR DE GRENOBLE SUR L'ÉVÉNEMENT DE LA SALETTE. — ADHÉSIONS NOMBREUSES A CES MANDEMENTS.

§ I.

LES DEUX MANDEMENTS.

La pétition signée au Séminaire de Grenoble pendant la retraite constatait un fait connu depuis longtemps, le désir qu'avait l'immense majorité du clergé de voir enfin l'autorité prononcer sur la Salette. La circulaire du 10 octobre avait mis fin à la polémique renouvelée par l'opposition; il fallait donner aux esprits le temps de se calmer. Ce ne fut donc que le 16 novembre 1851 que le Mandement, portant décision doctrinale sur la Salette, fut lu au prône dans les six cents églises ou chapelles du diocèse. Cette lecture causa une joie universelle. Quelques actes isolés et regrettables, mais généralement réprouvés, même par des opposants raisonnables, se produisirent dans l'opposition. Nous n'en parlerions pas, si le pamphlétaire ne se fut chargé de les dénaturer et de les présenter au public comme des *persécutions* de la part de l'autorité épiscopale. Pour justifier le Prélat de cette odieuse imputation, il suffirait de rétablir la vérité des faits, et de publier certaines pièces déposées dans les archives de l'Evêché; mais deux ou trois opposants en souffriraient, et, à moins qu'on ne nous y force, nous n'imiterons point à leur égard le zèle cruel du pamphlétaire à diffamer ses adversaires.

I. — MANDEMENT AUTORISANT L'ÉRECTION D'UN NOUVEAU SANCTUAIRE A MARIE SUR LA MONTAGNE DE LA SALETTE.

PHILIBERT DE BRUILLARD, etc.

Au clergé et aux fidèles de notre Diocèse, salut et bénédiction en Notre-Seigneur Jésus-Christ.

Nos très-chers Frères,

Un événement des plus extraordinaires, et qui paraissait d'abord incroyable, nous fut annoncé, il y a cinq ans, comme étant arrivé sur une des montagnes de notre diocèse. Il ne s'agissait de rien moins que d'une apparition de la sainte Vierge que l'on disait s'être montrée à deux bergers (1) le 19 septembre 1846. Elle les aurait entretenus de malheurs qui menaçaient *son peuple*, surtout à cause des blasphèmes et de la profanation du dimanche, et aurait confié à chacun d'eux un secret particulier avec défense de le communiquer à qui que ce fût.

Malgré la candeur naturelle des deux bergers, malgré l'impossibilité d'un concert entre deux enfants ignorants, et qui se connaissaient à peine; malgré la constance et la fermeté de leur témoignage, qui n'a jamais varié ni devant la justice humaine, ni devant des milliers de personnes qui ont épuisé tous les moyens de séduction pour les faire tomber en contradiction ou pour obtenir la révélation de leur secret, nous avons dû, pendant longtemps, nous montrer difficile à admettre comme incontestable un événement qui semblait si merveilleux. Notre précipitation n'eût pas été seulement contraire à la prudence que le grand Apôtre recommande à un Evêque, mais elle eût été de nature à fortifier les préventions des ennemis de notre foi et de tant de catholiques qui ne le sont plus, pour ainsi dire, que de nom. Aussi,

---

(1) Maximin Giraud, né à Corps, le 27 août 1835, et Mélanie Mathieu, née à Corps, le 7 novembre 1831.

pendant qu'une foule d'âmes pieuses accueillaient ce fait avec un grand empressement, nous recherchions avec soin tous les motifs qui auraient été capables de nous le faire rejeter, s'il ne devait pas être admis. Nous avons même bravé jusqu'ici le blâme dont nous n'ignorions pas que nous pouvions être l'objet de la part des personnes les mieux intentionnées d'ailleurs, qui nous accusaient peut-être d'indifférence ou même d'incrédulité sur ce point. Nous savions, au reste, que la religion de Jésus-Christ n'a nul besoin de ce fait particulier pour établir la vérité de mille autres apparitions célestes que l'on ne saurait rejeter sans une disposition d'impiété et de blasphème à l'égard de l'Ancien et du Nouveau Testament. Notre silence, il est vrai, n'était pas l'effet d'une vaine crainte qu'auraient pu nous inspirer les déclamations dont certains esprits faisaient retentir la France, à l'égard de ce fait comme à l'égard de tant d'autres qui intéressent la religion. Ce silence résultait de l'avis de l'Esprit-Saint lui-même qui enseigne que celui qui croit trop précipitamment n'est qu'un esprit léger : *qui credit citò, levis corde est* (Eccl. 19, 4). C'est là ce qui nous faisait un devoir de la plus sévère circonspection, principalement à cause de notre qualité de premier Pasteur.

D'un autre côté, nous étions strictement tenu à ne pas regarder comme impossible un événement que le Seigneur (qui oserait le nier) avait bien pu permettre pour en tirer sa gloire ; car son bras n'est pas raccourci, et sa puissance est la même aujourd'hui que dans les siècles passés.

Nous avons aussi médité souvent, au pied des autels, ces paroles que le grand Apôtre adressait à un saint Evêque à qui il avait imposé les mains : « Si nous man-
» quons de foi, notre incrédulité n'empêche pas ce Dieu
» qui ne peut se renier lui-même d'être fidèle dans ce
» qu'il annonce : *Si non credimus, ille fidelis permanet;*
» *negare seipsum non potest* (2 Tim. 2, 13). Donnez ces

» avertissements aux fidèles, et rendez témoignage à la
» vérité devant le Seigneur. Ne perdez pas pour cela le
» temps à disputer en paroles : ce qui n'est bon qu'à
» pervertir ceux qui les écoutent (*Ibid.* v. 14 et 15). »

Pendant que notre charge épiscopale nous faisait un devoir de temporiser, de réfléchir, d'implorer avec ferveur les lumières de l'Esprit-Saint, le nombre des faits prodigieux qui se publiaient de toutes parts allait toujours croissant. On annonçait des guérisons extraordinaires, opérées en diverses parties de la France et de l'étranger, dans des contrées même fort éloignées. C'étaient des malades désespérés et condamnés par les médecins à une mort prochaine ou à des infirmités perpétuelles que l'on disait rendus à une santé parfaite par suite de l'invocation de Notre-Dame de la Salette, et de l'usage qu'ils avaient fait avec foi de l'eau d'une fontaine sur laquelle la Reine du ciel aurait apparu aux deux bergers. Dès les premiers jours, on nous avait parlé de cette fontaine. On nous avait assuré qu'elle était intermittente et ne fluait qu'après la fonte des neiges ou après des pluies abondantes. Elle était à sec le 19 septembre ; dès le lendemain elle commença à couler, et sans interruption depuis cette époque : eau merveilleuse, sinon dans son origine, au moins dans ses effets.

De nombreuses relations, tant sur l'événement de la Salette que sur les guérisons merveilleuses qui l'ont suivi, nous étaient arrivées et nous arrivaient des lieux voisins et de divers diocèses, les unes manuscrites, les autres imprimées. Une de ces relations a pour auteur un de nos vénérables collègues qui s'est transporté des bords de l'Océan sur ladite montagne, et a paternellement entretenu les deux bergers pendant une journée presque entière (1).

---

(1) Monseigneur l'Evêque de la Rochelle.

Un autre fait qui nous a paru tenir du prodige, c'est l'affluence à peine croyable et néanmoins au-dessus de toute contestation, qui a eu lieu sur cette montagne à diverses époques, mais spécialement au jour anniversaire de l'apparition : affluence devenue plus étonnante et par l'éloignement des lieux, et par les autres difficultés que présente un tel pèlerinage.

Quelques mois après l'événement, nous avions déjà consulté notre chapitre et les professeurs de notre grand Séminaire; mais après tous les faits indiqués ci-dessus et beaucoup d'autres qu'il serait trop long d'exposer, nous jugeâmes convenable d'organiser une commission nombreuse, composée d'hommes graves, pieux et instruits, qui devaient mûrement examiner et discuter *le fait de l'apparition et ses suites.* Les séances de cette commission ont eu lieu devant nous. Les deux bergers qui se disaient favorisés de la visite de la *messagère céleste* y ont été interrogés séparément et simultanément ; leurs réponses y ont été pesées et discutées; toutes les objections qui pouvaient être opposées aux faits racontés ont été présentées librement. Un de nos vicaires généraux qui avait été chargé par nous de recueillir tous les faits, l'a été également de rendre compte des séances de la commission et de consigner les réponses aux objections. Ce travail consciencieux et impartial, intitulé : *La Vérité sur l'Evénement de la Salette*, qui a été imprimé et revêtu de notre approbation, montre jusqu'à quel point on a porté l'attention et prolongé l'examen.

Quoique notre conviction fût déjà entière et sans nuage à la fin des séances de la commission qui se terminèrent le 13 décembre 1847, nous ne voulûmes pas encore prononcer de jugement doctrinal sur un fait d'une telle importance. Cependant l'ouvrage de M. Rousselot reçut bientôt l'adhésion, et réunit les suffrages de plusieurs Evêques et d'une foule de personnes éminentes en science et en piété. Nous avons su que ce livre était traduit dans toutes les langues européennes. Plusieurs ouvrages parurent en même temps et en diverses contrées sur le même fait, publiés par des hommes recommandables venus exprès sur les lieux pour rechercher la vérité. Le pèlerinage ne se ralentissait pas. Des personnages graves, des vicaires généraux, des professeurs de théologie, des prêtres et des laïques distingués sont venus de plusieurs centaines de lieues pour offrir à la *Vierge puissante et pleine de bonté* leurs pieux sentiments d'amour et de reconnaissance pour les guérisons et autres bienfaits qu'ils en avaient obtenus. Ces faits prodigieux ne cessaient d'être attribués à l'invocation de Notre-Dame de la Salette, et nous savons que plusieurs d'entre eux sont regardés comme vraiment miraculeux par les Evêques dans les diocèses desquels ils se sont accomplis. Tout cela est constaté dans un second volume publié par M. Rousselot en 1850, qui a pour titre : *Nouveaux Documents sur l'Evénement de la Salette*. L'auteur aurait pu ajouter que d'illustres prélats de l'Eglise prêchaient l'apparition de la très-sainte Vierge; qu'en plusieurs lieux, et avec l'assentiment au moins tacite de nos vénérables collègues, des personnes pieuses avaient fait construire des chapelles déjà très-fréquentées sous le vocable de Notre-Dame de la Salette, ou avaient fait placer dans des Eglises paroissiales de belles statues en son honneur; qu'enfin de nombreuses demandes étaient adressées pour l'érection d'un sanctuaire qui perpétuât le souvenir de ce grand événement.

On sait que nous n'avons pas manqué de contradicteurs. Quelle vérité morale, quel fait humain ou même divin n'en a pas eu? Mais pour altérer notre croyance à un événement si extraordinaire, si inexplicable sans l'intervention divine, dont toutes les circonstances et les suites se réunissent pour nous montrer le doigt de Dieu, il nous aurait fallu un fait contraire, aussi extraordinaire, aussi inexplicable que celui de la Salette, ou du moins qui expliquât naturellement celui-ci ; or, c'est ce que nous n'avons pas rencontré, et nous publions hautement notre conviction.

Nous avons redoublé nos prières, conjurant l'Esprit-Saint de nous assister et de nous communiquer ses divines lumières. Nous avons également réclamé en toute confiance la protection de l'immaculée vierge Marie, mère de Dieu, regardant comme un de nos devoirs les plus doux et les plus sacrés de ne rien omettre de ce qui peut contribuer à augmenter la dévotion des fidèles envers elle, et de lui témoigner notre gratitude pour la faveur spéciale dont notre diocèse aurait été l'objet. Nous n'avons, du reste, jamais cessé d'être disposé à nous renfermer scrupuleusement dans les saintes règles que l'Eglise nous a tracées par la plume de ses savants docteurs, et même à réformer sur cet objet, comme sur tous les autres, notre jugement, si la chaire de saint Pierre, la mère et la maîtresse de toutes les Eglises, croyait devoir émettre un jugement contraire au nôtre.

Nous étions dans ces dispositions et animé de ces sentiments, lorsque la Providence divine nous a fourni l'occasion d'enjoindre aux deux enfants privilégiés de faire parvenir leur secret à notre très-saint père le pape Pie IX. Au nom du vicaire de J.-C., les bergers ont compris qu'ils devaient obéir. Ils se sont décidés à révéler au souverain Pontife un secret qu'ils avaient gardé jusqu'alors avec une constance invincible, et que rien n'avait pu leur arracher. Ils l'ont donc écrit eux-mêmes, chacun séparément ; ils ont ensuite plié et cacheté leur lettre en présence d'hommes respectables que nous avions désignés pour leur servir de témoins, et nous avons chargé deux prêtres qui ont toute notre confiance de porter à Rome cette dépêche mystérieuse. Ainsi est tombée la dernière objection que l'on faisait contre l'apparition, savoir qu'il n'y avait point de secret, ou que ce secret était sans importance, puéril même, et que les enfants ne voudraient pas le faire connaître à l'Eglise.

A ces causes,

Nous appuyant sur les principes enseignés par le pape Benoît XIV, et suivant la marche tracée par lui dans son immortel ouvrage *De la béatification et de la canonisation des Saints* (liv. II, chap. I, n°s 12 et 13);

Vu la relation écrite par M. l'abbé Rousselot, l'un de nos vicaires généraux, et imprimée sous ce titre : *La Vérité sur l'Evénement de la Salette*, Grenoble, 1848;

Vu aussi les *Nouveaux Documents sur l'Evénement de la Salette*, publiés par le même auteur en 1850; l'un et l'autre ouvrage revêtus de notre approbation;

Ouï les discussions en sens divers qui ont eu lieu devant nous sur cette affaire dans les séances des 8, 15, 16, 17, 22 et 29 novembre, 6 et 13 décembre 1847;

Vu pareillement ou entendu ce qui a été dit, ou écrit depuis cette époque, pour ou contre l'événement;

Considérant, en premier lieu, l'impossibilité où nous sommes d'expliquer le fait de la Salette autrement que par l'intervention divine, de quelque manière que nous l'envisagions, soit en lui-même, soit dans ses circonstances, soit dans son but essentiellement religieux;

Considérant, en second lieu, que les suites merveilleuses du fait de la Salette sont le témoignage de Dieu lui-même, se manifestant par des miracles, et que ce témoignage est supérieur à celui des hommes et à leurs objections;

Considérant que ces deux motifs, pris séparément, et à plus forte raison réunis, doivent dominer toute la question et enlever toute espèce de valeur à des prétentions ou suppositions contraires, dont nous déclarons avoir une parfaite connaissance;

Considérant enfin que la docilité et la soumission aux avertissements du ciel peut nous préserver des nouveaux châtiments dont nous sommes menacés, tandis qu'une résistance trop prolongée peut nous exposer à des maux sans remède ;

Sur la demande expresse de tous les membres de notre vénérable chapitre et de la très-grande majorité des prêtres de notre diocèse ;

Pour satisfaire aussi la juste attente d'un si grand nombre d'âmes pieuses, tant de notre patrie que de l'étranger, qui pourraient finir par nous reprocher de retenir la vérité captive ;

L'Esprit-Saint et l'assistance de la Vierge immaculée de nouveau invoqués ;

Nous déclarons ce qui suit :

Art. 1er. Nous jugeons que l'apparition de la sainte Vierge à deux bergers, le 19 septembre 1846, sur une montagne de la chaîne des Alpes, située dans la paroisse de la Salette, de l'archiprêtré de Corps, porte en elle-même tous les caractères de la vérité, et que les fidèles sont fondés à la croire indubitable et certaine.

Art. 2. Nous croyons que ce fait acquiert un nouveau degré de certitude par le concours immense et spontané des fidèles sur le lieu de l'apparition, ainsi que par la multitude des prodiges qui ont été la suite dudit événement, et dont il est impossible de révoquer en doute un très-grand nombre sans violer les règles du témoignage humain.

Art. 3. C'est pourquoi, pour témoigner à Dieu et à la glorieuse Vierge Marie notre vive reconnaissance, nous autorisons le culte de Notre-Dame de la Salette. Nous permettons de le prêcher et de tirer les conséquences pratiques et morales qui ressortent de ce grand événement.

Art. 4. Nous défendons néanmoins de publier aucune formule particulière de prières, aucun cantique, aucun livre de dévotion, sans notre approbation donnée par écrit.

Art. 5. Nous défendons expressément aux fidèles et aux prêtres de notre diocèse de jamais s'élever publiquement, de vive voix ou par écrit contre le fait que nous proclamons aujourd'hui, et qui dès lors exige le respect de tous.

Art. 6. Nous venons d'acquérir le terrain favorisé de l'apparition céleste. Nous nous proposons d'y construire incessamment une église qui soit un monument de la miséricordieuse bonté de Marie envers nous et de notre gratitude envers elle. Nous avons aussi formé le projet d'y établir un hospice pour abriter les pèlerins. Mais ces constructions, dans un lieu d'un accès difficile et dépourvu de toutes ressources, exigeront des dépenses considérables. Aussi avons-nous compté sur le concours généreux des prêtres et des fidèles, non-seulement de notre diocèse, mais de la France et de l'étranger. Nous n'hésitons pas à leur faire un appel d'autant plus empressé que déjà nous avons reçu de nombreuses promesses, mais toutefois insuffisantes pour l'œuvre à entreprendre. Nous prions les personnes dévouées qui voudront nous venir en aide, d'adresser leurs offrandes au secrétariat de notre évêché. Une commission composée de prêtres et de laïques est chargée de surveiller les constructions et l'emploi des offrandes.

Art. 7. Enfin, comme le but principal de l'apparition a été de rappeler les chrétiens à l'accomplissement de leurs devoirs religieux, au culte divin, à l'observation des commandements de Dieu et de l'Eglise, à l'horreur du blasphème et à la sanctification du dimanche, nous vous conjurons, nos très-chers Frères, en vue de vos intérêts célestes et même terrestres, de rentrer sérieusement en vous-mêmes, de faire pénitence de vos péchés, et particulièrement de ceux que vous avez commis contre le deuxième et le troisième commandements de Dieu. Nous vous en conjurons, nos Frères bien-aimés : rendez-vous dociles à la voix de Marie qui vous appelle à la pénitence, et qui, de la part de son Fils, vous menace de maux spirituels et temporels, si, restant insensibles à ses avertissements maternels, vous endurcissez vos cœurs.

Art. 8. Nous voulons et ordonnons que notre présent Mandement soit lu et publié dans toutes les églises et chapelles de notre diocèse, à la messe paroissiale ou de communauté, le dimanche qui en suivra immédiatement la réception.

Donné à Grenoble, etc.... le 19 septembre 1851.

† PHILIBERT, *Evêque de Grenoble.*

A peine le Mandement eut-il paru que de toutes parts arrivèrent à Mgr les adhésions les mieux motivées, qui toutes prouvaient que le Prélat avait donné satisfaction à une attente universelle.

Cinq mois et demi après, Mgr publia un second Mandement, dans lequel il annonçait la pose de la première pierre du nouveau sanctuaire pour le 25 mai. Ce Mandement ne parut pas moins remarquable que le précédent, et fut accueilli avec la même faveur.

II. — MANDEMENT.

Au clergé et aux fidèles de notre diocèse, salut et bénédiction en Notre-Seigneur Jésus-Christ.

« Nos très-chers Frères,

» Depuis l'origine du christianisme, il est arrivé bien rarement qu'un Evêque ait eu à proclamer la vérité d'une apparition de l'auguste Mère de Dieu. Ce bonheur, le ciel nous le réservait sans que nous l'ayons mérité personnellement, comme une preuve sensible de sa miséricordieuse bonté envers nos bien-aimés diocésains. C'est une *mission* infiniment honorable qu'il nous a été donné de remplir ; c'est un *devoir* sacré dont nous avions à nous acquitter ; c'est un *droit* qui nous est conféré par les saints Canons et dont nous avons dû faire usage, sous peine d'une résistance coupable à la voix du ciel et d'une opposition blâmable aux vœux que l'on nous exprimait de toutes parts.

» Aussi, notre Mandement du 19 septembre a-t-il été accueilli avec une satisfaction universelle. L'opinion générale avait précédé notre décision, et notre jugement doctrinal n'a fait que lui donner la sanction qui lui manquait pour devenir une certitude pleine et entière.

» Nous avons reçu des adhésions, des félicitations, divers dons et des promesses de secours pour le sanctuaire de la Salette, de la part de plusieurs Princes de l'Eglise et d'un grand nombre de nos vénérables collègues. Plusieurs même d'entre eux ont fait publier dans leurs diocèses notre Mandement, surtout le dispositif où nous faisons appel au concours généreux des prêtres et des fidèles tant de la France que de l'étranger. Nous ne parlons pas ici des adhésions du clergé du second ordre, des fidèles pieux et instruits : elles sont sans nombre. Il y en a de beaucoup de diocèses et de tous les pays, de l'orient et du couchant, du nord et du midi.

» Notre Mandement a aussi été reproduit par la presse religieuse de la capitale et des départements. Huit jours après sa publication dans notre diocèse, le vénérable Evêque de Gand le faisait traduire en flamand et le répandait dans toute la Belgique. Bientôt après, il paraissait, traduit en anglais, dans une feuille catholique de Londres. Une feuille religieuse de Soleure (Suisse) et deux autres d'Augsbourg le publiaient en allemand. Traduit en italien, il a paru d'abord à Milan, à Gênes, et enfin le 1er du mois dernier, l'*Osservatore Romano* recevait la permission de lui donner place dans ses colonnes.

» Il devait en être ainsi, nos très-chers Frères. Ce n'est pas en vain que la Mère de miséricorde a daigné visiter les enfants des hommes. Ce n'est pas en vain qu'à la vue des désordres qui excitent la colère de son Fils, elle est venue en quelque sorte se réfugier dans nos montagnes, verser des larmes, nous avertir des châtiments qui nous étaient réservés si on ne se convertissait pas; nous rappeler la crainte de Dieu, le respect pour son saint nom, la sanctification du dimanche, l'observation de tous les commandements de Dieu et de son Eglise. Des paroles descendues de si haut devaient avoir un immense retentissement et être entendues de toutes les nations, comme le lieu où elle s'est montrée devait, ce semble, être assez haut pour être vu de tous les peuples. Reportez-vous à l'origine de ce grand événement; voyez sa naissance presque inconnue, sa diffusion prompte, rapide à travers la France et l'Europe, son vol dans les quatre parties du monde, enfin son arrivée providentielle dans la capitale du monde chrétien. A Dieu seul honneur et gloire! Nous n'avons été qu'un faible instrument de sa volonté adorable. C'est à l'auguste Vierge de la Salette qu'est dû ce succès inouï, prodigieux; elle seule avait tout disposé pour amener ce résultat inespéré; elle seule avait triomphé de tous les obstacles, résolu toutes les objections, anéanti toutes les difficultés; elle seule avait préparé le succès; elle seule saura couronner son œuvre. Pour notre part, nous n'avons qu'à la remercier mille fois du choix tout gratuit qu'elle a fait de nous pour être le héraut de sa gloire et de la miséricordieuse protection dont elle veut bien toujours couvrir notre bien-aimé diocèse, notre chère patrie et le monde entier.

» I. Cependant, nos très-chers Frères, nous n'avons encore rempli qu'une partie de la grande mission que le ciel nous a donnée; une autre, non moins belle, non moins importante à la gloire de Dieu, à l'honneur de la Vierge sans tache, au bonheur de notre diocèse et au bien de la France entière, nous reste à accomplir; et pour l'accomplir, nous n'épargnerons ni soins, ni peines, ni sacrifices : trop heureux de consacrer les restes de notre longue carrière à la fondation d'un nouveau pèlerinage en l'honneur de Celle qui est si justement proclamée le *secours des chrétiens*, le *refuge des pécheurs*, la *consolatrice des affligés*, le *salut des infirmes;* pèlerinage qui sera pour le peuple chrétien dans la suite des temps, la *forteresse de Sion*, une *ville de refuge,* un asile contre les coups de la justice du ciel, si souvent provoquée par les crimes de la terre.

» Rappelez-vous ici l'époque à laquelle Marie apparut sur la montagne de la Salette. Cette apparition, le 19 septembre 1846, n'a-t-elle pas été comme la préface des plus grands événements? Voyez les agitations populaires, les trônes renversés, l'Europe bouleversée, la société sur le penchant de sa ruine. Qui nous a préservés, qui nous préservera encore de plus grands malheurs, si ce n'est Celle qui est venue d'en haut, sur nos montagnes, pour y planter en quelque sorte un signe de ralliement et de salut, un phare lumineux, un serpent d'airain vers lequel les âmes pieuses ont levé les yeux pour détourner le courroux céleste, et nous guérir de blessures incurables !

» Le pèlerinage de Notre-Dame de la Salette existe donc déjà, et depuis l'apparition de la bienheureuse Vierge Marie, il est en plein exercice. Il n'y a eu jusqu'ici il est vrai, qu'une pauvre chapelle en planches, sans prêtres spécialement chargés de la desservir. Mais tout le monde a senti le besoin de se faire un temple en ce lieu privilégié; chacun s'est fait son temple sur cette montagne solitaire. La piété, les soupirs, les larmes en ont été les ornements. Avec quelle confiance, quelle foi, des milliers de pèlerins ne sont-ils pas venus annuellement courber leurs fronts sur cette terre bénie, baiser respectueusement les traces de Marie? Quels sacrifices de voyage n'ont-ils pas fait pour venir chanter avec le

Roi-Prophète : *Fundamenta ejus in montibus sanctis. (Ps. 86, 1.)* « Elle a établi sa demeure sur une montagne qu'elle a sanctifiée. » « Nous la vénérerons dans un lieu où elle a reposé ses pieds sacrés » : *Adorabimus in loco ubi steterunt pedes ejus! (Ps. 131, 7.)* Combien de fois aussi n'avons-nous pas vu de pieux pèlerins déposer d'avance, et pour un sanctuaire qui n'existait encore que dans leurs vœux, des ornements de prix et même des souvenirs d'affection ? Ne nous ont-ils pas rappelé cette spontanéité de dons offerts par les enfants d'Israël pour le tabernacle de Moïse et pour le temple de Salomon ? Si le fait de la Salette avait encore besoin de confirmation, il la trouverait dans ce concours, dans cette piété, dans cette joie céleste, dans un si grand nombre de sacrifices. Et quelles merveilles de tout genre n'ont pas été la récompense de tant de foi, de tant de dévotion !

» Vous l'avez compris, nos très-chers Frères : il s'agit maintenant de la construction d'un sanctuaire en l'honneur de notre auguste Mère, sur la montagne privilégiée qu'elle a daigné honorer de sa présence, sur laquelle a retenti sa céleste voix.

» Ce sanctuaire doit être digne de la Reine du ciel et un témoignage de notre reconnaissance envers Elle; digne de notre diocèse privilégié, du pieux concours qui nous édifie, et des généreuses offrandes qui nous parviennent; car, disons-le, ce n'est pas pour une localité plus ou moins restreinte, c'est pour l'univers que nous bâtissons. En quel lieu, en effet, n'a pas retenti le nom de Notre-Dame de la Salette? En quel lieu ne l'a-t-on pas invoqué? Et quel pays, proclamons-le hautement, n'a pas été signalé par quelque faveur temporelle ou spirituelle due à son intercession?

» Au milieu du concours général que tout nous fait espérer pour cette noble entreprise, notre diocèse, nous en sommes sûr, ne restera pas en arrière; il se maintiendra, au contraire, à la tête du grand mouvement qui se manifeste de toute part. Notre diocèse, qui a tant de fois répondu si généreusement à notre appel, même en faveur d'œuvres *étrangères*, entendra notre voix ; il répondra à l'appel que nous lui adressons en faveur d'une œuvre qu'il a connue le premier, qu'il aime, dont il a ressenti les heureux effets, d'une œuvre qui est véritablement la *sienne*, par la volonté du Très-Haut et par le choix tout gratuit de Celle qu'il a depuis des siècles pour première patronne, pour avocate et pour Mère.

» La facilité que nos chers diocésains ont de puiser à cette source de grâces et la proximité des lieux leur assurent sur les pèlerins étrangers des avantages économiques dont les constructions projetées doivent profiter.

» Nous voici arrivés au beau mois de Mai, à ce mois consacré d'une manière toute spéciale au culte de Marie, à ce mois où tant d'hommages lui sont adressés de toutes les parties de la terre, à ce mois de conversions parmi les pécheurs, de grâces pour les justes, de bonnes œuvres multipliées en l'honneur de Celle que l'on n'invoqua jamais en vain. Eh bien ! nos chers Frères, c'est ce mois que nous avons voulu choisir pour la bénédiction et la pose de la première pierre du Sanctuaire de Notre-Dame de la Salette. Nous avons voulu que cette cérémonie se fît avec un appareil digne de son objet; nous avons invité un de nos plus chers collègues à faire ce qu'il nous eût été si doux de faire nous-même en personne, si, plus encore que l'âge, des souffrances habituelles nous l'eussent permis. En cela, nous avons dû nous résigner à la volonté de Dieu et faire le sacrifice de nos affections.

» Nous vous invitons également, nos chers et bien-aimés Frères, à vous rendre vous-mêmes sur la Sainte Montagne, et à augmenter, par votre pieux concours, la magnificence de ce jour qui doit réjouir le ciel et faire tressaillir la terre d'allégresse.

» C'est aussi durant ce mois de Marie que dans toutes les églises et chapelles de notre diocèse seront recueillies les offrandes de la piété pour la construction du nouvel édifice.

» II. Mais, nos très-chers Frères, quelque importante que soit l'érection d'un sanctuaire, il est quelque chose de plus important encore : ce sont des Ministres de la Religion destinés à le desservir, à recueillir les pieux pèlerins, à leur faire entendre la parole de Dieu, à exercer envers eux le ministère de la réconciliation, à leur administrer l'auguste sacrement de nos autels, et à être pour tous, *les dispensateurs fidèles des mystères de Dieu (Cor. 4, 1.)* et des trésors spirituels de l'Eglise.

» Ces prêtres seront appelés les *Missionnaires de Notre-Dame de la Salette ;* leur création et leur existence seront, ainsi que le Sanctuaire lui-même, un monument éternel, un souvenir perpétuel de l'apparition miséricordieuse de Marie.

» Ces prêtres, choisis entre beaucoup d'autres, pour être les modèles et les auxiliaires du clergé des villes et des campagnes, auront une résidence habituelle dans la ville épiscopale. Ils séjourneront sur la montagne pendant la saison du pèlerinage ; et pendant l'hiver ils évangéliseront les différentes paroisses du diocèse.

» C'est donc un corps de Missionnaires diocésains que nous instituons dès à présent, que nous voulons vivifier et agrandir de tout notre pouvoir, au prix de tous les sacrifices et avec le concours de nos pieux diocésains et surtout de notre bien-aimé clergé.

» Ces Missionnaires suppléeront à ce que ne peuvent faire les corps religieux que nous avons appelés, accueillis, dont nous avons reçu tant d'éminents services, dont nous proclamons hautement le dévouement au diocèse, les vertus religieuses, le savoir, le zèle et les succès. Daignent la Vierge immaculée, le grand saint Dominique, l'illustre saint Ignace, faire descendre sur leurs enfants chéris une pluie abondante de grâces! Cependant, ne pouvons-nous pas dire avec le divin maître: La moisson est abondante et les ouvriers en petit nombre; *Messis quidem multa, operarii autem pauci? (Matth. 9, 37.)* Puissent-ils être bientôt assez nombreux pour que les paroisses de notre diocèse jouissent tour à tour des bienfaits inestimables d'une mission après un certain nombre d'années! Déjà, d'autres diocèses possèdent ce précieux avantage.

» Ce corps de missionnaires est comme le sceau que nous voulons mettre aux autres œuvres que, par la grâce de Dieu, il nous a été donné de créer. C'est, pour ainsi dire, la dernière page de notre testament; c'est le dernier legs que nous voulons faire à nos bien-aimés diocésains. C'est un souvenir vivant que nous voulons laisser à toutes et à chacune de nos paroisses; nous voulons revivre au milieu de vous, nos chers Frères, par ces hommes respectables, qui en vous parlant de Dieu, vous feront souvenir de prier pour nous.

» Aussi, nos chers coopérateurs, avez-vous salué avec des acclamations de joie notre pensée dès qu'elle vous a été connue: preuve éclatante de la communauté de vues et de sentiments qui existe entre vous et celui que Dieu a placé à votre tête.

» Cette société de prêtres, destinés à devenir vos puissants auxiliaires, et qui, pour le devenir, font le sacrifice de leur personne, de leur position avantageuse, et embrassent la vie pauvre, dure, laborieuse de l'homme apostolique, réclame votre généreux concours, ainsi que celui de vos honorables paroissiens. Il leur faut nécessairement à Grenoble une maison qui leur serve de noviciat pour former les jeunes prêtres, où dans le recueillement et l'étude, ils se préparent à de nouveaux travaux et dans laquelle ils puissent honorablement abriter leur vieillesse. Il leur faut un modeste mobilier, du linge, une bibliothèque, etc. Tout cela leur viendra de votre générosité qui nous est si bien connue ! Tant d'autres œuvres dans notre diocèse ont commencé sans autres ressources que celles qui leur étaient réservées par la Providence, et sont aujourd'hui en voie de prospérité !

» Une des plus belles œuvres que vous puissiez créer, nos chers collaborateurs, et la chose est possible dans plusieurs paroisses, c'est une fondation qui assure une mission à votre troupeau, tous les huit ou dix ans. Il en existe déjà de ce genre, et on peut réussir à en augmenter le nombre. Jamais on ne dira assez de quel prix est aux yeux de Dieu une telle œuvre, de quel mérite elle est pour le fondateur.

» La sainte Vierge a apparu à la Salette pour l'univers entier ; qui en peut douter ? Mais elle a apparu aussi spécialement pour le diocèse de Grenoble, qui va en retirer deux avantages inappréciables : un nouveau Sanctuaire à Marie, un corps de Missionnaires diocésains. Ces deux œuvres ne sont devenues possibles que par l'apparition, et pour toujours elles perpétueront le souvenir de l'apparition.

» A ces causes, le saint nom de Dieu invoqué, nous avons arrêté les dispositions suivantes :

» ART. 1er. La bénédiction solennelle et la pose de la première pierre par Mgr l'Evêque de Valence, assisté d'une députation de notre chapitre et d'un nombreux clergé, aura lieu le mardi 25 mai.

» ART. 2. Il y aura sermon, vêpres et bénédiction du Saint-Sacrement, à l'heure la plus convenable, c'est-à-dire vers midi.

» ART. 3. Une quête sera faite parmi les pèlerins, ce jour-là, par quelques prêtres choisis à cet effet.

» ART. 4. Le dimanche qui suivra la lecture de notre Mandement, une quête en faveur du Sanctuaire et des Missionnaires sera faite dans les églises et chapelles du diocèse. Cette quête pourra avoir lieu même à domicile, là où les pasteurs le jugeront convenable. Cependant, les dons qui nous arrivent des diocèses étrangers au nôtre restent toujours et exclusivement affectés à la fondation du pélerinage.

» Art. 5. Les dons en vases sacrés, ornements et linge d'église, etc., seront, ainsi que ceux en argent qui seraient faits de la main à la main, consignés dans un registre, et les noms des bienfaiteurs seront ensuite reportés sur le registre général, qui est déjà déposé dans les archives de l'évêché et dont un double sera placé dans les archives du Sanctuaire de la Salette. Des prières à perpétuité seront faites pour les bienfaiteurs tant du Sanctuaire que des prêtres destinés à le desservir.

» Nous saisissons avec bonheur cette occasion d'offrir nos actions de grâces les plus solennelles à nos vénérables collègues, ainsi qu'aux prêtres zélés et aux pieux fidèles de tout pays, qui nous ont déjà envoyé ou ont promis de nous envoyer de généreuses offrandes. Ces dons inspirés par la foi joints à des prières ferventes, sont, nous n'en doutons pas, ce qu'il y a de plus propre à honorer l'Auguste Reine du ciel et à désarmer *le bras de son Fils*, justement irrité par la multitude et l'énormité de nos péchés. Chaque jour nous élevons nos mains suppliantes vers le ciel pour en faire descendre les bénédictions les plus abondantes sur tous et chacun des bienfaiteurs présents et à venir, connus et inconnus.

» Et sera notre présent Mandement lu et publié dans toutes les églises et chapelles de notre diocèse, à la messe paroissiale ou de communauté, le dimanche qui en suivra immédiatement la réception.

» Donné à Grenoble......, le 1ᵉʳ mai 1852.

» † PHILIBERT, *Evêque de Grenoble.* »

§ II.

ADHÉSIONS NOMBREUSES A CES MANDEMENTS.

Mgr de Grenoble qui, dans la manière dont il avait conduit la grande affaire de la Salette, n'avait à redouter le jugement ni de Rome ni de ses vénérables collègues, crut devoir adresser ses Mandements soit aux Evêques de France, soit à d'éminents personnages de la Ville sainte, soit à quelques prélats étrangers. Il reçut bientôt des adhésions publiques et particulières de la part d'un grand nombre d'Evêques, de vicaires généraux, de différents ordres religieux d'hommes et de femmes, de personnages illustres dans le monde.

I. ADHÉSIONS PUBLIQUES.

1° ROME. Avant tout, un Evêque doit marcher avec Rome, n'user que des pouvoirs que lui reconnaît Rome, ne rien faire qui lui mérite l'improbation de Rome. Certes, si les droits d'un Evêque sont connus quelque part, n'est-ce pas à Rome? Et si un Evêque se trompe, à qui appartiendrait-il de le redresser? N'est-ce pas à Rome?

Or, le Mandement du 19 septembre 1851 et celui du 1er mai 1852 ont obtenu l'adhésion publique de Rome.

Le premier était, avec la permission de la censure et après *scrupuleux examen*, inséré tout au long et littéralement traduit, dans l'*Osservatore Romano*, le jeudi 1er avril 1852, et le second parut dans le même journal le 4 juin suivant, accompagné de cette annonce :

« On reçoit dans les bureaux de l'*Osservatore Romano*,
» les offrandes qui seront faites pour le susdit pèlerinage.
» Quelle que soit la somme offerte, fût-elle minime, elle
» sera enregistrée et immédiatement après publiée dans
» cette feuille périodique, avec la lettre initiale du nom

» du donateur. » Et depuis, Rome s'associe à l'univers pour concourir par de pieuses offrandes à l'érection du nouveau Sanctuaire.

On n'a pas oublié que le premier Mandement, avant sa publication, avait été envoyé à Rome, et en était revenu légèrement modifié. Le 24 mai 1852, la *Correspondance de Rome*, journal *français*, imprimé à Rome, le publiait aussi en entier.

La *Civiltà cattolica*, ou *Revue catholique*, très-estimée en Italie, annonçait le 1er samedi de juillet 1852, n° 55, la pose de la première pierre du Sanctuaire de Notre-Dame de la Salette, en ces termes solennels :

« Frà le altre solennità religiose in Francia, singola-
» rissima per la circostanza del luogo è l'erezione d'una
» Cappella sui monti altissimi della Saletta, destinata ad
» eternare la memoria d'una Apparizione conosciutis-
» sima della B. V. fattasi vedere a due pastorelli, pochi
» anni or sono. Il vescovo di Grenoble, celebrativi i
» sacri misteri in campo aperto, vi pose solennemente
» la prima pietra, circondato da una folla di presso a
» dieci mila persone, in atto di grandissima divozione. »

« Entre les autres solennités religieuses qui ont lieu en France, la plus remarquable à cause de la circonstance du lieu, est l'érection d'une Chapelle sur les hautes montagnes de la Salette, destinée à éterniser le souvenir d'une Apparition très-connue de la sainte Vierge, qui se fit voir à deux bergers, il n'y a que peu d'années. L'Evêque de Grenoble, après y avoir célébré les saints Mystères en plein air, y posa solennellement la première pierre, au milieu d'une foule de près de dix mille âmes, toutes dans l'attitude d'une très-grande dévotion. »

Mais ce qui est ici décisif et péremptoire pour qui connaît les usages de Rome, c'est la concession faite en moins de quinze jours, par le Chef suprême de l'Eglise, des grâces et indulgences demandées par Mgr de Grenoble en faveur du Sanctuaire, des pèlerins, des Missionnaires et de la Confrérie de Notre-Dame de la Salette.

MM. les Missionnaires publieront incessamment sur l'Archiconfrérie de Notre-Dame de la Salette, les titres de son érection canonique, son règlement, ainsi que le texte et la traduction des rescrits et des brefs reçus de Rome, dont nous donnons ici le tableau pour satisfaire l'empressement de nos lecteurs :

I. Un rescrit du 24 août 1852, déclare privilégié à perpétuité le grand autel du Sanctuaire de la Salette.

II. Un rescrit du 26 août 1852, accorde la permission de dire la messe votive *de Beatâ* tous les jours de l'année, excepté les grandes fêtes et les féries privilégiées, à tous les prêtres qui vont à la Salette.

III. Un bref du 26 août 1852, accorde aux membres de la Confrérie de la Salette :

1° Une indulgence plénière le jour de leur entrée dans la Confrérie ;

2° Une indulgence plénière à l'article de la mort ;

3° Une indulgence plénière, une fois par an, le jour de la fête principale de la Confrérie ;

4° Une indulgence de sept ans et sept quarantaines, quatre fois par an, à quatre jours déterminés ;

5° Soixante jours d'indulgence pour chaque œuvre de piété ou de charité accomplie par eux.

IV. Bref du 3 septembre 1852, qui accorde une indulgence plénière une fois par an à tous ceux qui visiteront l'église de Notre-Dame de la Salette.

V. Un autre bref du même jour accorde :

1° Une indulgence plénière aux fidèles qui suivront les exercices de missions ou de retraites prêchées par les Missionnaires de la Salette, pourvu qu'ils aient assisté au moins à trois prédications ;

2° Deux cents jours chaque fois qu'on assiste à l'un de ces exercices.

VI. Un bref du 7 septembre 1852, accorde pour dix

·ans aux Missionnaires de la Salette le pouvoir de bénir et d'indulgencier les croix, médailles et chapelets.

VII. Un bref du même jour, accorde aux Missionnaires de la Salette, le pouvoir de donner le scapulaire aux fidèles.

VIII. Un bref du même jour, porte érection de la Confrérie de Notre-Dame de la Salette en Archiconfrérie, sous le vocable de Notre-Dame-*Réconciliatrice* de la Salette.

IX. Enfin, par un indult du 2 décembre 1852, Sa Sainteté Pie IX, accorde sur la demande de Monseigneur l'Evêque de Grenoble, la permission de solenniser, chaque année, le 19 septembre, anniversaire du jour de l'Apparition (ce sont les termes mêmes de l'indult du 2 décembre 1852, VEL IPSO APPARITIONIS DIE), ou le dimanche suivant, dans toutes les églises du diocèse, par une messe solennelle et le chant des vêpres en l'honneur de la sainte Vierge.

Le même indult autorise les prêtres à célébrer la mémoire de cette Apparition (MEMORIAM HUJUS APPARITIONIS RECOLERE) par la récitation de l'office et par la célébration de la messe du *Patronage de la sainte Vierge* (fête qui selon le rit romain se célèbre le 4ᵉ dimanche d'octobre).

Pour qui connaît et respecte la sagesse et l'usage de Rome, n'est-ce pas le cas de s'écrier : ROMA LOCUTA EST, ROME A PARLÉ.

2° MILAN. Le Mandement du 19 septembre 1851, peu de temps après son apparition, fut reproduit par les journaux religieux de Milan et de Gênes. Mais longtemps auparavant, le Fait de la Salette était connu, l'eau de la Fontaine célèbre était demandée, des guérisons merveilleuses étaient publiées, des pèlerins de haut parage étaient accourus sur la montagne de l'Apparition, quelques dons avaient été faits. Mais en dernier lieu, l'illustre et vénérable métropolitain de Milan a fait traduire notre premier volume la *Vérité*, avec les deux Mandements ainsi que la judicieuse lettre de M. Dupanloup, extraite des *Nouveaux Documents*, pag. 70 et suivantes, et l'a fait imprimer à grand nombre d'exemplaires. Il a voulu faire hommage d'un exemplaire à Mgr de Grenoble, et l'accompagner de la lettre suivante :

« Illustrissimo e Reverendissimo Monsignore,

» Se, com'ELLA scrisse nel suo bel Mandamento del 1° maggio anno corrente, era per LEI una *onorevole missione*, un *sacro dovere*, un *diritto*, una *fortuna che il cielo* LE *reservava*, il proclamare la verità dell'apparizione della Augusta Madre di Dio sulla montagna di La Salette, è pure un debito e una gloria per qualsiasi Vescovo cattolico il diffonderne dovunque la consolante notizia; poichè, è con tutta verità ch'Ella dice, essere la B. Vergine apparsa a la Salette pel bene di tutto il mondo, ed è quindi pur giusto che tutto il mondo La lodi e concorra ad innalzarLe un solenne monumento di riconoscenza.

» E perciò colla più grande compiacenza che ho veduto non pochi dé miei Diocesani animarsi a bella divozione per la Vergine di La Salette; nè poteva mancare tutto l'appoggio mio a quei pii che ultimamente pensarono ristampare il Rapporto del prodigioso Avvenimento ad esclusivo beneficio del Tempio che si stà erigendo sul Luogo dell'apparizione. Di siffata ristampa io stesso mi reservo l'onore di offerirne a Lei una Copia distinta, aggiungendone pure qualcuna pel degnissimo di Lei Vicario, Mgr Russelot autore del Rapporto originale; come io stesso avrò cura in seguito di sperdirLe per lo scopo accennato il prodotto che si andrà raccogliendo dalla vendita della copioza edizione.

Mi son pur dato premura di presentarne copia al santo Padre ed ai personnaggi che occupano presso di Lui le più eminenti Cariche; così pure ai miei Suffraganei, e ad altri distinti Prelati. Possa la Vergine che in tempi così difficili volle darci una si gran prova del suo interessamento per noi, gradire questi sforzi della nostra viva riconoscenza e farci sentire tutti i benefici effetti della sua valida protezione.

» Racommandando me e la mia Diocesi alle fervide di Lei preghiere, colla più ossequiosa venerazione me Le professo.

» Di vostra Signoria Illma e Rma,
» Divotissimo obliggatissimo servo,
» † BARTOLOMMEO-CARLO ROMILLI,
» *Arcivescovo di Milano.*

» Dalla villa Arcivescovile di Gropello, li 21 settembre 1852.

» All'Illustrissimo e Reverendissimo Monsignor Filiberto di Bruillard vescovo di Grenoble. »

« Illustrissime et Révérendissime Seigneur,

» Si, comme Votre Grandeur l'écrivait dans son beau Mandement du 1er mai de cette année, ç'a été pour Elle, une *honorable mission*, un *devoir sacré*, un *droit* et un *bonheur que le ciel lui réservait*, d'avoir eu à proclamer la vérité d'une apparition de l'Auguste Mère de Dieu sur la montagne de la Salette ; c'est aussi un devoir et une gloire pour tout Evêque catholique d'en répandre partout la consolante connaissance. Car c'est avec toute vérité que Votre Grandeur dit que la Bienheureuse Vierge a apparu à la Salette pour le bien de tout le monde ; aussi est-il juste que tout le monde la loue et concoure à lui élever un monument solennel de reconnaissance.

» Aussi est-ce avec la plus grande satisfaction que j'ai vu un grand nombre de mes Diocésains s'affectionner à la dévotion envers la Vierge de la Salette, et tout mon appui ne pouvait faire défaut aux personnes pieuses qui dans ces derniers temps ont pensé à réimprimer le Rapport du prodigieux Evénement, et à en consacrer exclusivement le produit au Sanctuaire qui se construit en ce moment sur le lieu de l'apparition. De cette susdite réimpression, je me réserve l'honneur d'en offrir un exemplaire distingué à Votre Grandeur; j'y joins aussi quelques exemplaires pour votre très-digne vicaire général, M. Rousselot, auteur du Rapport primitif. J'aurai soin dans la suite d'envoyer à Votre Grandeur pour le but déjà désigné plus haut, le produit qui se retirera de la vente de cette édition tirée à grand nombre.

» Je me suis empressé aussi de faire hommage de cet ouvrage au saint Père, et aux personnes qui occupent près de lui les charges les plus éminentes. J'en ai envoyé aussi à mes Suffragants et à d'autres Prélats distingués. Puisse la Vierge qui, dans des temps si difficiles a voulu nous donner une si grande preuve de son intérêt pour nous, agréer ces efforts de notre vive reconnaissance, et nous faire éprouver tous les effets bienfaisants de sa puissante protection.

» En recommandant aux ferventes prières de Votre Grandeur ma personne et mon diocèse, je me déclare avec le respect le plus profond,

» De Votre Seigneurie Illustrissime et Révérendissime,

» Le tout dévoué et très-obligé serviteur,

» † BARTOLOMMEO-CARLO ROMILLI,

» *Archevêque de Milan.*

» De la villa Archiépiscopale de Gropello, le 21 septembre 1852.

Cette traduction est précédée d'une belle préface que nous regrettons de ne pouvoir donner en entier. L'auteur, M. l'abbé Louis *Speroni*, professeur au séminaire archiépiscopal et curé du St-Sépulcre à Milan, annonce

d'abord qu'il n'engagera point une polémique avec les incrédules qui rejettent tous les miracles, ni avec certains catholiques qui prétendent qu'il peut s'en faire, mais qu'il n'y en a point de vrais. Il se borne à combattre la fausse prudence de ceux qui redoutent la publication des vrais miracles comme donnant occasion à l'incrédulité de blasphémer contre ceux qui servent de fondement à la Religion. « Mais le scandale pharisaï-
» que, continue l'auteur, doit-il empêcher de publier
» les œuvres de Dieu ? Faut-il refuser un remède à celui
» qui veut guérir, parce que d'autres tournent le remède
» en poison ? Publions donc l'apparition de la sainte
» Vierge à la Salette, parce qu'elle peut faire rentrer
» en eux-mêmes les pécheurs, et rendre les justes meil-
» leurs; parce qu'elle nous rappelle l'infinie miséricorde
» de Dieu qui punit à regret et nous avertit avant de
» nous punir; parce qu'elle nous fait connaître la bonté
» et la puissance de Marie, s'interposant comme une
» tendre Mère, entre un Dieu justement irrité et les
» malheureux pécheurs.... Cette dévotion à Notre-Dame
» de la Salette s'est aussi répandue dans notre ville de
» Milan, à cause des grâces singulières et même mi-
» raculeuses que beaucoup de personnes ont obtenues.
» Un grand nombre de témoins très-dignes de foi attes-
» tent, entre autres, la guérison instantanée d'une jeune
» personne, atteinte depuis plusieurs années d'une ma-
» ladie très-grave et qui avait résisté à toutes les res-
» sources de l'art. Annoncer un tel fait, c'est prêter à
» rire à certaines gens, qui cependant admettent aveu-
» glément tous les effets étranges attribués au magné-
» tisme (1). Mais rire, ce n'est pas résoudre une question;

---

(1) On nous assure, à ce propos, que des opposants ont tenté de se procurer adroitement *des cheveux de Mélanie* comme moyen de consulter une *magnétisée* sur le Fait de la Salette : Singulier

» rire, ce n'est pas faire preuve d'abondance, mais
» plutôt de pauvreté de raisons; rire, ce n'est pas ré-
» pondre........ Heureux les peuples qui ayant imité la
» France dans les choses où elle ne doit pas être imitée,
» voudront à son exemple, honorer d'une manière spé-
» ciale la Grande Mère de Dieu et des hommes......! Et
» si les temps ne devenaient pas meilleurs.....? Si Dieu
» las de nos iniquités laissait tomber son bras irrité sur
» nous.........? A qui serait la faute? Mais laissons de
» côté de sinistres présages : nous voulons entrer dans
» les desseins du Seigneur; nous voulons nous confier
» à Marie, et par Marie, il nous est permis de tout es-
» pérer. »

Belgique, *Gand*. — A peine Mgr l'Evêque de Gand eut-il reçu le Mandement du 19 septembre, qu'il le fit traduire en flamand, l'envoya aux curés de son diocèse, et le fit passer dans les autres diocèses de la Belgique. Le 16 mai dernier, il faisait aussi traduire et imprimer le Mandement du 1er mai 1852, y faisait joindre le plan du Sanctuaire en construction et annonçait que les offrandes pour la Salette seraient reçues au secrétariat de l'Evêché.

Depuis la publication des faveurs et des indulgences accordées par le Saint Siége, le vénérable Prélat a autorisé la dévotion et érigé la Confrérie de Notre-Dame Réconciliatrice de la Salette, dans quelques églises de communautés religieuses. Sa Grandeur a demandé à Mgr de Grenoble des diplômes d'agrégation, les statuts, etc., pour ériger la Confrérie de Notre-Dame de la Sa-

---

criterium de la vérité! Meilleur apparemment que ceux que fournit la logique! Supérieur sans doute à celui de l'autorité épiscopale! C'est vraiment dommage que le magnétisme n'ait pas été connu du temps de Notre-Seigneur! Les opposants y auraient eu recours pour s'assurer de la divinité de Jésus-Christ! Oh! honte!

lette, chez les Carmélites de Termonde, chez les Clarisses de Gand, de Saint-Nicolas. Le Prélat prévoit que des églises paroissiales lui demanderont aussi d'avoir la même Confrérie. Enfin, il a fait plus : il vient d'ériger une nouvelle paroisse de 1400 âmes et d'en dédier l'église, nouvellement construite, à Notre-Dame de la Salette. Dans la ville de Termonde, la dévotion et la Confrérie de Notre-Dame de la Salette ont été inaugurées le 29 novembre 1852, et le 8 décembre, Mgr *Gonella*, archev. de Néo-Césarée, nonce apostolique, parti de Bruxelles, alla faire en personne la clôture de la neuvaine. (Lettre de Mgr de Gand à Mgr de Grenoble, du 27 novembre 1852.)

BRUGES. Affiche d'un mètre de haut sur quatre-vingts centimètres de large :

Neuvaine solennelle,
En l'honneur de la sainte Vierge Marie, sous le titre de
NOTRE-DAME DE LA SALETTE :

En l'église des pauvres Claires Colettines, à Ypres, dimanche 19 septembre 1852, et jours suivants.

« Nous permettons que les religieuses pauvres Clai-
» res Colettines du couvent d'Ypres, célèbrent dans
» leur oratoire, une neuvaine en l'honneur de la sainte
» Vierge, sous le titre de NOTRE-DAME DE LA SALETTE,
» et y exposent une image représentant la *miraculeuse*
» *Apparition* de la sainte Vierge sur la montagne de la
» Salette. »

Bruges, 26 juin 1852.
† J. B., *Episc. Brugensis.*

ORDRE DE LA NEUVAINE.

La neuvaine commencera le dimanche 19 septembre, à cinq heures du soir, par la bénédiction solennelle de la statue, représentant l'*Apparition miraculeuse* de la sainte Vierge sur la montagne de la Salette; cette cérémonie présidée par M. le Doyen d'Ypres, sera suivie par un sermon en flamand et un Salut chanté solennellement.

Le lundi 20 septembre, la première messe sera dite à cinq heures du matin et suivie d'un sermon en flamand. A dix heures du matin, M. le Doyen célèbrera une messe solennelle à l'intention des bienfaiteurs du couvent. Après la messe, sermon en français. A six heures et demie du soir, Salut et sermon en flamand.

Aux jours suivants de la neuvaine : la première messe, à cinq heures du matin et sermon en flamand; la seconde messe, à dix heures, pendant laquelle il sera prêché en français; à six heures et demie du soir, salut et sermon en flamand.

Le lundi 27 septembre, dernier jour de la neuvaine, la messe à dix heures sera célébrée solennellement, ainsi que le salut à six heures et demie du soir. On clôturera la neuvaine par une acte de consécration à Marie, et par le chant solennel du *Te Deum*.

Pendant toute cette neuvaine, les sermons seront prêchés par les RR. PP. Récollets, qui tous les jours après la messe et le Salut, réciteront à haute voix les prières de la neuvaine.

Les chants des offices divins seront exécutés sous la direction de M. Van Eslande, maître de chapelle à l'église de Saint-Martin. A LA PLUS GRANDE GLOIRE DE DIEU ET DE LA SAINTE VIERGE MARIE.

L'on pourra se procurer au couvent des pauvres Claires Colettines, les relations authentiques de l'apparition miraculeuse de la sainte Vierge sur la montagne de la Salette, ainsi que les brochures contenant les prières de la neuvaine. Les fonds provenant de la publication de ces ouvrages sont destinés à l'érection d'un oratoire sur ladite montagne. On distribuera de l'eau provenant de la célèbre fontaine qui coule à l'endroit où eut lieu l'apparition de la sainte Vierge.

— Une lettre particulière d'une personne haut placée,

annonce que cette neuvaine a été magnifique, et par le concours des fidèles et par la présence de l'Evêque qui a prêché, donné le Salut, et par les chants religieux, etc. L'auteur de la lettre ajoute : *Voilà donc la dévotion à Notre-Dame de la Salette solennellement inaugurée dans ma chère Belgique.*

Citons encore des fragments de deux autres lettres : 28 octobre 1852......... « J'ai tant de merveilles à vous
» conter, la sainte Vierge les a tant prodiguées et accu-
» mulées dans l'espace de peu de temps, que je me sens
» la crainte d'en affaiblir la valeur et d'en diminuer la
» croyance à vos yeux, vous qui ne connaissez ni les
» personnes différentes qui me les ont communiquées,
» ni mes compatriotes flamands, ni moi-même. N'allez
» pas douter et penser qu'une demoiselle pleine d'illu-
» sions et des religieuses de même calibre, voient des
» guérisons où il n'y en a pas, des merveilles où la
» nature suffit. Oh! bonne sainte Vierge! faites venir à
» Bruges et à Ypres ceux qui pourraient douter de vos
» merveilleuses bontés, que vous vous plaisez à répan-
» dre avec abondance dans la Belgique......... Depuis la
» fin du mois de mai, époque de la première installa-
» tion publique de cette douce dévotion en Belgique,
» une pluie de grâces s'est répandue sur les territoires
» où elle existe, et s'étend même au delà. Bruges et
» Ypres sont en pleine activité. A Termonde et à Courtrai
» l'on veut suivre, et on songe à y installer aussi la dé-
» votion à Notre-Dame de la Salette....... F. d. R. »

La supérieure des Clarisses d'Ypres écrit : « Je veux
» vous dire que cette heureuse neuvaine dure pour ainsi
» dire encore....... Car journellement nous voyons une
» multitude de personnes aux pieds de notre bonne et
» tendre Mère avec une dévotion toute spéciale, et
» beaucoup déjà ont l'heureuse expérience de sa bonté
» maternelle. Je vous citerai quelques guérisons pro-
» digieuses; entre autres : Une fille malade depuis dix

» ans était depuis trois mois percluse d'une partie du
» corps, à tel point qu'elle ne pouvait jamais quitter
» le lit. Sa sœur est venue pour avoir un peu de l'eau
» miraculeuse ; la malade a commencé une neuvaine
» avec grande confiance, et le dernier jour pendant
» qu'elle était seule dans sa chambre, elle se leva, se
» mit à genoux. Mais voilà que je peux rester à genoux,
» dit-elle ; la sainte Vierge me laissera bien marcher
» aussi. Elle se lève, commence à se promener dans
» sa chambre, descend l'escalier et dit qu'elle est par-
» faitement guérie. Deux jours après, elle est venue
» visiter notre église pour remercier notre bonne Mère.
» Elle m'a dit qu'elle n'avait jamais été si malade que
» pendant la neuvaine ; que sa maladie était incurable ;
» qu'elle était abandonnée des médecins. Et cependant
» elle est guérie ! Un enfant aveugle a obtenu la vue
» en lavant ses yeux avec cette eau salutaire. Une
» femme qui s'était brûlé la main et qui éprouvait une
» grande douleur, la lava avec de l'eau de la Salette,
» et tout d'un coup, le mal disparut à tel point qu'on
» ne vit aucune tache rouge. »

Une de ces lettres ajoute : « Une pauvre fille percluse
» depuis des années et peu riche peut-être, ne recevra
» pas d'attestation de médecins qu'elle ne voyait plus.
» Mais Marie l'a visitée et cela lui suffit ; pour elle c'est
» le principal. Pour la gloire de Marie, on aimerait des
» attestations, des signatures ; mais vous comprendrez
» sans peine que dans une classe inférieure on ne s'oc-
» cupe point de ces formalités ennuyeuses qui n'ajou-
» tent rien à la guérison, et à quoi on ne pense peut-
» être même pas. »

ANGLETERRE. Le Mandement du 19 septembre 1851, fut traduit en anglais et publié le 6 décembre suivant, dans le *Catholic Standard*.

Le 7 septembre 1852, le *Times*, journal protestant, le plus influent de toute la presse anglaise, prit occasion de la lettre pastorale de Mgr l'Evêque de Luçon sur la Salette, que nous reproduirons ci-après, pour faire une sortie violente contre le Fait. Il voulait nuire à la Salette, et il lui est venu en aide. Avant cette diatribe protestante, le fait encore peu connu a été mieux étudié depuis par les catholiques anglais; il s'étend de plus en plus, et les cris de rage poussés par la feuille protestante ont déjà fait arriver de ce pays des dons pour la construction du sanctuaire. Plusieurs écrivains distingués, jadis protestants, aujourd'hui catholiques fervents, se mettent sur les rangs pour venger l'auguste Vierge de la Salette. M. *J. Spencer Northcote*, ancien membre de l'Université d'Oxford, ancien ministre protestant, aujourd'hui zélé catholique et écrivain distingué, a répondu au *Times* par un écrit raisonné sur la Salette, intitulé : *A Pilgrimage to la Salette, or, A critical examination of all the facts*, de 76 pag. in-8°. Publié avec l'approbation de l'Evêque diocésain, cet ouvrage a été bien accueilli par plusieurs prélats et par les catholiques d'Angleterre. M. *Northcote* et M. *Ward*, avocat, étaient le 19 septembre sur la montagne de la Salette, porteurs de lettres de recommandations que Mgr le cardinal *Wiseman* leur avait données pour Mgr de Grenoble et pour les Missionnaires de la Salette.

Le *Tablet*, journal de Dublin, a traduit intégralement dans son n° 648 du 11 septembre dernier, pag. 579, la belle lettre pastorale de Mgr de Luçon, sur la Salette : preuve de la sympathie de nos bons frères d'Irlande pour le fait consolant de la Salette.

Bien entendu que le *Times* n'est pas de l'avis de M. *Northcote*; mais il n'aura pas moins servi sans le vouloir, les vues de la Providence. — Une lettre du 4 novembre 1852, porte : « En Angleterre le fait de la
» Salette fait fureur; *le feu y est*. Quelle Providence !
» Vous auriez fait tirer vos ouvrages à 100,000 exem-
» plaires que vous n'auriez pas atteint le but que

» vient d'atteindre la sainte Vierge en permettant que
» l'erreur servît à cette affaire. » — Le journal catholique *The Standard* contient une nouvelle réfutation du *Times*.

SUISSE. Aussitôt que le Mandement du 19 septembre eut paru, le P. *Laurent Hecht*, savant et pieux religieux de la célèbre abbaye d'*Einsiedeln* en Suisse, le traduisit en allemand; et trois journaux religieux, l'un de *Soleure*, et deux d'*Augsbourg* le publièrent. Cette publication fut reçue aux applaudissements des bons catholiques, et fit taire, au moins pour le moment, la presse protestante et irréligieuse. Malgré l'oppression qui pèse sur les cantons catholiques de la Suisse, quelques dons ont été envoyés de ce pays.

FRANCE. C'est surtout dans notre belle France que la foi et la confiance en Notre-Dame de la Salette a pris des accroissements vraiment prodigieux, et cela sous les yeux et de l'aveu plus ou moins explicite de NN. SS. les Evêques.

ORDRES RELIGIEUX. Les Ordres religieux sont la gloire de l'Eglise ; ils renferment des hommes éminents en science et en piété; des prédicateurs distingués, des théologiens consommés. Zélés pour la pureté de la foi, ils sont en garde contre les nouveautés qui pourraient y donner la moindre atteinte. Sentinelles avancées de la maison d'Israël, ils ne se sont donc pas prononcés légèrement en faveur de la Salette ni du Mandement qui l'a consacrée. Or, nous avons des témoignages nombreux et irrécusables qui établissent que le Fait de la Salette est admis généralement chez les Chartreux, les Capucins, les Dominicains, les RR. PP. Jésuites, Maristes, Oblats de Marie, etc.

Quant aux Ordres religieux de femmes, la dévotion à Notre-Dame de la Salette est générale dans toutes les communautés, dont plusieurs ont été favorisées de grâces spéciales et même miraculeuses. Ursulines, Visitandines, Hospitalières, Religieuses du Sacré-Cœur, de la Providence, de Saint-Vincent de Paul, etc., toutes croient à l'apparition de la Salette, toutes adressent des prières ferventes à la Vierge de la Salette, toutes demandent de l'eau de la fontaine merveilleuse; toutes veulent contribuer à l'érection de son nouveau sanctuaire. Avant le Mandement, un instinct religieux, guide plus sûr que les subtilités philosophiques, les rendit croyantes. Depuis le Mandement, le respect qu'elles professent pour l'autorité a doublé le bonheur qu'elles goûtaient dans leur croyance. Et qu'on ne dise pas qu'elles croient sur la foi de leurs aumôniers; il en est parmi ceux-ci qui sont restés incrédules, et dont l'incrédulité est une gêne pour les communautés qu'ils dirigent.

Que les opposants cessent de dire ou même d'écrire : *Ce ne sont que des religieuses, après tout, qui croient à la Salette; ce ne sont que des religieuses qui attestent tel ou tel miracle.* Nous l'avouons : ce langage a de quoi confondre. Eh! quoi! Est-il donc inhérent à la profession religieuse de se tromper et de tromper les autres? L'amour de la vérité n'est-il donc pas inséparable de la perfection à laquelle se vouent les personnes religieuses? Et les religieuses sont-elles toujours et partout et sans exception, des visionnaires, des imaginations folles? A vos yeux, plus on est saint, moins on est véridique; plus on est saint, plus on est exposé à se tromper; plus on est saint, plus on est extravagant. Nous dirons donc aux opposants : vous êtes plus injustes envers les personnes religieuses, ou même simplement pieuses, que ne l'est le monde lui-même, que ne le seraient les tribunaux humains. Sainte Thérèse, sainte Catherine de Sienne, sainte Brigitte, etc., étaient non-seulement de saintes religieuses, mais même des religieuses à extases, à visions. Donc, selon vous, elles ne pouvaient pas être crues; il fallait rejeter leur témoignage. En poussant votre singulière argumentation, les ennemis de la Religion en seront les défenseurs, et le témoignage des Pères, des Docteurs, des Apologistes de la Religion, parce qu'ils sont saints, vous sera nécessairement suspect? Et il faudra chercher la vérité dans les Voltaire, les Rousseau, les Diderot, etc.! Et voilà où conduisent les *adages ronflants* derrière lesquels prétend s'abriter une opposition réduite aux abois.

Les Evêques. Mgr de la Rochelle, le 16 novembre 1851, à Mgr de Grenoble :

« Monseigneur,

» Je ne puis résister au besoin que je ressens de vous exprimer avec quel bonheur j'ai lu votre lettre pastorale sur l'événement de la Salette. C'est un chef-d'œuvre de prudence, de sagesse et en même temps d'autorité épiscopale. On y découvre aussi votre tendre piété envers notre *Immaculée Mère*. Une telle pièce suffirait seule pour immortaliser votre mémoire, quand elle ne serait pas déjà couronnée de toutes les qualités qui font les grands Prélats. Jouissez, Monseigneur, des consolations que donne à l'âme l'accomplissement d'une grande détermination prise avec une maturité qui annonce le souffle de l'Esprit-Saint. Je demande à Dieu du fond de mon cœur qu'il vous en récompense au centuple et dans cette vie mortelle et dans l'éternité bienheureuse. Je souscris pour...... à l'érection du sanctuaire de la Salette.

» Veuillez agréer, etc.

» CLÉMENT, *Evêque de la Rochelle.* »

Mgr l'Evêque de Luçon, le 21 novembre 1851, à Mgr de Grenoble :

« Monseigneur,

» J'ai reçu avec un vrai bonheur le Mandement si plein de sagesse de Votre Grandeur sur l'apparition miraculeuse de la très-sainte Vierge. Votre jugement remplira de joie le cœur des fidèles qui l'attendaient depuis si longtemps.

» J'aurais dû vous transmettre, il y a bien des mois, une relation abrégée de plusieurs guérisons prodigieuses qui se sont opérées dans l'une des paroisses de mon diocèse; je serai bientôt en mesure, je l'espère, de vous les adresser.

» La Vendée enverra par la suite son obole pour le sanctuaire de Notre-Dame de la Salette : elle s'épuise en ce moment pour son collége catholique.

» Je suis, etc.

» † Jac.-Mar.-J., *Evêque de Luçon.* »

Ce vénérable Prélat a publié depuis la belle lettre pastorale suivante :

« JACQUES-MARIE-JOSEPH, par la grâce de Dieu et du Saint-Siége apostolique, Evêque de la sainte Eglise de Luçon,

» AU CLERGÉ ET AUX FIDÈLES DE NOTRE DIOCÈSE,
» Salut et bénédiction en Notre-Seigneur Jésus-Christ.

» Tous les siècles, NOS TRÈS-CHERS FRÈRES, sont remplis des gloires de l'incomparable Mère de Dieu; toutes les générations célèbrent les grandeurs, les bontés, les ineffables miséricordes de cette *Mère de la divine grâce (Litan. Lauret.)*; jamais sa sollicitude maternelle n'a cessé de veiller sur ceux que son divin Fils lui a donnés pour enfants; toujours elle a interposé, toujours elle interpose sa médiation entre Dieu et nous, et de tous les lieux de la terre s'élèvent sans cesse des *hymnes à l'honneur de la plus heureuse des créatures, de celle en qui le Tout-Puissant a fait de grandes choses (Luc, 1. 48, 49,)*

» C'est surtout au milieu de notre France que cette parole prophétique de Marie reçut toujours son accomplissement, lorsque, pendant une longue suite de siècles, ce concert unanime de louanges n'était troublé ni par les blasphèmes du judaïsme, ni par les outrages de l'hérésie luthérienne et calviniste, ni par les excès de l'impiété.

» Aujourd'hui, N. T. C. F., toutes les bouches infidèles, hérétiques ou irréligieuses peuvent s'ouvrir impunément contre cette Reine du ciel ; les sectes qui l'outragent sont protégées à l'égal de la véritable Eglise qui la loue ; l'impiété n'est nullement contenue, et la société chrétienne est entraînée dans une profonde indifférence à l'égard de Celle que le Fils de Dieu lui a donnée pour Mère.

» Affligés d'un tel scandale, les enfants de l'Eglise ont voulu protester contre cette désolante apostasie. Le mois qui vient de s'écouler les a trouvés réunis chaque jour, soit dans un sanctuaire de la très-sainte Vierge Marie, soit auprès d'un de ses autels, soit au pied d'une de ses images vénérées. Là se rassemblait la famille chrétienne, le hameau, le village tout entier. Chacun apportait ses vœux, ses supplications ; chacun venait invoquer cette Mère chérie par le chant de pieux cantiques ; chacun venait respirer devant l'autel rustique, au pied du trône champêtre érigé à Marie, le suave parfum des vertus chrétiennes, et la communion du mois de Mai, en bien des paroisses, ne l'a pas cédé à celle des grandes solennités de l'année.

» Ainsi, N. T. C. F., la dévotion envers cette auguste Reine du ciel prend chaque jour de nouveaux accroissements ; à mesure que les tempêtes de ce monde augmentent, cette brillante étoile de la mer scintille de feux plus vifs et plus doux ; à mesure que la mer devient plus orageuse, cette arche bénie de la nouvelle alliance vogue au milieu des flots agités, pour répandre plus de consolations dans le cœur de ses enfants, et les conduire plus sûrement au port du salut.

» A ces prodiges antiques, dont le souvenir s'est conservé au milieu des peuples par les monuments qui en consacrèrent la mémoire, succèdent, d'une manière en quelque sorte continue, des prodiges nouveaux, et notre siècle, quelque coupable qu'il soit d'ailleurs, n'a rien à envier, sous ce rapport, aux siècles qui l'ont précédé.

» L'auguste Mère du divin Sauveur fait sentir sa puissance à tous ceux qui l'invoquent. Une médaille, qui n'est plus connue que par la qualification de *miraculeuse* a rempli le monde de prodiges : tantôt c'est une conversion subite, instantanée, qui rappelle celle de l'Apôtre des Gentils (*M. Ratisbonne*); tantôt les yeux d'une image vénérée de la Mère de Dieu se meuvent (*Image miraculeuse de Rimini*), et il est donné aux villes et aux provinces de contempler ce prodige pendant des mois entiers, et de rentrer dans les voies du salut. Ici, c'est sur le sommet d'une montagne élevée que Marie daigne apparaître à deux pauvres petits bergers, pour leur révéler les secrets du ciel.

» Mais quels seront donc les témoins qui attesteront la vérité de la relation de ces petits pâtres des Alpes ? Pas d'autres qu'eux-mêmes, et ils sont crus. Ils déclarent ce qu'ils ont vu, ils répètent ce qu'ils ont entendu, ils taisent ce qu'ils ont reçu l'ordre de tenir secret.

» Quelques paroles de cette incomparable Mère de Dieu ont transformé ces enfants en des hommes tout nouveaux. Incapables de rien concerter entre eux, de rien imaginer de semblable, chacun est le témoin de la céleste vision à laquelle il n'est pas incrédule ; il en est l'historien. Il ne s'inquiète pas du rapport qui sera fait par son compagnon, il ne cherche pas à modifier sa narration pour être parfaitement d'accord avec lui. Quoi qu'on puisse reprocher à ces enfants sur certaines prétendues contradictions, quoi qu'on puisse leur objecter, chacun d'eux persiste à déposer ce qu'il a vu, ce qu'il a ouï. Ces deux bergers si grossiers ont entendu une seule fois la leçon de leur sainte maîtresse, et cette leçon s'est gravée instantanément et pour toujours dans leur esprit en caractères ineffaçables; ils n'y ajoutent rien, ils n'en retranchent rien, ils n'y modifient rien, ils donnent l'oracle du ciel tel qu'ils l'ont reçu. Que l'impatiente curiosité de l'esprit, que les défiances du cœur, qu'un secret sentiment d'incrédulité trouvent à redire à leur déposition, peu leur importe; ils n'ont pas reçu la charge d'expliquer cet événement inexplicable; ils ont reçu la mission de le répandre; ils soutiennent qu'ils ont entendu, qu'ils ont vu, et le monde entier accueille leur témoignage.

» Une constance admirable leur fait garder le secret, une sagesse singulière leur fait discerner tous les piéges qu'on leur tend, une rare prudence leur suggère mille réponses, dont pas une seule ne trahit ce secret; et quand il faut l'envoyer au Père commun des fidèles, ils l'écrivent couramment, comme s'ils le lisaient dans un livre placé sous leurs yeux.

» Leur récit attire sur cette montagne bénie des milliers de pèlerins. Ils ont publié que, le samedi 19 septembre 1846, Marie s'est manifestée à eux, et l'anniversaire de ce beau jour est à jamais cher à la piété chrétienne. Chaque pèlerin qui accourt sur la sainte montagne ne dépose-t-il pas en faveur de la véracité des jeunes bergers?

» Marie s'arrête près d'une fontaine, elle lui communique une vertu céleste, une efficace divine. D'intermittente, cette source aujourd'hui si célèbre devient continue. On raconte en tous lieux les prodiges qu'elle opère. Lorsque les maux sont désespérés, les infirmités sans remède, on recourt de tout côté à l'eau de la Salette, et partout l'on rapporte les guérisons opérées par ce remède, qui a fait sentir sa puissance contre toutes sortes de maux. Notre diocèse, si dévôt à Marie, n'a pas été étranger aux bontés de cette tendre Mère.

» Nous allons célébrer dans quelques mois le sixième anniversaire de cette apparition miraculeuse. Elle était racontée, louée, bénie dans le monde entier depuis cinq ans, lorsque le vénérable évêque dont le diocèse a été honoré de ce miracle a commencé à élever la voix pour en attester l'incontestable certitude.

» Combien de fois, N. T. C. F., du haut de la chaire de vérité, dans nos visites pastorales et en d'autres rencontres, n'avons-nous pas entretenu votre piété de ce prodige, sur la réalité duquel le doute ne nous était pas possible?

» Aujourd'hui qu'un sanctuaire va s'élever sur cette montagne bénie, à la gloire de Dieu et sous le vocable de sa très-sainte Mère, nous avons cru qu'il était du devoir de notre charge pastorale de vous en informer. Nous ne pouvons pas douter qu'un grand nombre d'entre vous n'aient été exaucés par Notre-Dame de la Salette; vous voudrez témoigner votre reconnaissance à cette Mère de miséricorde, vous voudrez fournir votre pierre pour le bel édifice qui se construit; nous voulons procurer à votre filiale tendresse un moyen facile de transmettre l'aumône de la foi et de la piété.

» A ces causes, le saint nom de Dieu invoqué, nous avons ordonné et ordonnons :

» Art. 1er. Nous permettons de prêcher dans notre diocèse l'apparition de Notre-Dame de la Salette.

» Art. 2. Le dimanche 19 septembre prochain, les litanies de la très-sainte Vierge seront chantées dans toutes les églises et chapelles du diocèse. Elles seront suivies de la bénédiction du SS. Sacrement.

» Art. 3. Les fidèles qui voudront contribuer à l'érection du nouveau sanctuaire, pourront déposer leur offrande entre les mains de leur curé, qui Nous les transmettra pour être envoyées à Mgr l'Evêque de Grenoble.

» Et sera notre présente Lettre pastorale lue et publiée au prône de la messe de paroisse, le dimanche qui suivra sa réception.

» Donné à Luçon....., le 30 juin de l'an de grâce 1852.

» † Jac.-Mar.-Jos., *Evêque de Luçon.* »

Le même prélat écrit à Mgr de Grenoble, le 11 août 1852 :

« J'ai cru devoir faire connaître par une lettre pastorale à mes excellents diocésains l'apparition de Notre-Dame de la Salette, et la construction du nouveau sanctuaire consacré à Marie qui doit perpétuer le souvenir de ce prodige. Les maux qui nous menacent doivent être bien affreux puisque l'auguste Mère de Dieu a voulu tout révéler à ses enfants : les châtiments et l'indulgence, les fléaux et les miséricordes.

» J'ai l'honneur de vous adresser deux exemplaires de ma lettre pastorale. J'ai élevé ma faible voix à l'honneur de notre commune Mère après votre voix forte et puissante. Je demande à Dieu que chaque Evêque de France offre à Marie ce pieux tribut de ses lèvres.

» Vous êtes bien bon d'ajouter quelque prix à cette petite lettre que j'ai mise aux pieds de Notre-Dame de la Salette. . . . .

» Elle doit se trouver depuis cinq à six jours entre les mains de S. Em. le cardinal Fornari.

» J'apprends avec plaisir que M. Rousselot va publier de nouveaux écrits sur cette apparition si consolante.

» Je suis, etc.

» † JAC.-MAR.-JOS., *Evêque de Luçon.* »

Feu Mgr l'Evêque de Belley, le 20 décembre 1851 :

« Monseigneur,

» Je vous félicite, Monseigneur, d'avoir pris votre parti relativement à l'affaire de la Salette en publiant votre Mandement et en prenant des mesures pour construire un nouveau sanctuaire à Marie. D'après les lois canoniques vous êtes seul à portée de décider cette question. Que le Dieu de bonté daigne bénir votre entreprise et vous y faire trouver une source de consolations.

» Agréez, etc.

» † A. R. *Evêque.* »

Mgr l'Evêque de Perpignan, le 2 mars 1852, à Mgr de Grenoble :

« Monseigneur,

» En bonne règle je devrais des excuses à Votre Grandeur pour avoir inséré, sans son agrément, dans ma dernière lettre pastorale, ses conclusions sur le fait miraculeux de la Salette. Mais entre vieillards et entre Frères, Monseigneur, certaines licences sont permises et j'ai cru que mon insertion était du nombre. Votre si obligeante lettre est venue me donner raison, et m'assurer que je n'avais pas trop présumé de votre bon vouloir.

» Les œuvres de Dieu, Monseigneur, sont sujettes à contradiction; que de fois ne l'avons-nous pas expérimenté dans notre longue carrière! L'Apparition du 19 septembre 1846 devait subir la loi commune.

» Je vous avouerai, Monseigneur, que votre conduite, en cette affaire, m'a paru marquée au coin de la sagesse : on ne saurait apporter trop de précautions à l'examen des faits extraordinaires; ils doivent être pesés dans la balance du sanctuaire. J'ai lu votre Mandement avec un indicible bonheur : son ton grave, naturel et persuasif imprime la conviction. La sainte Vierge, j'en suis sûr, pour parler ici le langage humain, vous en a déjà témoigné sa reconnaissance; sa protection vous est en retour à jamais acquise et vous savez qu'elle est toute puissante.

» Permettez-moi, Monseigneur, de me recommander instamment à vos saintes prières et de vous réitérer, en même temps, l'hommage de mes sentiments les plus distingués, les plus respectueux et les plus dévoués.

» † J. FRANÇOIS, *Evêque de Perpignan.* »

Mgr l'Evêque de Mende inséra dans un de ses Mandements une partie de celui de Mgr de Grenoble, et le 20 janvier 1852, il lui écrivit la lettre suivante :

« Monseigneur,

» Votre Grandeur est bien bonne de me remercier de ce que j'ai été si heureux de faire pour contribuer, bien en petit, à la gloire de la sainte Mère de Jésus, et pour apporter mon grain de sable à la construction du temple qu'il vous sera donné de lui consacrer. J'envie votre bonheur, Monseigneur, de ce que votre diocèse a été favorisé de la présence de cette Auguste Mère; de ce que le fait miraculeux, suivi de tant d'autres, s'est accompli sous votre Episcopat; de ce qu'il vous a été donné, par votre déclaration solennelle, non-seulement de le constater authentiquement, mais encore de lui donner le retentissement et la célébrité qui lui sont dus; et par votre pieux projet d'en perpétuer la mémoire, et d'ouvrir à Marie un sanctuaire de plus, *que tout le monde vous envierait aussi, s'il n'était pas un peu pour tout le monde*. Ce bonheur qui est échu à Votre Grandeur, j'ai voulu le partager un peu à ma manière, et aussi assurer, s'il était possible, à mes chers diocésains, leur part des inestimables avantages qui doivent résulter de l'apparition miraculeuse, non-seulement pour le diocèse de Grenoble, mais encore pour tout le monde chrétien; car si nous étions des chrétiens dignes de ce nom, tous nous devrions profiter des leçons et des avertissements que N. S. nous fait donner par son Auguste Mère; ce qui est une preuve éclatante qu'il ne nous a pas abandonnés, mais ce qui devrait bien aussi nous faire comprendre la nécessité de nous rendre à ses vœux et de rentrer en nous-mêmes.

» Agréez, etc.

» † Jean A. M., *Evêque de Mende*. »

Nous devons regarder aussi comme des adhésions publiques, soit au Fait soit aux Mandements sur le Fait :

1° Le jugement doctrinal de Mgr l'archevêque de Sens sur la guérison miraculeuse d'Antoinette Bollenat;

2° Le jugement, moins solennel, mais néanmoins public de Mgr l'Evêque de Verdun sur la guérison merveilleuse du séminariste Martin;

3° La lettre de Mgr Dupanloup, évêque d'Orléans, qu'on lit dans les *Nouv. Doc.* pag. 70 et suivantes. — Et ici nous donnons un démenti solennel à ceux qui sur des ouï-dire, ont prêté au vénérable Evêque d'Orléans, des variations qui n'ont jamais existé que dans leur imagination;

4° A Nantes, sous les yeux et avec l'approbation de Mgr l'Evêque se construit une grande Eglise en l'honneur de Notre-Dame de la Salette;

5° A Morlaix, diocèse de Quimper, il existe une belle chapelle, bâtie sur une hauteur, et depuis quatre ans, but d'un pèlerinage très-pieux et très-fréquenté; elle va être reconstruite sur un plan plus vaste;

6° A Fruges, diocèse d'Arras, bénédiction solennelle d'une statue de Notre-Dame de la Salette, avec sermon et belle procession : le tout avec autorisation de Mgr Parisis.

Avec l'autorisation écrite du même illustre et savant Prélat, un respectable prêtre fait la quête pour la Salette, dans les diocèses du nord de la France.

Et nous donnons hardiment le démenti à ceux qui prêtent à l'illustre Prélat un langage qu'il ne tint pas au Concile de Lyon en 1850, relativement au fait de la Salette. (Lettre de Mgr Parisis à un de ses curés, 3 décembre 1852.)

7° Cette année-ci, un vénérable Evêque du Midi est venu, déguisé en simple prêtre, en pèlerinage à la montagne, où il a été reconnu et salué en sa qualité par les Missionnaires;

8° Les Evêques qui permettent à des collecteurs volontaires et zélés de recueillir des dons pour le nouveau sanctuaire ne doivent pas certainement compter parmi les opposants; le nombre de ces Prélats est grand.

II. — Adhésions particulières, directes ou indirectes.

Mgr l'Evêque de C****, à Mgr de Grenoble, le 18 novembre 1851 :

« J'ai reçu il y a deux jours, votre Mandement sur le miracle de la Salette. Je l'ai lu et relu, et j'ai reconnu dans votre conduite, votre sagesse et votre rare prudence. Vous avez mené cette affaire en perfection. Et ce miracle éclatant, appuyé de votre approbation épiscopale, sans compter les autres circonstances qui en démontrent la réalité, doivent faire un grand effet dans l'Eglise de France, à la veille de grands événements, ou plutôt de la plus effrayante catastrophe que Dieu ait jamais permise, si toutefois sa bonté ne tempère au moins sa justice. »

S. E. le cardinal Archevêque de ****, à Mgr de Grenoble, le 19 novembre 1851 :

« Monseigneur et mon père,

» Je voulais vous écrire, lorsque j'ai reçu votre Mandement sur le Fait de la Salette. Je l'accepte, je le révère et je suis bien aise que vous ayez prononcé afin de faire cesser les incertitudes qui régnaient de ce côté.

. . . .

» Je vous serai reconnaissant de m'envoyer quelques exemplaires de votre Mandement, afin que je puisse intéresser de bonnes âmes à l'érection du sanctuaire de la Salette. »

Le même, au même, le 12 janvier 1852 :

« Et moi aussi, je viens vous apporter mon obole pour la Salette. Vous trouverez ci-joint mon petit don, uni à plusieurs autres. Que ce petit filet, réuni à d'autres ruisseaux, forme un grand et beau fleuve pour la gloire de Dieu et l'honneur de sa sainte Mère. »

S. E. le cardinal Archevêque de ****, à Mgr de Grenoble, le 27 novembre 1851 :

« Je viens de lire avec le plus vif intérêt le Mandement que vous avez eu la bonté de m'envoyer. Je suis aussi édifié que frappé de tout ce qu'il contient. Permettez-moi, Monseigneur, de vous offrir ma cote personnelle pour le monument que vous vous proposez d'élever à la gloire de cette Vierge Immaculée, notre plus sûre sauvegarde contre tous les périls. Je regrette que la modicité de mes ressources et l'étendue de mes charges réduisent mon offrande à un chiffre si modeste.

Le même, au même, le 9 février 1852 :

« Je rends avec vous grâces à la souveraine bonté : Vous élevez un sanctuaire qui sera comme la forteresse de Sion : véritable boulevard de salut pour notre pauvre France. Vous bâtissez comme Salomon, Monseigneur, et comme lui vous ferez la dédicace d'un temple bien précieux. Ce sera le digne couronnement d'un long épiscopat rempli par tant de vertus et de travaux.

Mgr l'Evêque de ****, à Mgr de Grenoble, le 19 novembre 1851 :

. . . .

« Je suis infiniment reconnaissant à Votre Grandeur de votre beau Mandement sur le Fait de la Salette. Je l'ai lu avec le plus vif intérêt ; il est parfait sous tous les rapports. »

Mgr l'Evêque de ****, à Mgr de Grenoble, le 23 décembre 1851 :

» Je joins sous ce pli un billet de fr.... C'est à peine un grain de sable que j'apporte à la construction du nouvel édifice ; Votre Grandeur, j'en suis bien assuré, n'ayant égard qu'à ma bonne volonté, daignera accueillir ma modique offrande avec sa bienveillance ordinaire. J'ai invité et je continuerai à le faire, les personnes et les communautés de mon diocèse à concourir, selon leurs moyens, à la fondation du pèlerinage de la Salette.

Extrait d'une lettre d'Alger :

« Chacun juge maintenant la cause terminée : le Mandement de Mgr l'Evêque de Grenoble a été reçu avec l'approbation générale. Les RR. PP. Jésuites étaient transportés de joie. Monseigneur *croit, lui et toute sa maison.* Malgré sa piété et la simplicité de sa foi, ce digne Evêque hésitait depuis quelques mois. La lecture de la relation du voyage à Rome a fixé ses incertitudes. Cet écrit a fait merveille en Afrique. Je puis donc vous dire confidentiellement après avoir parlé de tout cela avec M. l'abbé Pavy, M. Suchet et Monseigneur lui-même, dimanche dernier, que ces messieurs louent la prudence et la conduite de votre saint Evêque dans toute cette affaire, et qu'il ne reste plus de doute sur la vérité du fait. »

Extrait d'une lettre de M. l'abbé B****, à M. Rousselot, du 29 décembre 1851 :

« Monsieur, dans la soirée même, j'ai communiqué votre lettre à Mgr l'Evêque. Je suis autorisé par Sa Grandeur à vous dire qu'il a trouvé *admirable sous tous les rapports*, le Mandement de Mgr de Grenoble. Il ne doute point de l'apparition de la sainte Vierge, et regrette de ne pouvoir en ce moment organiser une quête pour contribuer à l'érection d'un sanctuaire à Marie.

» Le clergé du même diocèse de **** eut connaissance du Mandement de Mgr de Grenoble avant sa publication dans l'*Univers*; notre Evêque avait bien voulu nous le communiquer aussitôt après l'avoir reçu de Grenoble Tous les prêtres qui m'en ont parlé y ont applaudi.

. . . .

Extrait d'une lettre de M. le B. de ****, à M. Rousselot, le 7 janvier 1851 :

» Soyez assez bon pour offrir à Mgr de Grenoble mon très-respectueux hommage. Je me hâte de me rendre au désir de Sa Grandeur et au vôtre en copiant textuellement l'article de la lettre qui a trait à la Salette.
» Je vous remercie de l'envoi du Mandement de Mgr
» de Grenoble au sujet de l'apparition de la Salette. Je
» l'avais reçu directement et depuis lors les journaux
» l'ont reproduit. C'EST DÉCISIF. (Ces lignes sont de
» Mgr l'Archevêque de ****.) »
» On a dit ici que l'eau de la fontaine n'avait pas la même vertu à **** qu'ailleurs, parce que l'on en a fait venir pour deux personnes dont l'une est morte, et l'autre ne guérit pas. Mais je ne vois pas du tout comment cela prouverait quelque chose contre la réalité de l'apparition.

. . . .

» Je ne me rappelle pas si je vous ai dit que les deux premiers Mandements que j'ai reçus avaient été envoyés par moi à M. le comte de *****, qui suivait avec un intérêt filial les détails du Fait de la Salette. Je n'ai pas encore de réponse à ce sujet.
» Veuillez agréer, etc. »

Mgr l'Evêque de ****, à Mgr de Grenoble, le 9 janvier 1852 :

» Une succession continuelle d'affaires m'a empêché de remercier plutôt Votre Grandeur, de l'ordonnance qu'il a bien voulu m'adresser, portant autorisation pour la construction d'une chapelle en l'honneur de Notre-Dame de la Salette. Aussitôt qu'il m'est possible, je me hâte de remplir ce devoir et en même temps de vous prier d'agréer mon humble offrande pour l'édification de ce monument.

» Je voudrais que mon aumône fût en rapport avec l'excellence de l'œuvre à laquelle elle est destinée ; mais je suis moi-même au milieu d'œuvres de ce genre, entreprises pour la gloire de Dieu et le culte de la sainte Vierge.

» Plaise au Seigneur que les prières de la sainte Vierge continuent à obtenir de Dieu miséricorde pour la France, et que le prodige qui a été opéré dans votre diocèse ranime dans le cœur des fidèles la dévotion envers la sainte Vierge, notre mère et notre patronne. »

Mgr de **** (Belgique), à Mgr de Grenoble, le 25 février 1852 :

» A la réception du Mandement que Votre Grandeur a publié en octobre dernier sur la Salette, j'ai remercié la très-sainte Vierge des nouvelles marques de protection qu'Elle donnait à la France et à la sainte Eglise, et je n'ai pas hésité à autoriser l'impression de ce Mandement en langue flamande. Je vous ai fait transmettre un exemplaire par la poste, tant pour vous donner un signe d'adhésion à votre décret d'approbation, que pour vous informer de la réception de votre Mandement.

» J'ai déjà fait transmettre par l'imprimeur un exemplaire du Mandement à tous mes doyens et à une cinquantaine de curés des autres diocèses ; je me propose d'en transmettre un à tous mes curés avant le mois de mai, avec permission de le lire en chaire, s'ils le jugent à propos. Si ce moyen pouvait être adopté par tous les Évêques de France, l'église de la Salette serait construite et payée en moins de deux ans.

» Je suis charmé de trouver cette pieuse occasion pour faire la connaissance, quoique lointaine, de Votre Grandeur ; je ne désespère pas, *Mariâ auxiliante*, d'aller la faire en personne au mois de septembre 1853, lors de ma visite *ad limina Apostolorum.*

» En même temps, je prie Votre Grandeur de me faire recommander avec mes 800,000 diocésains à Notre-Dame de la Salette et à me tenir au courant des événements, en me faisant parvenir les Mandements, rapports et même images autorisées qui concernent l'apparition. »

M. l'abbé G****, à M. Rousselot, le 22 mars 1852 :

» Monsieur, je regrette vivement de n'avoir pu vous répondre plutôt. Monseigneur était absent et j'attendais son retour. Mais voyant son absence se prolonger, je pris le parti de lui écrire. Voici la réponse de Sa Grandeur : « Vous pouvez répondre à Grenoble que j'adhère de grand cœur au Mandement de Mgr de Grenoble sur le miracle de la Salette, et que j'autoriserais un prêtre de ce diocèse à quêter dans le mien pour la construction du sanctuaire dont il s'agit, quoique je n'accorde cette autorisation dans aucun autre cas. »

Mgr l'Evêque de ****, à Mgr de Grenoble, le 3 mai 1852 :

« *Je suis attentivement tout ce qui concerne le grand événement de la Salette. J'ai lu votre Mandement avec émotion et j'espère que bientôt la vérité deviendra éclatante à tous les yeux.* Il est vrai qu'une guérison merveilleuse a eu lieu dans mon diocèse. J'en étudie attentivement les circonstances. Il en est une qui m'impose une extrême réserve. La personne guérie d'une plaie avait été quelque temps auparavant cataleptique ; on venait de toutes parts la voir par curiosité. On prétend que ses parents faisaient payer une somme d'argent pour admettre les nombreux visiteurs. On s'était ému de quelques faits qui avaient accompagné ces visites. — Si nous n'agissions pas avec une grande prudence, il y aurait lieu de craindre que les ennemis de la Religion ne tirassent quelques avantages de toutes ces circonstances. Vous pouvez compter, Monseigneur, que je m'empresserai de vous communiquer toutes les pièces relatives à cette guérison, aussitôt qu'il m'aura été possible d'en constater canoniquement le caractère. J'étudie aussi quelques autres guérisons et conversions obtenues par la même invocation.

» J'espère que notre catholique Bretagne et surtout la pieuse ville de ****** vous enverra une assez riche offrande pour concourir à l'érection du sanctuaire de la Salette. Il est possible que nous élevions ici une petite chapelle pour y déposer un groupe d'une grande beauté, placé jusqu'ici dans la chapelle de la congrégation de mon petit séminaire.

» Veuillez me pardonner, Monseigneur, au milieu de la précipitation d'un départ, de me faire aider par la plume d'un secrétaire. »

Mgr l'Evêque de ****, à Mgr de Grenoble, le 15 mai 1852 :

« Maximin m'a plu par la rudesse même de sa nature et la netteté de ses réponses : notre entrevue me laisse la plus vive impression de sa sincérité. Si donc je me suis permis d'y faire quelque peu l'avocat du diable, le résultat de cet essai infructueux sera de me rendre à l'avenir un meilleur champion de la faveur céleste qu'il a plu à la sainte Vierge d'accorder à votre diocèse. »

Mgr l'Evêque de ****, à Mgr de Grenoble, le 15 mai 1852 :

« Si je n'ai pas répondu plus tôt à la lettre que vous m'avez fait l'honneur de m'écrire, c'est que j'étais en cours de visites pastorales.

. . . . , ...

» J'espère, Monseigneur, si Dieu le permet, ne pas beaucoup tarder à avoir l'honneur de vous présenter mes devoirs. J'ai même la pensée de faire de nouveau le pèlerinage de la Salette : mais ce ne serait point avant la fin du mois d'août.

Mgr l'Evêque de ****, à Mgr de Grenoble, le 7 septembre 1852 :

« Veuillez recevoir ma petite obole pour la construction du sanctuaire de Notre-Dame de la Salette. Je vois avec bonheur qu'il attire de plus en plus la confiance par les grâces extraordinaires que la glorieuse Reine du ciel se plaît à y accorder. »

Mgr l'Evêque de **** (Belgique), à Mgr l'Evêque de Grenoble, le 27 novembre 1852.

« Je remercie Votre Grandeur de la lettre qu'elle a bien voulu m'écrire le mois passé. J'ai profité des renseignements que Votre Grandeur me donne et de la petite brochure qu'elle m'a fait parvenir pour fermer la bouche à quelques adversaires de l'Evénement de la Salette. J'espère que la publication récente des faveurs et des indulgences accordées par le Saint-Siége achèveront de les convaincre.

» D'après cette publication, je n'ai plus hésité à autoriser la dévotion et à ériger la Confrérie de Notre-Dame-Réconciliatrice de la Salette dans quelques églises de communautés religieuses. »

A tous ces témoignages très-directs, nous pouvons, nous devons ajouter les témoignages indirects, aussi nombreux qu'incontestables. Cette année-ci 1852, plus de 1,000 prêtres sont venus en pèlerinage à la Salette. Il y en a eu de tous les diocèses de France, de Savoie et de plus loin encore. Ils étaient tous munis de leurs *celebret*, et leurs Evêques respectifs en les leur délivrant, connaissaient parfaitement le but du voyage de ces prêtres. La plupart de ces pieux ecclésiastiques ont déclaré à nous et à d'autres que l'on était croyant à la Salette, dans les diocèses d'où ils étaient partis, et que si leurs prélats n'avaient point manifesté leur foi à la Salette par des actes publics, ils en approuvaient le pèlerinage.

Un de ces pieux pèlerins, pour ne citer qu'un exemple, était porteur de la lettre qu'on va lire :

Evêché de B****, 2 septembre 1852.

« Monsieur et cher abbé, j'applaudis de tout mon cœur au pieux pèlerinage que vous vous proposez de faire à la montagne de la Salette à jamais célèbre par l'apparition de l'auguste Marie. Que je serais heureux de pouvoir y aller moi-même ! Mais dans l'impossibilité où je suis de le faire, soyez mon député près d'Elle ; déposez à ses pieds les sentiments de ma plus profonde vénération, et demandez-lui qu'elle m'obtienne de son divin Fils les grâces dont j'ai un si pressant besoin.

» Je vous accompagnerai d'esprit et de cœur pendant votre voyage; j'en apprendrai les détails avec bonheur.
» Tout à vous en N. S. J.-C. »

Parmi les Evêques dont nous venons de donner les adhésions directes ou indirectes, il y en a plusieurs que les opposants se vantent témérairement et sans le moindre fondement d'avoir à leur tête. Aussi ces vénérables prélats réclameraient-ils sûrement et bien haut contre le pamphlétaire qui a eu la hardiesse d'enregistrer leurs noms dans ses pages mensongères, et même de leur prêter un langage ou des actes qu'ils désavoueraient avec indignation, s'ils les connaissaient. (Voyez plus haut, pag. 110, le démenti donné au nom de Mgr d'Avignon.)

CLERGÉ SÉCULIER. Les vicaires généraux, les chanoines, les curés, les supérieurs et directeurs de séminaires, qui ont visité les lieux, interrogé les enfants, recueilli des dons, manifesté leur joie en apprenant l'heureuse conclusion du Fait de la Salette, sont tellement nombreux, que leur correspondance formerait des volumes. Les archives de l'Evêché et de la Salette seront toujours là pour déposer de la croyance que la glorieuse apparition de Marie a obtenue en France, en Suisse, en Italie, en Belgique, en Angleterre, et dans les pays les plus éloignés.

A cette masse imposante de prêtres aussi vertueux qu'éclairés, qu'on ajoute une infinité de beaux noms pris dans les conditions les plus élevées de la société française; qu'on joigne les noms de magistrats distingués, d'avocats célèbres, de riches négociants, de militaires élevés en grade, de médecins recommandables, etc., et qu'on dise ensuite que le Fait de la Salette n'est pas connu, n'est pas préconisé dans le monde entier; qu'on dise que le Mandement du 19 septembre n'a pas trouvé d'écho dans ce que l'univers renferme d'hommes vertueux et éclairés.

ARTICLE IV.

ACHAT DU TERRAIN. — POSE DE LA PREMIÈRE PIERRE. — 6ᵉ ANNIVERSAIRE.

Le Fait de la Salette devait grandir au milieu des épreuves et par les épreuves.

Avant de publier le mandement du 19 septembre 1851, Mgr avait à terminer la négociation commencée depuis deux ans pour l'achat du terrain sur lequel devait s'élever le sanctuaire de la Salette. Qui croirait que l'acquisition de *quelques hectares* d'un maigre pâturage situé sur la cîme d'un mont élevé des Alpes ait été contrariée si longtemps ? Ce ne fut que le 26 octobre 1851 que fut passée devant Mᵉ Long, notaire à Corps, la vente par la commune de la Salette à Mgr de Grenoble, de *cinq hectares fixes* de terrain du pâturage communal sur le mont de l'apparition.

« Le 23 mars 1852, par acte devant Mᵉ Chuzin, notaire
» à Grenoble, Mgr Philibert de Bruillard, désirant don-
» ner une nouvelle preuve du vif intérêt qu'il porte à
» son diocèse, et voulant contribuer autant qu'il est en
» son pouvoir à entretenir et augmenter la piété des
» fidèles envers Notre-Dame de la Salette, a fait dona-
» tion de l'immeuble acquis de la commune de la Salette
» par Sa Grandeur, à l'Evêché de Grenoble en la per-
» sonne des Evêques de cette ville, canoniquement in-
» stitués et en communion avec le Saint-Siége. Cette
» donation est consentie par le vénérable Prélat dans le
» but de faire construire avec les offrandes des fidèles :
» 1° à la place de la chapelle en bois qui existe actuel-
» lement, une chapelle plus convenable en maçonnerie,
» destinée au culte de Notre-Dame de la Salette ; 2° une
» maison d'habitation qui sera nécessaire.

» Cette donation est encore faite sous la condition
» que le pèlerinage sera administré sous le rapport ma-
» tériel comme sous le rapport spirituel par l'Evêque
» légitime de Grenoble ou son délégué. »

Le 30 juin 1852, un décret du Prince-Président de la république française, autorise l'un de MM. les vicaires généraux de l'Evêché de Grenoble, à accepter au nom de cet Evêché, aux charges, clauses et conditions imposées, la donation faite aux Evêques successifs de Grenoble, par Mgr Philibert de Bruillard.

Le 14 juillet 1852, acte d'acceptation par M. Périer, vicaire général, de l'immeuble donné par Monseigneur.

Voilà donc l'existence matérielle du pèlerinage de la Salette désormais assurée au diocèse, à la France et à l'univers. Son existence spirituelle est garantie aussi, et par la fondation d'un corps de Missionnaires diocésains, destinés à le desservir, et par les insignes et nombreuses grâces et faveurs dont le Saint-Siége vient de l'enrichir. Qui ne reconnaîtra ici le doigt de Dieu, aplanissant tous les obstacles, et faisant concourir toutes les volontés vers un but si admirable! Qui ne voit dans la Salette ce grain de senevé, si chétif dans son principe, si rapide dans ses développements, si merveilleux dans ses *effets!*
Simile est grano sinapis, quod minimum quidem est omnibus seminibus; cum autem creverit, fit arbor, ita ut volucres cœli veniant et habitent in ramis ejus. (Matt. 13, v. 31 et 32.)

Dans son Mandement du 1er mai, Mgr avait annoncé que la cérémonie de la pose de la première pierre serait faite par un de ses *plus chers collègues* (Mgr l'Evêque de Valence, précédemment grand vicaire de Grenoble), et avait exprimé le regret de ne pouvoir la faire en personne, à cause de ses souffrances habituelles plus encore que de son grand âge. Cependant à mesure qu'on approchait du 25, jour fixé pour la cérémonie, Mgr sentait s'accroître en lui le désir de plus en plus vif de visiter, lui aussi, la montagne de l'apparition, de célébrer les saints mystères dans cette pauvre cabane en planches recouverte de chaume, d'invoquer sur les lieux Celle qu'il avait si dignement préconisée à la face du monde entier. Il voulait être témoin par lui-même du concours des pèlerins, présider leur pieuse réunion, et donner à son bien-aimé clergé, à ses bons diocésains, une consolation qu'ils désiraient tous ardemment, sans oser l'espérer. Ce fut aussi un beau spectacle pour le monde entier que celui d'un Prélat qui, nonobstant ses 87 ans et des douleurs névralgiques, souvent très-aiguës, eut le courage de s'élever par des sentiers étroits, rapides, glissants, et souvent bordés de précipices, jusqu'au sommet du mont consacré par la présence, la conversation et les pas de la Reine du ciel.

Le 24 mai, à huit heures du matin, après avoir célébré les saints mystères, et par un beau temps, Mgr part de la ville épiscopale et arrive à la Mure, descend chez M. le curé, et repart au bout d'une demi-heure. Cependant le son des cloches a fait accourir un certain nombre de personnes qui tombent aux genoux du Prélat pour recevoir sa bénédiction. Tous font des vœux pour l'heureux succès de son voyage.

A une demi-heure du bourg de Corps, il rencontre la gendarmerie à cheval qui est venue lui faire escorte. Bientôt après, il trouve le corps des sapeurs-pompiers, au nombre de près de quatre-vingts, en grande tenue, et formant haie de chaque côté de la route. La voiture s'arrête; M. *Aglot*, digne commandant de la troupe, s'approche de la portière, et d'une voix sonore et émue, adresse au vénérable Prélat le compliment suivant :

« Monseigneur,

» C'est la seconde fois que j'ai l'honneur de complimenter votre Grandeur à son entrée à Corps.

» Il y a sept ans, nous étions déjà tout heureux de la saluer de nos acclamations joyeuses ; aujourd'hui notre bonheur est à son comble et ne saurait s'exprimer.

» La population est toute frémissante, et nous venons comme avant-garde l'exprimer pour nous et en son nom à Votre Grandeur. Une foule d'étrangers encombrent le pays depuis plusieurs jours et partagent son enthousiasme.

» Soyez donc, Monseigneur, le bien-venu parmi nous : Vous venez jeter les fondements de la grande Merveille qui, depuis bientôt six ans, est tombée du ciel sur nos montagnes; la joie que Votre Grandeur en éprouve, jointe au bonheur que nous ressentons nous-mêmes, est une juste récompense du dévouement qu'elle a porté à ce fait merveilleux. Puisse Votre Grandeur en jouir encore longtemps ! C'est le vœu de la population, c'est celui de la compagnie à laquelle je suis fier de commander aujourd'hui, et nous allons tous ensemble l'exprimer d'une seule voix : Vive Monseigneur l'Evêque de Grenoble ! »

C'est escorté de cette double haie d'hommes à pied et à cheval, et au son des cloches, que Mgr fait son entrée à Corps, au milieu des flots de la population et des pèlerins déjà arrivés de tous les points. Il descend à la cure, où l'attendent les autorités du pays et des étrangers de distinction.

A peine Mgr de Grenoble est-il arrivé, que la gendarmerie et le corps des sapeurs-pompiers se portent à la rencontre de Mgr de Valence qui doit arriver par la route de Gap. M. Aglot complimenta aussi l'Evêque de Valence, en ces termes :

« Monseigneur,

» Permettez à la compagnie des sapeurs-pompiers de

vous exprimer, par l'organe de son capitaine, les prémices de tous les sentiments joyeux qu'éprouve le pays de Corps à l'approche de votre présence.

» Jadis il vous salua vicaire général du diocèse ; aujourd'hui il est heureux d'honorer en votre personne un prince de l'Eglise, un Prélat illustre sorti du rang du beau clergé de Grenoble.

» La Merveille que Votre Grandeur vient sceller, amène depuis plusieurs années des pèlerins de tous les points de la France et même de l'étranger. Aujourd'hui, nous sommes témoins d'un spectacle tout nouveau, et vraiment inouï dans nos montagnes ; le nord et le midi nous amènent simultanément le vénérable Evêque de Grenoble et l'illustre Evêque de Valence, son ancien collaborateur, son ami dévoué.

» Nous allons proclamer tous ensemble et d'une seule voix le bonheur de ce jour, la joie de cette heureuse rencontre : Vive Monseigneur ! »

A cinq heures, les deux Prélats étaient dans les bras l'un de l'autre, et bientôt après on se mit à table.

A sept heures du soir, Mgr de Grenoble se remet en route ; il veut aller coucher à la cure de la Salette, pour laisser celle de Corps à la disposition de son collègue de Valence. On arrive au village de la Salette à la lueur des flambeaux, au son des cloches et au milieu d'une foule accourue pour voir ce qu'elle ne se souvient pas d'avoir jamais vu, le premier pasteur du diocèse renfermé avec elle dans ce cercle étroit de hautes montagnes. Mgr est introduit dans une humble cellule. On lui demande s'il n'est point fatigué de cette course de soixante-dix kilomètres : *Pas plus que si je n'avais pas quitté l'Evêché,* répond-il avec sa grâce ordinaire.

Le lendemain à six heures moins un quart, Mgr remonte à cheval, et précédé et suivi d'un grand nombre de ces bons villageois et de pieux pèlerins, il arrive vers les huit heures sur la montagne, met pied à terre au milieu des *vivats* de la foule qui couvre le plateau, et se rend de suite à la chapelle où il célèbre les saints mystères. Cependant une heure après, arrivait Mgr de Valence. La pluie survint et l'espérance de la voir bientôt cesser fit différer la cérémonie. L'enceinte du sanctuaire était tracée, et dans cette enceinte avait été dressé un autel abrité sous une tente. Les deux Prélats et le clergé en habit de chœur s'avancent au milieu d'une foule compacte, mais attentive et recueillie. A l'entrée de l'enceinte réservée pour la cérémonie, le P. *Burnoud*, chanoine honoraire et supérieur des nouveaux Missionnaires de la Salette, complimente les Prélats dans les termes suivants :

« Messeigneurs,

» Cinq ans et demi se sont écoulés depuis qu'un fait admirable, immense, divin, s'est accompli sur cette montagne........ Les pieds sacrés de l'auguste Reine du ciel ont foulé ce sol béni...., ses larmes ont coulé là..., sa voix y a fait entendre des paroles de sollicitude maternelle, d'amère douleur, de reproches touchants, de sollicitation à la pénitence et d'effrayantes menaces. Vous avez écouté ces accents douloureux et recueilli ces larmes amères, auguste et bien-aimé Pontife. Votre piété si tendre, si filiale envers Marie, vous a d'abord porté à croire; mais votre charge d'Evêque vous faisait un devoir d'examiner. Cet examen a été long, minutieux, sévère, tel, en un mot, qu'on devait l'attendre de votre prudence, de votre amour pour la vérité et de la prévision des conséquences que devait avoir une décision qu'il appartenait à vous seul de porter.

» Un jugement solennel est enfin venu consoler l'Eglise, dissiper les ténèbres, éclairer et fixer les intelligences raisonnables et droites. Nous savons avec quel enthousiasme le clergé et les fidèles de votre diocèse ont accueilli cette décision. Mais ce qui suffisait à votre tendre sollicitude pour votre troupeau, ne pouvait suffire aux desseins de Dieu et à la manifestation de la vérité. Votre immortel Mandement sur l'apparition de l'Auguste Reine du ciel sur la montagne de la Salette, a franchi les limites de votre diocèse, que dis-je, il a franchi les limites de la France, de l'Europe, et, partout, il a rencontré l'accueil le plus flatteur pour votre cœur d'Evêque. Traduit en plusieurs langues par les soins de l'Episcopat, il est allé redire aux peuples les plus éloignés, et la tendre sollicitude de Marie pour les pécheurs, et le zèle du vénérable et saint Evêque de Grenoble. C'était assez, Monseigneur, pour l'accomplissement de votre devoir d'Evêque; c'était assez pour illustrer à jamais un épiscopat déjà si illustre à tant d'autres titres; mais ce n'était pas assez pour répondre aux desseins de la Providence et à votre zèle apostolique.

» Le fait de la Salette était incontestablement vrai; les pèlerins accouraient de toute part, venaient baiser avec amour et arroser de leurs pleurs, cette terre sanctifiée par la présence de Marie et fécondée par ses larmes maternelles. Marie, sans doute, devait les accueillir, les soulager, les guérir et remplir leur cœur d'inénarrables consolations; mais elle devait aussi, par le ministère sacerdotal, les toucher, les éclairer, les absoudre et, surtout, les fortifier par la divine Eucharistie. Vous l'avez compris, Monseigneur; et je suis heureux de proclamer ici tout haut, votre amour, votre générosité pour les pauvres Missionnaires de Notre-Dame de la Salette. Vous nous avez adoptés pour vos enfants; vous nous avez chargés de faire passer *au peuple* les paroles de Marie : nous nous efforcerons de nous rendre de plus en plus dignes de cette glorieuse adoption, de plus en plus dignes de l'auguste mission que vous nous avez confiée.

» Enfin, Monseigneur, votre diocèse, la France, l'univers ne formaient plus qu'un seul vœu : celui de voir s'élever sur cette montagne un monument qui transmît aux âges futurs, la sollicitude maternelle de Marie pour les pécheurs, le nom, les vertus de notre saint et vénéré Pontife. Ce vœu, vous l'avez réalisé, Monseigneur. Mais qui devait poser la première pierre de ce monument, sinon celui qui en avait conçu le projet, préparé et assuré l'exécution..... ! C'était vous, Monseigneur. Mais votre grand âge, mais vos souffrances si douloureuses et presque continuelles, mais la distance des lieux, mais les difficultés des chemins presque inaccessibles à l'homme jeune et vigoureux, mais l'âpreté du climat, tout semblait vous faire un devoir de ne point exposer des jours si précieux et si chers..... Mais votre piété filiale envers Marie, mais votre reconnaissance pour sa sollicitude maternelle, mais votre confiance en Celle qui ne se laisse jamais vaincre en générosité, vous ont rendu la force et l'énergie de la jeunesse, le courage et la vigueur de la santé.

» Il est vrai, Monseigneur, que, comme nous, vous n'osiez presque espérer une telle faveur. Et comme la première pierre du sanctuaire de Notre-Dame de la Salette ne devait être bénite que par une main épiscopale, vous aviez invité un de vos vénérables collègues à remplir cette mission si chère à votre cœur. Mais ce choix ne pouvait tomber que sur l'illustre et vénéré Prélat que votre diocèse a vu naître, et dont nous connaissons les vertus, les talents et la piété envers Notre-Dame de la Salette. (*A Mgr de Grenoble.*) Merci, Monseigneur, de ce choix.... (*A Mgr de Valence.*) Merci, Monseigneur, de ce dévouement qui vous a fait franchir les limites de votre diocèse, affronter les dangers d'un long et périlleux voyage, et venir, par votre présence auguste et votre précieux concours, embellir cette fête et combler tous nos vœux. »

Ensuite Mgr de Valence commença la cérémonie, Mgr de Grenoble la présida, l'un et l'autre mal abrités sous des parapluies. Après avoir scellé la pierre, Mgr de Valence offrit la truelle d'argent à Mgr de Grenoble, qui, de son côté, répéta la cérémonie du scellement. Après la cérémonie, commence le saint sacrifice. A l'Evangile, le P. *Sibillat*, l'un des Missionnaires, d'une voix forte et éloquente, commenta ces paroles : *Gloria in excelsis Deo et in terrâ pax hominibus.*

M. le docteur Joffre, médecin de Mgr, qui avait voulu par dévouement accompagner notre vénérable Prélat, rendit compte de la cérémonie dans la relation suivante, reproduite dans les journaux et demandée partout. Voici cette pièce intéressante :

POSE DE LA PREMIÈRE PIERRE DU SANCTUAIRE DE NOTRE-DAME DE LA SALETTE.

« Une grande solennité religieuse a eu lieu, le mardi 25 mai, sur la célèbre montagne de la Salette. Elle avait pour objet la bénédiction et la pose de la première pierre du nouveau sanctuaire, que la piété des fidèles va élever en l'honneur de Marie, qui a été si justement proclamée : le secours des chrétiens, le salut des infirmes et la consolatrice des affligés.

» Dès la veille, une foule immense de pèlerins de tous les âges et de tous les pays, étaient arrivés sur cette terre bénie. Ils étaient venus préluder à la fête du lendemain par des prières en commun et en plein air, ou par des chants religieux qui ont duré toute la nuit.

» A une heure du matin, des paroisses entières arrivaient aussi de toutes parts en procession, faisant également entendre des cantiques d'allégresse que les échos d'alentour répétaient avec une harmonie qui allait au cœur et jetait l'âme dans le ravissement. Rien n'était plus solennel, en effet, rien n'était plus sublime, plus suave, plus propre surtout à exciter le sentiment religieux que ces concerts de chants joyeux qui partaient du fond des précipices, des anfractuosités ou des sommets des montagnes et qui venaient ensuite au milieu de l'obscurité de la nuit, se croiser de la manière la plus émouvante avec ceux de la montagne sainte.

» Des messes ont commencé à minuit précis et se sont succédé jusqu'au matin. Un nombre considérable de prêtres étrangers qu'animait un saint zèle, s'étaient réunis aux nouveaux Missionnaires de la Salette pour exercer envers les pèlerins le ministère sacré de la réconciliation. A l'aube du jour, plus de trois mille de ces pieux pèlerins avaient déjà reçu de leurs mains l'auguste sacrement des autels.

» Qu'on vienne nous dire ensuite que le grand événement de la Salette a déjà fait son temps, qu'il a déjà perdu de son prestige et de sa puissance, que le nombre des croyants va toujours en diminuant, que le prodige de l'apparition n'a aucune consistance! Des faits semblables à celui que nous venons de signaler ne répondent-ils pas d'eux-mêmes à de pareilles assertions? N'y a-t-il pas une nouvelle merveille dans ce nombreux concours de quinze mille pèlerins accourus de tous les points de la France et de l'étranger, pour prendre part à cette grande fête religieuse dont la magnificence a dû réjouir le ciel et faire tressaillir la terre d'allégresse.

» Quoi qu'on en dise, quoi qu'on puisse faire, ne craignons pas de le proclamer et de le proclamer bien haut, on ne parviendra jamais, nous ne dirons pas seulement à détruire, mais encore à amoindrir un événement qui est évidemment l'œuvre de Dieu.

» C'en est donc fait, l'événement de l'apparition de la Reine des cieux sur la montagne privilégiée est un fait irrévocablement établi; rien au monde ne saurait l'empêcher de suivre son cours naturel. Déjà et pour toujours il a pris le rang qui lui appartient dans les annales de la catholicité.

» C'est le 24, à huit heures du matin, que Mgr l'Evêque de Grenoble partit en poste pour aller, le lendemain, présider en personne la grande cérémonie. Il arriva vers les quatre heures du soir à Corps, et, après quelques instants de repos, il monta à cheval et alla coucher au village de la Salette.

» Le lendemain matin, à six heures moins un quart, il monta de nouveau à cheval et fit l'ascension de la célèbre montagne avec une intrépidité et un sang-froid qui étonnèrent toutes les personnes de sa suite. Il n'y a que l'idée religieuse et le sentiment profond d'un grand devoir à remplir qui puissent ainsi redonner à la nature humaine les forces que le temps lui a déjà ravies. C'était beau, en effet, de voir le vénérable Prélat, aujourd'hui le doyen des princes de l'Eglise de France, oublier entièrement son âge et ses souffrances (1), pour ne prendre conseil que de son zèle, de son culte fervent pour la Reine du ciel, et braver ensuite les difficultés, les fatigues inévitables d'un long et rude voyage. Oui, c'était beau de le voir, malgré l'incertitude du temps et les inconvénients d'une température variable, cheminer hardiment à travers des sentiers étroits, tortueux, rapides, regardant d'un œil calme et indifférent les affreux précipices qui se présentaient sans cesse à ses côtés et du fond desquels se faisait entendre, avec un horrible fracas, la voix mugissante des torrents.

» Vers les huit heures, Monseigneur arrivait sur le sommet de la montagne, sans fatigue et surtout sans accident. Dès qu'on eut annoncé sa présence, des mil-

---

(1) Monseigneur de Bruillard est affecté depuis longues années d'une névralgie à la face, qui lui occasionne des douleurs vives et habituelles.

liers de pèlerins se précipitèrent sur son passage et crièrent avec un enthousiasme difficile à décrire : *Vive Monseigneur l'Evêque!* Ces cris, mille fois répétés, retentirent au loin le long des montagnes. Rien n'était plus touchant que de voir cette immense population manifester les élans de sa joie à l'arrivée du pasteur vénéré du diocèse. Le bon, l'excellent Evêque ne pouvait rester insensible à tant de marques d'affection et de respect. Aussi sa figure trahissait-elle évidemment les vives et douces émotions dont son âme était remplie, et ses yeux se mouillèrent-ils de larmes d'attendrissement et de reconnaissance.

» Et ensuite, quelle satisfaction et quel bonheur pour le pieux et saint Prélat de se trouver pour la première fois sur sa montagne chérie, où avait eu lieu, six ans auparavant, l'un des plus mémorables événements dont la religion et le monde catholique aient à se glorifier.

» Une fois remis de son émotion, Monseigneur s'empressa de célébrer la sainte messe, à laquelle assista, soit dans l'intérieur de la chapelle en planches, soit à l'extérieur et agenouillée sur le gazon, une grande partie des pèlerins qui se trouvaient réunis sur la montagne. Une demi-heure après on annonça l'arrivée de Mgr l'Evêque de Valence, entouré d'une foule considérable de fidèles, qui l'avaient suivi dans le long et rude trajet de Corps à la Salette. Ce fut le moment de la matinée le plus intéressant, le moment où l'enthousiasme fut porté au plus haut point; le moment où il y eut sur ces régions élevées le plus de mouvement et de vie.

» Nous avions eu soin de nous placer sur le point culminant de la montagne, appelée le *Planeau*, afin d'être mieux à portée de jouir du spectacle grandiose et imposant des merveilles multipliées qui se manifestaient autour de nous. Que d'émotions diverses agitèrent alors notre âme! Que de pensées graves se succédèrent dans notre esprit! Et en même temps, combien on se sentait heureux et satisfait de faire partie de cette grande famille de fidèles ! Quel admirable coup-d'œil que ces innombrables pèlerins, disséminés, les uns, sur le versant et au bas de la montagne du *Gargas*, les autres le long du ruisseau du *Sézia*, où coule la *fontaine merveilleuse*; d'autres en foule autour de la fontaine elle-même; le plus grand nombre sur le plateau de la montagne de la Salette, ne formant en quelque sorte qu'un seul groupe, et occupant une surface qui n'avait pas moins de 80 mètres de largeur sur 350 de longueur. Notre étonnement et notre admiration n'avaient plus de bornes quand, du point élevé où nous nous trouvions placé, nous apercevions dans le lointain, au fond des précipices, sur les flancs ou sur les sommets des montagnes voisines, des myriades de pèlerins, les uns reproduisant à l'œil l'effet de véritables fourmilières, les autres le spectacle inconnu pour nous de milliers de points noirs s'agitant dans les airs.

» Au fur et à mesure que ces longues files de pèlerins approchaient du Planeau ou montagne dite *Sous-les-Baisses*, ils se rangeaient en procession et arrivaient, précédés d'une clochette, de leurs croix et de leurs bannières flottant au gré des vents. Les jeunes filles étaient habillées de blanc; la majeure partie des hommes étaient revêtus de leurs robes de Pénitent. Le pasteur de chaque paroisse entonnait ensuite un hymne ou les litanies de Celle que toutes les générations ont appelée *Bienheureuse*, et aussitôt après, des centaines de voix se faisaient entendre simultanément dans les airs.

» Nous n'avions eu garde de quitter la place que nous occupions et où nos impressions avaient été si vives et si variées, sans contempler avec ravissement les hautes montagnes qui forment un immense bassin autour de la montagne sainte qu'elles semblent avoir mission de protéger. Qu'on se les représente avec leurs masses aux proportions colossales, leurs glaciers éternels et leurs sommets s'élevant dans les nues! Qu'on se les représente surtout avec leurs riches paysages, au milieu d'une nature qui annonce d'innombrables déchirements, de terribles cataclysmes ; avec leurs perspectives fantastiques, leurs sites grandioses, sauvages ou effrayants, mais toujours sublimes d'horreur ou de beauté; oui, qu'on se les représente telles que nous les avons vues, telles que nous venons de les décrire, et nous pourrons ajouter avec un auteur moderne, qu'il n'y a point de poésie assez belle, point de secret dans le prestige et dans l'harmonie de la parole, pour dire combien ces œuvres majestueuses de Dieu, rassemblées par sa main créatrice et bienfaisante, sont propres à élever l'âme, à agrandir la pensée, et à faire éclater les saintes inspirations de l'enthousiasme !

» Non, jamais la Suisse si renommée, la Suisse si fréquemment visitée, n'offrit à l'admiration du voyageur et du pèlerin un ensemble plus complet, un panorama à la fois plus magique, plus sévère et plus gigantesque, des grandeurs et des merveilles de la nature.

» Le principal ornement de cet immense panorama est formé par la montagne de l'*Obiou*, l'un des géants de la chaîne des Alpes, qui se présente à la Salette d'une manière si admirable et si imposante. C'est cette montagne, dit-on, que les marins de la Méditerranée prennent pour guide, quand ils veulent aborder au port de Marseille.

» Qu'à leur départ pour un long voyage, qu'à leur retour d'un pays lointain, ou bien qu'à la suite de dangers courus au milieu d'une mer orageuse, ces intrépides marins continuent à tourner leurs regards vers cette montagne élevée, qui est pour eux un phare sûr et fidèle, et s'ils se rappellent alors que derrière elle se trouve abritée la montagne sainte, nul doute qu'ils n'unissent désormais le nom de Notre-Dame de la Salette à celui de Notre-Dame de la Garde.

» A neuf heures, la cérémonie de la pose de la première pierre devait commencer, mais le temps tout à coup devenu mauvais amena une pluie fine et pénétrante qui attrista tous les cœurs et interrompit toutes les combinaisons du moment. Cependant, à dix heures, une procession formée par un nombreux clergé et suivie des deux vénérables Prélats se mit en marche pour se rendre à l'endroit où doit être érigé le nouveau sanctuaire. Un autel en planches, d'une grande simplicité, y avait été dressé; six branches d'arbres verts et quelques guirlandes de diverses nuances en faisaient tout l'ornement. A l'entrée de la vaste enceinte qu'on avait eu soin de construire autour de l'autel, les deux Evêques furent complimentés de la manière la plus délicate et la plus touchante par le digne et respectable supérieur des Missionnaires de la Salette. La cérémonie commença immédiatement après et se prolongea jusqu'à midi.

» Elle fut grave et imposante. C'est un des gros piliers du sanctuaire qui en était l'objet. Tout inspirait le recueillement et l'admiration; mais le moment le plus solennel fut celui où les deux Prélats, tenant en leurs mains une truelle d'argent aux armes de Mgr l'Evêque de Grenoble, prirent successivement le ciment préparé dans une auge de marbre noir de la montagne de la Salette, l'étendirent sur la pierre qui servait de base à la pierre bénite, et posèrent sur cette dernière leurs mains épiscopales. Une médaille commémorative de cette cérémonie et frappée tout exprès par les soins de MM. les entrepreneurs du sanctuaire fut déposée sous cette même pierre.

» Malgré la pluie qui ne cessa de tomber, la foule resta immobile, attentive et recueillie jusqu'à la fin de la cérémonie, qui fut suivie d'une chaleureuse allocution prononcée par M. l'abbé Sibillat, l'un des nouveaux Missionnaires, et se termina par la messe de Monseigneur l'Evêque de Valence et la bénédiction du Saint-

Sacrement, à l'autel en plein air dont nous avons déjà parlé.

» Le départ des deux Evêques eut lieu vers midi et demi. A cette heure, tout étant fini sur la montagne sainte, les pèlerins quittèrent aussi, mais non sans regret, ces lieux de bénédiction et de prière. Ce fut alors que les processions recommencèrent, que chaque paroisse arbora de nouveau sa bannière, que chacun se dirigea vers son gîte du soir. En se retirant, comme en arrivant, les pèlerins chantaient les gloires de Marie et les faveurs de Notre-Dame de la Salette.

» Mais, au milieu de cette pieuse multitude, ce qui attira tous les regards, ce fut notre vénéré pontife qui avait tout bravé pour donner à la Mère de Dieu une preuve manifeste de sa foi et de sa piété.

» Monseigneur ne pouvait revenir à cheval au village de la Salette et au bourg de Corps, sans s'exposer aux plus grands dangers. On lui fit observer que les chemins étaient fort escarpés, presque à pic, et que la pluie les avaient rendus extrêmement glissants. Des hommes de la Salette, aux épaules robustes et au pas sûr, se chargèrent alors avec empressement de porter tour à tour leur Evêque dans une litière improvisée. Les pèlerins épars qui avaient devancé le pontife dans les étroits sentiers qui mènent au bourg, furent encore frappés d'un nouveau et touchant spectacle. Une clochette semblait demander passage, des chants religieux retentissaient de toutes parts; alors ils se retournèrent et virent circuler sur les flancs de la montagne leur premier pasteur porté sous une espèce de tente qui le garantissait de l'intempérie de l'air, et à la tête d'une immense procession dont les pieux accents se confondaient avec le son des cloches d'alentour. Tout, en lui, rappelait en ce moment le vertueux Fénélon. A cet aspect, qui n'eût pas été attendri.....!

» Le saint Evêque, qui, le jour de son départ pour

la Salette, avait été accueilli sur toute sa route aux cris mille fois répétés de : *Vive Monseigneur!* vit de nouveau les populations s'agenouiller sous sa main vénérée, qui n'a jamais su que prodiguer des bienfaits et des bénédictions.

» Disons-le encore en finissant :

» La grande solennité de la Salette s'est terminée au milieu de la joie et du bonheur de tous. Chacun, à son départ, se sentait doublement satisfait, en pensant que d'un côté il venait de faire une bonne action, et que de l'autre, Marie, qui console les affligés et sert de refuge aux pécheurs, aurait désormais un sanctuaire digne d'elle sur la montagne privilégiée où elle reposa ses pieds sacrés.

» La fondation du nouveau pèlerinage de Notre-Dame de la Salette, selon le dernier Mandement de Mgr l'Evêque de Grenoble, sera pour « le peuple chrétien dans » la suite des temps, la *forteresse de Sion*, une *ville de* » *refuge*, un asile contre les coups de la justice du ciel, » si souvent provoquée par les crimes de la terre. »

» Le docteur JOFFRE,

» *Médecin à Grenoble.* »

Nous devons ajouter que partout où fut connu le passage inattendu du Prélat vénérable à tant de titres, les populations, quoique tardivement averties, se précipitèrent à sa rencontre, firent éclater leur joie, improvisèrent des compliments, mirent les cloches en branle.

Dans la première pierre est incrustée une boîte en plomb, renfermant des médailles frappées exprès pour perpétuer le jour et l'année de la cérémonie, quelques pièces de monnaie au millésime de 1852, six lettres cachetées à l'adresse de Notre-Dame de la Salette et envoyées par des communautés religieuses ou par des personnes remplies de foi et de confiance, pour être déposées dans cette boîte ; enfin une bande de parchemin sur laquelle on lit le procès-verbal suivant :

Philibertus de Bruillard, Dei miseratione et apostolicæ sedis gratiâ, Episcopus Gratianopolitanus : notum facimus ac testamur quòd anno Domini millesimo octingentesimo quinquagesimo secundo, die vigesimâ quintâ maii, Nobis præsentibus, et à Nobis rogatus Rev. D. Petrus Chatrousse, Episcopus Valentinensis, primum hunc lapidem benedixit et posuit : (Aderat autem numerus sacerdotum ferè centum, et multitudo populi ferè quindecìm millium hominum):

In honorem Beatæ Mariæ Virginis quæ in hoc monte, die 19ª septembris 1846, duobus pastoribus Maximino atque Melaniæ adhuc parvulis, refulgens ut sol sed tristis, apparuit, ipsisque mandavit ut populo suo mala, nisi convertatur, proxima annuntient, bona autem, si ad Deum revertatur.

In monte Salettensi, die et anno quibus supra ; Pontificatûs verò fel. sedentis Pii PP. IX, anno VI°, nostri autem Episcopatûs anno XXVI°.

(Locus sigilli.)   PHILIBERTUS, *Epp. Gratianop.*

Au dos du parchemin, on lit :

Unà cum istâ chartâ inclusa sunt in thecâ plumbeâ numismata cuprea hujus diei festi memorativa, et una capsula argentea quam miserunt Moniales sancti Joseph civitatis Anneciensis in Sabaudiâ, reliquias sancti Francisci Salesii atque sanctæ Joannæ Franciscæ à Chantal, necnon et ipsarum monialium et discipularum sui monasterii nomina continens.

En voici la traduction :

Philibert de Bruillard, par la miséricorde divine et la grâce du Saint-Siège apostolique, Evêque de Grenoble : Nous faisons savoir et nous attestons que l'an du Seigneur 1852, et le 25 mai, Nous présent et sur notre prière, Mgr PIERRE CHATROUSSE, Evêque de Valence, a béni et posé cette première pierre. Etaient accourus à cette cérémonie près de cent prêtres; ainsi qu'une multitude de peuple de près de quinze mille âmes.

Ce Sanctuaire est bâti en l'honneur de la Bienheureuse Vierge Marie, qui le 19 septembre 1846, apparut à deux bergers, Maximin et Mélanie, encore très-jeunes. Brillante comme le soleil, mais remplie de tristesse, elle leur ordonna d'annoncer à son peuple les châtiments qui le menaçaient, s'il ne se convertissait, et les biens qui lui étaient réservés, s'il revenait à Dieu.

Fait sur la montagne de la Salette, les jour et an que dessus, la VIe année du glorieux Pontificat de S. S. Pie IX, et de notre Episcopat la XXVIe.

(*Lieu du sceau.*)   PHILIBERT, *Ev. de Grenoble.*

Au dos du parchemin, est écrit :

Avec ce parchemin sont renfermés dans cette boîte en plomb quelques médailles en cuivre frappées en mémoire de ce jour de fête, ainsi qu'un reliquaire en argent, envoyé par les religieuses de saint Joseph de la ville d'Anneci, en Savoie, et contenant des reliques de saint François de Sales et de sainte Jeanne Françoise de Chantal, avec les noms des religieuses du couvent et de toutes leurs jeunes élèves. — Expressions touchantes de foi et de confiance à la Vierge de la Salette!

Nous compléterons cet intéressant article par la relation de la fête du 19 septembre 1852, 6e anniversaire de l'Apparition. Mais cette fois, nous laisserons parler un jeune et pieux littérateur de Marseille, qui ce jour-là était présent sur la montagne, et qui à son retour rendit compte de ses impressions dans la *Gazette du Midi*, par l'article suivant, dont nous ne retranchons que ce qui serait des redites pour nos lecteurs.

SOUVENIRS D'UN PÈLERINAGE A NOTRE-DAME DE LA SALETTE, LE 19 SEPTEMBRE 1852.

. . . . , ...

« Le vendredi 17 septembre 1852, j'arrivai à Grenoble, venant de la Grande-Chartreuse. Je dus m'estimer fort heureux d'avoir, plusieurs jours d'avance, arrêté des places pour Corps en payant comme pour Gap; car un mouvement extraordinaire régnait autour des bureaux; l'encombrement était partout. Les voitures manquaient aux nombreux solliciteurs, et un Allemand, venu de Baden avec sa femme tout exprès pour visiter la Salette, paya 80 fr. une voiture pour aller de Grenoble à Corps (12 lieues).

» Sur notre route, nous rencontrâmes des caravanes de voyageurs des deux sexes faisant le pèlerinage à pied, et je vis, non sans être ému, de pauvres gens qui cheminaient sans bas et sans souliers, le chapelet à la main.

» Le 18 au matin, j'arrivais à Corps; dans l'après-midi, je me mettais en route pour la montagne de l'apparition, comme l'appellent les gens du pays. J'étais avec mon père et un musicien de Dijon dont la piété sincère nous a fort édifiés. Un guide nous traçait la route et portait nos petits bagages.

» Au sortir de Corps, on s'engage dans une gorge étroite au nord-est du village, et l'on suit un chemin à mi-côte; une marche d'une heure environ sur une pente bien ménagée conduit à un ravin sur la rive droite. A quelques pas de là, et sur les limites du territoire de Corps, est une chapelle nommée N.-D.-de-Gournier; viennent ensuite des montées rudes et nombreuses qui se succèdent presque sans interruption.

» Ayant tourné vers le nord, on arrive à une seconde chapelle dédiée à St-Sébastien, et dont le frontispice porte cette invocation : *Saint Sébastien, priez pour nous et préservez-nous de la peste*. C'est sans doute un souvenir de la terrible contagion que l'armée du marquis d'Humières apporta d'Italie en 1650, et qui fut la dernière de ce genre avant la peste de 1720.

» Laissant la chapelle à droite, et appuyant de l'autre côté, on parvient enfin à l'issue de la gorge.

» Tout à coup, un vaste demi-cercle de collines se déroule devant le pèlerin. En face, on aperçoit, à une grande hauteur, le mont dit *Sous-les-Baisses*, dont la croupe arrondie est surmontée d'une grande croix. C'est derrière ce signe du salut, et sur le versant opposé de la montagne, qu'a eu lieu l'apparition de la Sainte-Vierge.

» Après les hameaux des *Ablandins* et d'*Orcières*, situés sur ce chemin, commence la formidable montée qui conduit au lieu devenu si célèbre. Le sentier y est naturellement très-scabreux et fort incliné. On voyait de distance en distance, des ouvriers occupés à frayer une route plus commode aux pèlerins, qui se succédaient presque sans interruption.

» Il nous tardait d'arriver. Après quatre heures d'une marche pénible, nous apercevons quelques cabanes de bois; puis tout à coup des voix douces mêlées à des voix fortes et sonores unissent leurs harmonies au-dessus de nous. Le terme de notre voyage était là, et l'émotion qui nous saisit nous eut bientôt fait oublier les fatigues de la route.

» Nous nous dirigeâmes aussitôt vers la chapelle provisoire en planches, pour remercier la Sainte-Vierge de notre heureuse arrivée. Une foule compacte et religieusement prosternée remplissait l'enceinte peu spacieuse. Nous réussîmes à entrer, malgré la presse, et restâmes là quelques instants.

» La chapelle est de la plus grande simplicité. Du côté de l'Evangile, on a placé, dans un vitrage, un morceau de la pierre d'ardoise sur laquelle la Sainte-

Vierge était assise quand elle apparut aux bergers. Cette pierre porte les sceaux de l'Evêque de Grenoble. Les parois de la chapelle sont tapissés de nombreux *ex-voto*, et sur l'autel on voit une belle statue de Marie (l'*Immaculée Conception*). C'est un don fait, le 19 septembre 1849, par un Marseillais, M. de Rey de Garidel.

» En face de cette chapelle provisoire et sur ce même plateau acquis par Mgr l'Evêque de Grenoble, on construit en ce moment une belle église, monument de la reconnaissance du peuple pour la miséricordieuse bonté de Marie. La première pierre a été solennellement posée, le 25 mai 1852, par les Evêques de Grenoble et de Valence, au milieu d'un nombreux concours de fidèles. Plus de cent ouvriers y travaillent activement, et l'on espère que le service divin pourra y être célébré l'année prochaine.

» Cette église, assez vaste, est à trois nefs, du style romano-bysantin. Une statue de la Sainte-Vierge dominera la flèche du clocher. Au côté gauche du temple est adossée la maison des Missionnaires, que l'on construit en ce moment; de l'autre côté sera établi un hospice destiné aux pèlerins. On a eu le bonheur de trouver, dans une montagne voisine, une carrière d'ardoise qui fournira aux toitures.

» Ces constructions, dans un lieu de difficile accès et dépourvu de toutes ressources, exigeront des dépenses considérables. Aussi Mgr l'Evêque de Grenoble, dans son Mandement du 19 septembre 1851, a-t-il fait appel au concours généreux des prêtres et des fidèles, non-seulement de son diocèse, mais de la France et de l'étranger. Sa voix a été entendue, et une commission de prêtres et de laïques est chargée de surveiller les constructions et l'emploi des offrandes. Puisse chaque enfant de Marie apporter son offrande à ce sanctuaire qui perpétuera le souvenir de sa miséricordieuse bonté.

» Par son Mandement du 1er mai 1852, Mgr l'Evêque

de Grenoble a créé, pour desservir le sanctuaire de Notre-Dame de la Salette, un corps de Missionnaires diocésains. Ces prêtres séjourneront sur la montagne pendant la saison des pèlerinages, et, quand l'hiver les forcera de l'abandonner, ils évangéliseront les différentes paroisses du diocèse.

» Après notre visite à la Sainte-Vierge, nous allâmes faire notre provision d'eau à la fontaine, au-dessus de laquelle Marie apparut aux bergers. Le spectacle qu'elle offrit à mes yeux était aussi extraordinaire que touchant. Une foule pressée, et qui se renouvelait sans cesse, luttait d'ardeur et de zèle pour arriver jusqu'à la source bienfaisante. Depuis l'après-midi, la fontaine n'avait pas cessé un moment d'être assaillie et cernée de toutes parts. Tous les fidèles, armés, les uns de bouteilles, les autres de cantines de fer-blanc, s'efforçaient de percer la barrière humaine qui les séparait de l'homme de peine chargé de pourvoir aux demandes des pèlerins.

» Celui-ci, la tête penchée, les genoux en terre, le corps entièrement couvert par les flots du peuple, avait bien de la peine à puiser de temps en temps une certaine quantité d'eau qu'il remettait aux plus voisins.

» Cette affluence, qui n'avait pas cessé, même pendant la nuit, était plus considérable encore le lendemain. Bien des personnes furent réduites à quitter la place sans avoir pu se procurer une goutte d'eau, et un jeune homme, venu de Beauvais, ne put satisfaire sa dévotion qu'avec le secours et la garantie de l'aubergiste, qui remplit à domicile la bouteille du voyageur.

» L'eau de la source du *Sézia* est douce, fraîche et légère; malgré sa fraîcheur, on assure qu'elle peut être bue en quantité et sans inconvénient, même par des personnes en moiteur. Il faudrait un autre mot pour décrire l'état causé chez moi par la pression de la foule : j'étais littéralement baigné de sueur; cependant j'ai largement usé de l'eau, comme bien d'autres, et l'on ne cite pas un seul fait où cette imprudence ait amené aucun accident. Cette eau, bénie par la Sainte-Vierge, guérit les malades et n'en fait pas.

» Avant l'apparition de 1846, cette fontaine était très-peu abondante toute l'année, et à sec durant l'été. Elle ne coulait que par intervalles au moment où les grandes pluies et la fonte des neiges venaient l'alimenter. Maintenant elle coule sans interruption depuis six années, quoique des sécheresses aient eu lieu dans l'intervalle.

» La fontaine sort de dessous un banc d'ardoise fort épais et donne tout au plus un demi pouce d'eau (mesure de fontainier). Au-dessus est une niche dans laquelle Mélanie (la jeune bergère) a placé une statue, dont les vêtements, grossiers, il est vrai, ont été préparés par elle avec l'intention de donner une idée de ceux que portait la figure céleste qui lui est apparue.

» On se propose d'élever au-dessus de la fontaine un oratoire où l'on représentera la Sainte-Vierge apparaissant aux bergers.

» A partir de ce point et en remontant vers la chapelle, est le chemin de la Croix tracé sur le passage suivi par la Sainte-Vierge. Il s'étend depuis l'endroit d'où elle a parlé aux enfants et qui est désigné par une croix dite de la *Conversation* jusqu'à celui où elle a disparu à leurs yeux et où s'élève la croix de l'*Assomption*. Celle-ci est couverte de chapelets, de rubans, de fleurs entrelacées, d'images; on y voit aussi plusieurs béquilles, souvenir de guérisons obtenues.

» De toutes les croix qui marquent les stations, pas une seule n'est intacte. La dévotion des pèlerins les avait coupées, rognées dans le sens de leurs arêtes. Deux surtout, la seconde et la dernière, qui rappellent des souvenirs plus précieux étaient terriblement endommagées et ne tenaient presque plus sur leur base.

Cette dévotion, tant soit peu vandale, prouve au moins que la foi n'a pas déserté notre pays.

» La plupart des pèlerins, en s'éloignant de la source, remontaient de croix en croix et, formant une chaîne continue et bien serrée, accomplissaient l'acte de dévotion si connu dans nos églises et qui a pour but d'honorer la Passion du Sauveur.

» Chaque soir, à sept heures, les Missionnaires de la Salette réunissent les ouvriers qui travaillent à la construction de l'église et font avec eux la prière, suivie de cantiques en l'honneur de la Sainte-Vierge.

» Le samedi, veille de l'apparition, la chapelle ne pouvait contenir tous les pèlerins, accourus aux exercices. Tous, les uns dans l'enceinte, les autres dehors, suivaient religieusement la prière et y répondaient. Une demoiselle, dont la mère avait été guérie par l'intercession de la Sainte-Vierge, chanta en l'honneur de Notre-Dame de la Salette, des cantiques composés par un Missionnaire, M. l'abbé Sibillat; la masse des pèlerins répétait après elle :

> A la Salette,
> Mon cœur répète
> Ce doux refrain :
> Vierge si bonne,
> Sois la patronne
> Du pèlerin.

> Notre-Dame de la Salette,
> Priez pour la France et pour nous;
> Priez le Seigneur, qu'il arrête
> Les traits de son juste courroux.

» A dix heures du soir, le chemin de la Croix fut fait solennellement en commun, du point de l'Apparition à celui de l'Assomption. Chacune des croix qui marquent les quatorze stations, portait une bougie enveloppée de papier blanc. Ces lumières, au milieu d'une nuit obscure et parfaitement calme, semblaient jalonner de feu la voie douloureuse et cette autre voie que Marie avait tracée sur la roche, le jour où elle vint révéler à deux enfants des montagnes, les nouveaux châtiments qui menaçaient leur patrie.

» A chaque station, M. l'abbé Sibillat prêchait le mystère qu'elle rappelait. Sa voix mâle et sonore, qui retentissait au loin, trouvait de l'écho dans le cœur des pèlerins; les pleurs, les sanglots de cette foule en offraient la preuve. Deux hommes, d'une taille élevée, se faisaient remarquer au milieu d'elle. C'étaient deux anglais, autrefois membres de l'Université d'Oxfort et ministres protestants, convertis à la religion d'Alfred-le-Grand et de St-Edouard. Munis de lettres de recommandation du cardinal Wiseman, ils étaient venus tout exprès à la Salette pour protester par leur présence contre l'indigne outrage que l'Angleterre hérétique avait fait à la Reine des cieux.

» Arrivé à la dernière station, celle où la Sainte-Vierge disparut aux yeux des bergers, le Missionnaire, s'abandonnant à tout le feu de l'inspiration, jeta dans le sein de ses auditeurs les émotions les plus touchantes. A sa voix on pria pour le bonheur de la France; puis l'orateur entonna la prière du *Parce Domine* que l'on répéta trois fois et que suivit la belle invocation du *Salve Regina*. A ces accents, la multitude enthousiasmée, s'oubliait elle-même; elle aspirait au ciel; la terre avait disparu pour ces âmes ardentes et pieuses, et toute la nuit, leurs chants joyeux en l'honneur de Marie préludèrent à la fête du lendemain.

» Les messes commencèrent à minuit précis pour ne cesser qu'après-midi. Dès le point du jour, des paroisses entières arrivèrent processionnellement, précédées de leurs curés et chantant des cantiques d'allégresse. L'autel de la chapelle était double; plus de cinquante prêtres y célébrèrent successivement le saint sacrifice; plus de cinq mille fidèles communièrent. Depuis la matinée du samedi jusqu'à midi du dimanche, les confessionnaux étaient assiégés. Les Missionnaires n'auraient pu suffire à cet empressement; mais un grand nombre de prêtres, venus de plusieurs diocèses de la France, et même de l'étranger, avaient prêté leur concours pour exercer, au milieu de la foule des pèlerins, le ministère de réconciliation.

» A neuf heures du matin, la grand'messe fut chantée en plein air. Un autel en planches, bien décoré, s'élevait sur le versant de la montagne du Gargas, vis-à-vis le chemin de la Croix. L'officiant était M. l'abbé Rousselot, chanoine et vicaire général de Grenoble. Tous les prêtres formaient un demi cercle au-devant de l'autel. Plus de dix mille pèlerins s'étaient rangés en amphithéâtre, les uns sur la colline en dessous de la chapelle, les autres le long du ruisseau du Sézia où coule la fontaine de l'Apparition. D'autres pressés autour de celle-ci, ne formaient pour ainsi dire qu'un seul groupe.

» Deux vastes chœurs s'étaient organisés d'eux-mêmes : sur la rive droite se trouvaient le chœur principal et tous ceux qui entouraient l'autel. L'autre chœur, placé sur la rive gauche, répondait à ces chants. Jamais concert ne m'a plus profondément ému; jamais la voix des hommes ne m'a paru plus énergique, plus victorieuse, plus écrasante.

» Après l'Evangile, M. l'abbé Sibillat a lu d'une voix forte la circulaire de Mgr l'Evêque de Grenoble, en date du 12 septembre, annonçant les grâces accordées par Pie IX, et faisant savoir que, dans cet instant même, la fête de l'Apparition se célébrait pour la première fois dans tout le diocèse. Le zélé Missionnaire a rappelé ensuite éloquemment le miracle dont le souvenir avait amené dans les montagnes cette immense réunion de fidèles. La foule, immobile, attentive, semblait suspendue aux lèvres du pieux et ardent orateur.

» Après la grand'messe et la bénédiction, le Saint-Sacrement a été porté en procession dans la chapelle.

» A une heure après-midi, les vêpres de la Vierge commencèrent en plein air devant le reposoir. L'affluence des fidèles était la même que le matin ; mais le temps, qui avait été si beau depuis le samedi, vint à changer. Les variations subites de la température, si ordinaires sur les points élevés, eurent bientôt amoncelé d'obscures vapeurs ; l'azur du ciel disparut, et l'on commençait à peine le Psaume *Nisi Dominus œdificaverit domum*, que la pluie commença et tomba avec force pendant une heure.

» Les chants avaient tout à coup cessé, tout le monde cherchait un abri ; le clergé dut revenir à la chapelle. On donna aussitôt la bénédiction du Saint-Sacrement, et le chant du *Laudate* termina la cérémonie.

» Tout étant fini sur la montagne sainte, les pèlerins quittèrent, non sans regret, ces lieux de bénédiction et de prières. Pour moi, j'eus besoin d'un pénible effort pour m'en arracher. L'aspect de ces lieux sanctifiés par un miracle avait parlé à mon cœur ; la conviction, qui déjà s'y était formée, était devenue inébranlable. Comme l'apôtre sur le Thabor, j'aurais voulu pouvoir élever un abri sur ces rochers, car il y *faisait bon vivre* pour un chrétien.

» En arrivant à Corps, nous pûmes encore assister à un sermon dans lequel M. le curé de la cathédrale de Grenoble vint rappeler à une foule pieuse, grossie encore par le retour des pèlerins, le miracle de la Salette et les sentiments qu'il devait exciter chez tous les fidèles dignes de ce nom.

» J.-B. Sardou. »

ART. V.

NOUVEAUX MIRACLES.

Dans nos publications de 1848 et 1850, nous avons donné la relation d'un grand nombre de miracles. Aucun sur lequel nous n'ayons fait des recherches consciencieuses pour en établir la réalité; aussi aucun n'a-t-il été contredit sur le lieu où il était arrivé. Les opposants qui ont voulu en combattre quelques-uns, n'ont abouti qu'à s'attirer d'humiliants démentis. Ne leur en déplaise, nous continuerons à en enregistrer de nouveaux, et pour la confirmation du Fait glorieux de la Salette, et pour l'édification des âmes vraiment chrétiennes. Faut-il éteindre le soleil parce qu'il y a des yeux malades qui sont blessés de son éclat? Faut-il taire la vérité, parce qu'il y a encore aujourd'hui des pharisiens qui s'en scandalisent?

I. Diocèse de Valence. — Guérison complète et instantanée sur la montagne et dans la chapelle de la Salette, le 1ᵉʳ juillet 1852, de *Marie Lauzur*, née à St-Céré, département du Lot, âgée de 18 ans et pensionnaire de la Visitation de Valence. (*Cécité*.)

Pièces justificatives. — 1° Procès-verbal de cette guérison fait sur la montagne par le P. *Sibillat*, Missionnaire de Notre-Dame de la Salette, adressé à Mgr l'Evêque de Grenoble et revêtu de trente-six signatures;

2° Déclaration de *M. Dupré de Loire*, docteur-médecin de Valence, qui a soigné Mlle Marie Lauzur, du 16 juillet 1852. En voici un extrait :

« Je soussigné, docteur-médecin de la Faculté de Paris, médecin du bureau de bienfaisance et de l'hôpital civil et militaire de Valence (Drôme), certifie avoir été appelé à donner des soins à Mlle Marie Lauzur.

» Cette jeune personne, âgée de dix-huit ans, pensionnaire à la Visitation de Sainte-Marie de Valence, fut prise tout-à-coup, le samedi 17 avril dernier, vers deux heures après-midi, en lisant, d'un affaiblissement de la vue, qui rapidement se perdit au point que le lendemain matin l'œil droit était complétement paralysé, et que le soir la cécité était égale des deux yeux.

» Ces organes examinés avec soin, ne me présentèrent aucune trace de lésion extérieure ni intérieure : les pupilles se contractaient légèrement; les humeurs qui remplissent les divers milieux, étaient parfaitement nettes; aucune apparence d'opacité sur le cristallin : et cependant l'insensibilité était telle que la lumière d'une bougie et du soleil ne leur faisait éprouver aucune impression; Mlle Lauzur ne pouvait ni distinguer aucun objet, ni se diriger dans la maison.

» L'affection n'était pas douteuse : c'était une amaurose qui s'était établie. Mlle Lauzur, fille d'un père myope, a deux sœurs très-myopes aussi, et elle-même a été toute sa vie atteinte d'une myopie qui l'obligeait à porter des lunettes n° 9. Elle a été dans son enfance et jusqu'à l'âge de treize ans, très-sujette à des ophtalmies qui ont complétement disparu depuis cette époque. Mais elle avait conservé une certaine sensibilité de la vue et une inégalité entre les deux yeux.

» L'amaurose qui s'est déclarée subitement le 17 avril peut, jusqu'à un certain point, avoir été provoquée par les travaux auxquels son éducation l'obligeait de s'appliquer, mais il n'y a aucune cause qui puisse être rattachée à son tempérament, à ses habitudes, à son régime, aucune cause externe (chute, coup, etc.), qui en ait été l'occasion; aucune imprudence, aucun traitement, aucune impression morale ou physique, aucune réaction sympathique qui puisse l'expliquer.

» Cette affection si bien caractérisée, ne me laissait dès l'abord aucune espérance de guérison. Cependant des moyens énergiques de traitement furent employés. Des sangsues furent appliquées deux fois ; six vésicatoires furent établis successivement aux tempes, à la nuque, aux bras; des pédiluves fréquemment répétés; trois purgations à divers intervalles, des boissons délayantes, des frictions avec la teinture Belladone, le repos le plus complet, etc., etc. Tous les moyens antiphlogistiques et dérivatifs furent sans succès. La cécité, complète dès le deuxième jour, ne cédait en rien, bien que la nature elle-même eût fait quelques efforts qui semblaient devoir être favorables : ainsi une abondante hémorragie nasale s'établit spontanément le jour même, et ne fut suivie d'aucune amélioration.

» C'est après avoir inutilement épuisé tous ces moyens que Mlle Lauzur entreprit le voyage de la Salette.

» A son retour, elle me raconta dans quelles circonstances VRAIMENT MIRACULEUSES elle avait INSTANTANÉMENT recouvré la vue.

» Ses yeux présentent la même apparence, si ce n'est la mobilité de la pupille qui a recouvré sa contractilité; l'œil, ses membranes et ses diverses humeurs, sont parfaitement nets, comme avant et depuis l'accident. La myopie existe toujours, cependant non pas au même degré, puisqu'elle se sert aujourd'hui de lunettes du n° 13.....

. . . .

» Valence, le 16 juillet 1852.

» F. Dupré de Loire, *d. m.* »

(Peu de temps après, Mlle Lauzur a cessé tout usage de lunettes.)

3° Attestation de Mme Marie-Julienne Lauzur et d'autres personnes de Saint-Céré (Lot), mère, tantes et institutrices de Mlle Marie Lauzur, du 30 juillet 1852;

4° Attestation de la communauté de la Visitation de Valence, sur la cécité et sur la guérison de Mlle Marie Lauzur, du 27 juillet 1852, portant trente-neuf signatures, toutes légalisées par Mgr l'Evêque de Valence, et revêtues du sceau de l'Evêché. Nous le donnons en entier :

« Mademoiselle Marie Lauzur de Saint-Céré, département du Lot, est entrée dans la maison le 7 décembre 1851. Dès son entrée au pensionnat, nous n'avons pas tardé à nous apercevoir que non-seulement elle était myope, mais encore qu'elle avait la vue excessivement faible. En effet, elle n'y voyait presque pas de l'œil droit, et le gauche portait encore les traces d'un accident, qui lui était arrivé dans son enfance, et dont les suites avaient été extrêmement fâcheuses, puisque à partir de ce moment, Mlle Lauzur avait souffert des maux d'yeux qui l'avaient souvent réduite à l'impuissance de se livrer à aucune espèce de travail; ce qui avait beaucoup nui à son éducation.

» Cependant à l'époque où cette jeune personne prit place parmi nos élèves, elle paraissait être beaucoup mieux, quoique sa vue fût encore assez faible pour ne pas lui permettre une occupation sérieuse, trop long-temps prolongée; aussi le travail à l'aiguille, la broderie surtout lui étaient choses inconnues. Employant toutes ses facultés à l'étude, elle avait besoin de s'y livrer avec une sage mesure pour ne pas trop fatiguer ses yeux, et encore n'était-ce qu'à l'aide de lunettes qu'elle pouvait lire et écrire, ce que par prudence elle ne faisait jamais à la lumière.

» C'est ainsi que s'écoulèrent les jours de l'hiver, et nous étions arrivées au mois d'avril sans que Mlle Lauzur se ressentît en aucune manière du travail appliquant auquel elle avait consacré plusieurs heures chaque jour; sa santé était parfaitement bonne; sa vue n'était pas plus mauvaise que par le passé, et nous avions tout lieu de croire qu'en continuant de prendre quelques précautions, elle pourrait sans danger poursuivre le cours de ses études.

» Mais nos espérances allaient être cruellement déçues ; car le 17 avril entre une heure et deux heures de l'après-midi, Mlle Lauzur, qui lisait dans ce moment, sentit tout-à-coup que ses yeux se couvraient d'une espèce de brouillard ; quelques instants après elle perdit entièrement l'usage de l'œil droit et le lendemain elle était complétement aveugle, sans avoir éprouvé la moindre douleur, sans avoir été préparée à ce terrible accident par la plus légère souffrance, et ce qui était plus affreux encore, sans aucune espérance de revoir un jour la lumière.

» En effet, dès ce moment, une insensibilité effrayante se manifesta dans l'organe de la vue, à un tel point, que Mlle Lauzur pouvait, sans qu'il en résultât aucune sensation douloureuse, promener ses doigts sur la prunelle de ses yeux, les frotter comme elle aurait fait sur un corps étranger, et pénétrer même jusqu'à la partie la plus interne de l'œil. Que de fois ne l'avons-nous pas vue répéter cette opération et se faire en quelque sorte un jeu de ce qui était pour nous un véritable tourment, par la conviction où nous étions, que cette insensibilité était une preuve certaine d'une paralysie complète dans le nerf optique.

» Cependant les remèdes les plus énergiques demeuraient sans effet, et ne faisaient qu'aggraver les souffrances de notre chère élève. M. Dupré de Loire, médecin de la maison, semblait en les employant n'en attendre aucun résultat, parce que, en examinant avec une grande attention notre pauvre aveugle, il avait reconnu une AMAUROSE. Notre anxiété s'accroissait donc chaque jour, à la vue d'une jeune personne frappée à l'âge de dix-huit ans d'une cécité complète et réduite à une impuissance telle, qu'il ne lui était plus possible de faire un pas sans se heurter contre quelque obstacle. Toujours guidée, ou par sa sœur novice dans notre communauté, ou par quelqu'un de nous, ou enfin par quelque élève compatissante, on la voyait s'avancer tristement, incertaine dans sa marche, comme l'enfant qui essaie ses premiers pas et cherchant toujours à se préserver de quelque accident fâcheux au moyen d'une de ses mains, lors même que l'autre avait trouvé un appui.

» Fatiguée de la dépendance continuelle où la tenait son infirmité, Mlle Lauzur fit dès les premiers jours quelques efforts pour s'y soustraire. Elle y parvint enfin, et plus d'une fois à l'aide d'un mur qu'elle suivait, d'une rampe d'escalier à laquelle elle se cramponnait, elle put marcher sans guide et parcourir seule le pensionnat et même la partie du monastère où était située la chambre qu'elle habitait depuis qu'elle avait perdu la vue. Déjà après deux semaines de cécité, tous les instincts des aveugles s'étaient par degré révélés en elle; à défaut de ses yeux, chacun de ses sens était pour elle un guide intelligent et sûr; son oreille fine et délicate avait appris à discerner les pas de chacune de nous; le plus léger bruit était pour elle un avertissement et quelle que fût la main qui la touchât, elle devinait toujours à la plus simple pression, quelle était celle de nous qui la caressait.

» Ne pouvant plus lire, plus écrire, et n'ayant pas encore appris à travailler à l'aiguille sans y voir, comme elle essaya de le faire plus tard, notre chère élève passait de longues heures devant Dieu, sollicitant sa guérison par d'incessantes prières. Comme nous, et encore plus que nous peut-être, elle sentait qu'elle ne pouvait obtenir cette grâce précieuse que par un miracle, et pour hâter le moment où elle lui serait accordée, elle répétait à satiété son chapelet, puis redisait l'une après l'autre toutes les prières que sa mémoire lui rappelait. Le chemin du chœur lui était devenu familier; elle y arrivait à tâtons, suivant doucement de la main les stalles sur lesquelles la communauté se place pour chanter l'office divin, et arrivait ainsi à l'endroit où elle avait l'habitude de se mettre à genoux. Elle agissait de même pour se rendre à la chapelle, au réfectoire et presque toujours elle le faisait sans accident; mais il n'en était pas toujours ainsi lorsqu'elle changeait tant soit peu de route. Un jour qu'elle voulut se hasarder d'aller seule au jardin, elle faillit être victime de sa témérité, et si Dieu n'eût veillé sur elle, elle se fût précipitée dans une citerne qui était juste sur son chemin. Une autre fois, voulant aller rejoindre les élèves qui étaient réunies à la chapelle, elle se rendit sans obstacle à une salle d'étude du pensionnat; mais arrivée là, elle ne put plus s'orienter et s'assit tout bonnement au milieu de cette grande pièce; trois quarts d'heure après, à notre retour de la chapelle, elle y était encore. Combien de fois s'est-elle heurtée violemment contre un mur, contre une porte qui se rencontraient sur son passage : les chaises, les meubles d'un appartement, les arbres du jardin, tout était pour elle une entrave. Un jour de lessive, elle s'embarrassa si bien entre le linge et les cordeaux, que se croyant dans un véritable labyrinthe, elle n'eut d'autre moyen pour en sortir que d'appeler quelqu'un à son aide.

» Enfin, après deux mois et demi d'une cruelle épreuve, Mlle Lauzur n'ayant aucun espoir de guérison, s'est décidée à accomplir le pèlerinage qu'elle rêvait depuis si longtemps. Souvent, depuis qu'elle était aveugle, sa pensée s'était dirigée vers la sainte Vierge en qui elle avait toujours mis toute sa confiance; le moment était venu de réaliser le plus ardent de ses vœux; la chapelle de Notre-Dame de la Salette était le but vers lequel elle tendait; mais elle voulait y aller à pied pour être plus sûre d'obtenir la faveur qu'elle sollicitait, et cette entreprise nous paraissait difficile pour une pauvre enfant aveugle, grandement affaiblie par le chagrin que son infirmité lui avait causé. Par prudence il fut convenu que la route ne se ferait à pied que lorsque les forces physiques de notre chère enfant répondraient à l'énergie de sa volonté. Mlle Lauzur partit donc un samedi, 26 juin, avec une sœur tourière; nous l'accompagnâmes de nos vœux les plus sincères et réchauffâmes notre foi à l'ardeur de la sienne. La diligence transporta nos deux voyageuses jusqu'à Saint-Marcellin; là une communauté de la Visitation leur offrit une douce hospitalité. Bien plus, la supérieure voulut qu'une sœur tourière s'adjoignit à notre sœur Marie-Justine Chareyron, pour favoriser le succès du pèlerinage. Avec un guide sûr comme l'était la sœur Marie-Agathe qui avait déjà fait le trajet de la Salette, Mlle Lauzur partit à pied avec un courage nouveau; le mercredi soir elle arriva à Corps, et dès le matin du jour suivant, elle se mit de nouveau en chemin pour se rendre le jour même sur la montagne où est située la chapelle. Elle seule peut raconter les difficultés qu'elle eut à vaincre dans tout le cours de son voyage; sans compter une pluie abondante qui dura deux heures, Mlle Lauzur eut à lutter contre une foule d'obstacles qui ralentissaient sa marche sans diminuer son courage. Le vent soufflait avec violence, le sentier devenait de plus en plus glissant et le bruit des torrents faisait battre son cœur avec tant de force qu'il lui semblait qu'elle allait tomber d'inanition et de faiblesse, et pourtant, tout aveugle qu'elle était, elle devançait souvent ses deux guides de toute la portée d'un ruban qu'on avait lié à son bras et qui la rattachait à notre sœur Marie-Justine, afin qu'elle fût préservée de tout danger.

» Heureuse enfant! elle touchait au terme de ses souffrances! trempée de sueur et mouillée jusqu'aux os par une pluie torrentielle, elle arriva enfin sur la montagne de la Salette. C'était le premier juillet, jour béni mille fois! Dans sa naïve confiance, Mlle Lauzur n'attendait un miracle que pour le lendemain, parce que disait-elle, cette douce visite de la sainte Vierge ne pouvait mieux lui être faite que le jour de la Visitation. Cependant, déjà cette chère enfant était dans la chapelle; à peine en eut-elle franchi le seuil, que s'adressant à notre sœur Marie-Justine, elle lui dit tout bas : *Comme on est bien ici.....* Un quart d'heure après, M. Sibillat, missionnaire, lui donnait la sainte communion ; c'est dans cet heureux moment que Mlle Lauzur recouvra la vue. Il n'appartient qu'à elle seule de révéler les douces émotions qui remplirent son âme dans l'instant solennel où cette grâce lui fut accordée. Tout ce que nous avons pu apprendre de notre sœur Marie-Justine, c'est que cette chère enfant ne pouvant suffire à la joie immense qui lui arrivait si soudainement, éprouva un saisissement tel qu'elle fut privée de tout mouvement ; ce ne fut qu'après quelques minutes qu'elle s'écria : *J'y vois, j'y vois :* et se mettant à genoux elle resta absorbée dans la contemplation de la sainte Vierge, dont la statue placée vis-à-vis d'elle, se présentait seule à son œil étonné et ravi. Trois quarts d'heure s'écoulèrent ainsi, et pendant ce temps, notre bonne sœur tourière ne fut pas sans anxiété, voyant la fixité du regard de Mlle Lauzur. Pendant ce temps, la messe s'était dite. Quand elle fut finie, M. Sibillat joignit ses ordres aux invitations réitérées de notre sœur Marie-Justine; et, à la parole du pieux Missionnaire, notre chère enfant se leva et montra aux spectateurs qui étaient dans la chapelle, quelle est la miséricordieuse puissance de Marie envers ceux qui l'invoquent avec foi et persévérance.

» La nouvelle de ce miracle a précédé de huit jours l'arrivée de Mlle Lauzur dans notre communauté; son retour parmi nous a mis le comble à notre bonheur; elle était partie aveugle, elle nous est revenue jouissant mieux que par le passé de l'usage de ses deux yeux ; la sainte Vierge s'est montrée libérale à son égard, elle l'a récompensée au-delà de ses espérances, en lui donnant une vue bien supérieure à celle qu'elle avait avant le pénible accident qui avait jeté tant de tristesse sur sa vie en l'enveloppant de ténèbres. Aujourd'hui Mlle Lauzur a repris ses occupations primitives : elle lit, elle écrit, elle travaille même à l'aiguille sans se servir de lunettes et sans éprouver la moindre fatigue.

» Mlle Lauzur, comme on peut le lire dans l'attestation de M. Dupré de Loire, se servait de lunettes à son retour de Notre-Dame de la Salette, pensant qu'elles lui étaient nécessaires, mais elle n'a pas tardé à comprendre qu'elles lui étaient plus nuisibles qu'utiles et elles s'en est tout-à-fait débarrassée.

» En présence d'une faveur si grande, nous ne pouvons que proclamer hautement la bonté pleine de miséricorde de la très-sainte Vierge : la guérison miraculeuse de Mlle Lauzur est, nous n'en doutons pas, l'œuvre de son amour et de sa toute puissance. Grâces lui soient donc à jamais rendues pour un si grand bienfait ! Puisse le culte de notre divine Mère s'étendre au loin et se propager pour le bonheur du monde chrétien ; puissions-nous nous-mêmes dans les sentiments d'une indéfinissable reconnaissance contribuer à sa gloire en la faisant bénir et aimer autant qu'il est en notre pouvoir de le faire. »

5° Attestation des élèves de la Visitation de Valence, sur la cécité et sur la guérison de Mlle *Marie Lauzur*. — Suivent cinquante-sept signatures, légalisées par Mgr l'Evêque de Valence, et revêtues du sceau de l'Evêché ;

6° Récit de Mlle Marie Lauzur, dont la signature est également légalisée par Mgr l'Evêque de Valence ;

7° Attestation de M. Serpeille, aumônier de la Visitation de Valence, légalisée par Mgr l'Evêque de Valence ;

8° Attestation des religieuses de la Visitation de Saint-Marcellin, de leurs élèves, et de M. Molin, leur aumônier, témoins oculaires de la cécité et de la guérison de

Mlle Marie Lauzur, qui a séjourné au couvent, soit en allant, soit en revenant;

9° Procès-verbal de M. Lacroix, curé de l'Albenc, où Mlle Marie Lauzur s'est arrêtée, soit en allant à la Salette, soit en revenant. Ce procès-verbal est consigné dans les registres de la paroisse;

10° Attestation du couvent de la Nativité de la Mure, où s'est arrêtée Marie Lauzur, avant et après sa guérison;

11° Correspondance au sujet de cette guérison.

II. Diocèse de Paris. — Guérison le 15 avril 1852, de Mlle *Françoise Gentet*, native des Essarts (Jura), domiciliée à Paris.

Pièces justificatives. — 1° Déclaration de la sœur Degore, supérieure de l'hôpital de St-Merry, à Paris :

« Moi sœur Degore, fille de la Charité à l'hospice St-Merry, déclare sur ma conscience, en présence de Dieu et des hommes, que la demoiselle Françoise Gentet étant traitée dans l'hospice d'une maladie qualifiée sur le cahier de visite d'une *bronchite chlorose, aménorrhée*, était tombée dans un affaiblissement si considérable par des vomissements incessants depuis le 12 mars jusqu'au 15 avril qu'elle touchait à l'agonie, lorsque après avoir avalé une cuillerée d'eau de la fontaine de la Salette, elle s'en est trouvée après quelques instants guérie *sans convalescence comme sans récidive*, ayant repris immédiatement ses occupations physiques et fait le voyage de la Salette sans aucun inconvénient pour sa santé.

» En foi de quoi je donne la présente attestation.

» Paris, le 25 juin 1852. » *Sœur* Degore. »

« Je soussigné, supérieur général des filles de la Charité, certifie que la signature ci-contre est bien celle de la sœur Degore, supérieure de l'hôpital St-Merry à Paris, et que foi doit y être donnée.

» Paris, le 25 juin 1852.

» Etienne, *supérieur général.* »

2º Déclaration du célèbre docteur RÉCAMIER :

« La déclaration de la sœur Degore, en date du 25 juin, relative à la demoiselle Françoise Gentet, présente à considérer les faits suivants :

» *Faits.* — 1º La qualification triple de sa maladie sur le cahier de visite *bronchite chlorose* et *aménorrhée ;*

» 2º L'aggravation successive de la situation de la malade du 12 mars passé au 15 avril suivant par des vomissements incessants ;

» 3º Sa débilitation excessive, au point de faire croire à l'agonie et à une mort prochaine ;

» 4º La cessation instantanée de tous les symptômes de la maladie à la suite de la déglutition d'une cuillerée d'eau de la Salette ;

» 5º Le retour des forces, des facultés digestives sans l'intermédiaire d'aucune période de convalescence, la malade ayant repris immédiatement son régime alimentaire, après avoir quitté son lit et peu de jours après ayant entrepris le voyage de Paris à la Salette sans en avoir éprouvé aucune fatigue extraordinaire ni aucun retour d'accidents jusqu'aujourd'hui 25 juin 1852.

» *Remarques.* — 1º Cette personne fut visitée par moi au couvent de Saint-Joseph à Bièvres, il y a deux mois pour une affection de poitrine inflammatoire avec une fièvre violente ; maladie qui fit craindre pour sa poitrine et empêcha les dames de St-Joseph de la garder comme novice ;

» 2º L'opiniâtreté des vomissements du 12 mars au 15 avril est remarquable ;

» 3º L'affaiblissement extrême de la malade qui ne pouvait, dit-on, se tenir sur son séant, est à considérer ;

» 4º La cessation instantanée de tous les accidents après avoir bu une cuillerée d'eau, et le retour immédiat des forces comme le rétablissement des facultés digestives, et le dégagement de la poitrine sans l'*intermédiaire de toute convalescence*, est un fait de haute importance et sans rapport avec la marche ordinaire que suivent les maladies même simplement nerveuses lesquelles ont duré un certain temps.

» Telles sont les remarques que j'ai cru devoir faire à l'occasion du fait dont il s'agit, en supposant comme je le crois, la déclaration exacte.

» Paris, 25 juin 1852. » RÉCAMIER.

3° Relation de la maladie et de la guérison de Françoise Gentet, faite par elle-même et signée par Mme Degore, supérieure de l'hôpital, et onze autres témoins oculaires;

4° Différentes lettres écrites sur cette guérison, dans lesquelles elle est attestée;

5° Lettre de Mme Marie Fourier, religieuse de l'Abbaye-aux-Bois, où a été reçue Françoise Gentet, et soumise à l'examen du docteur Fizeau, qui a dit à Mme la supérieure : « Je ne m'étonne plus d'une constitution si » excellente; la sainte Vierge ne fait pas les choses à » demi. »

III. DIOCÈSE DE NAMUR (Belgique). — Guérison de Mlle *Pauline Burton*, le 30 décembre 1851.

PIÈCES JUSTIFICATIVES. — Lettre de M. GODFRIN, curé-doyen de Ciney, à M. Rousselot, dans laquelle il raconte la maladie et la guérison. Cette lettre est légalisée par Mgr Nicolas-Joseph de Hesselle, Evêque de Namur, revêtue du sceau de l'Evêché, et porte en outre les signatures de plusieurs témoins oculaires, de Pauline Burton, de sa sœur, de son cousin germain, M. *Hauzenc*, chanoine de la cathédrale et secrétaire de l'Evêché. M. *Godfrin* ajoute qu'il aurait pu recueillir un bien plus grand nombre de signatures;

2° Relation de M. Delvaux, docteur en médecine à

Rochefort, province de Namur. Cette relation est consignée dans les archives de l'église de Ciney. En voici un extrait :

« Mlle Pauline Burton est née de parents sains, propriétaires-cultivateurs, vivant dans une certaine aisance. Son éducation fut soignée ; elle passa plusieurs années dans une maison d'éducation dirigée par des religieuses, où elle reçut l'instruction propre à son état. Sa santé, sans être robuste, s'était toujours assez bien soutenue.

» Rentrée chez ses parents, elle s'occupa avec ses sœurs aux soins du ménage ; son goût particulier cependant était pour les ouvrages tranquilles, la couture, la broderie, en sorte que sa vie, quoiqu'à la campagne, fut assez sédentaire.

» A l'âge de dix-huit à vingt ans, elle se livra un jour à un exercice violent ; dès lors elle n'eut plus un instant de santé ; elle devint pâle et souffrante, elle perdit toute gaîté ; les digestions se dérangèrent, la respiration devint courte, les forces s'énervèrent, et bientôt elle tomba dans un état d'anémie et de souffrances continuelles ; des palpitations se manifestèrent et tous les symptômes d'une hypertrophie du cœur ; les poumons semblèrent s'entreprendre et tout fit craindre une phthisie pulmonaire ; l'estomac de son côté s'affecta d'une manière toute particulière ; la région épigastrique devint tellement sensible que le moindre attouchement eût provoqué la syncope. Des douleurs entre les épaules et une sensibilité des apophyses des vertèbres dorsales dénota une affection de la moëlle épinière. Les organes du bas ventre s'affectèrent à leur tour : ainsi douleurs excessives des reins, difficulté dans l'émission des urines, constipation excessive, etc., etc., etc.

» Cet état, qui dura l'espace de dix-neuf à vingt ans, présenta des intervalles de soulagement, c'est-à-dire, qu'il fut des temps où le mal était plus supportable : elle pouvait marcher un peu à l'aide d'un bras, se faire conduire et être un peu à l'église. Mais le plus ordinairement les souffrances étaient telles qu'elle devait rester au lit, se tenir toujours dans la même position, en proie aux douleurs les plus cruelles ; nul organe qui ne souffrît à sa manière, et les symptômes portés à une telle intensité qu'on s'attendait d'un jour à l'autre à la voir succomber, et que plusieurs fois on en vint à lui administrer les derniers sacrements.

» Vers le mois de mars 1850, à la suite des peines et des inquiétudes que lui donna la maladie d'une sœur qu'elle aimait tendrement, Mlle Burton, sentit son état s'empirer, tous les symptômes prirent une intensité nouvelle, ils résistèrent à tout espèce de traitement. Elle pouvait encore jusque-là se livrer par moment à quelques petits ouvrages, broder, coudre, se traîner de temps en temps à l'église : il fallut tout laisser, tenir le lit, y subir les souffrances les plus cruelles ; elle refusa toute nourriture, son estomac n'en supportait plus ; des nausées et des vomissements survinrent ; les palpitations étaient si fortes qu'on pouvait les entendre même à une certaine distance de son lit ; plus de sommeil, plus le moindre repos.

» A cet état déjà si grave, vint se joindre vers le milieu de l'été dernier, une sueur des plus abondantes ; cette sueur acquit de jour en jour une intensité plus forte et ce fut au point que le linge de la malade, ses vêtements, toutes ses literies étaient trempées en un instant ; au bout de deux heures on était obligé de la changer.

» Les lotions froides sur toute la surface du corps, les prescriptions les plus astringentes, les acides minéraux concentrés, rien ne put arrêter ce déluge de sueur. On peut évaluer de quinze à vingt livres la quantité de liquide exhalé sur les vingt-quatre heures.

» La malade en proie aux souffrances que nous avons signalées, ne prenant plus la moindre nourriture, était à toute extrémité ; nous déclarâmes aux parents que son état était au-dessus de toute ressource, et le 11 décembre je la quittai persuadé que je ne la reverrais plus et que la mort viendrait mettre fin à un état si douloureux.

» C'est quelques jours après qu'on eut recours à l'intercession de Notre-Dame de la Salette......... Je laisse maintenant aux personnes qui l'ont vue pendant ce temps à détailler ce qui s'est passé alors : mais je ne balance pas à déclarer que la guérison instantanée qui eut lieu alors, est un fait miraculeux.

» Retenu chez moi, je ne pus voir mon ancienne malade que quinze jours après l'événement. Je la trouvai levée, gaie et alerte; tous les symptômes étaient disparus, elle avait un appétit très-fort et digérait parfaitement tout ce qu'elle prenait. Je le répète encore : du lit de la mort passer sans convalescence, à un état de santé parfaite, est une chose surnaturelle; tout médecin qui aurait suivi la maladie depuis tant de temps, s'il a un peu de bonne foi, confessera la réalité du miracle.

» Fait à Rochefort par le soussigné docteur en médecine de la Faculté de Paris, le 22 juillet 1852.

» Delvaux. »

3° Déclaration de M. le docteur Lefebvre :

« Je soussigné, docteur en médecine et en chirurgie, déclare solennellement et dans l'intérêt de la vérité les faits suivants :

» Je vis Mlle Burton pour la première fois le 5 mai 1851, appelé par la confiance de la famille à conférer avec mon excellent collègue, M. le docteur Delvaux, et je la trouvai dans un état d'une extrême gravité.

» Malade depuis vingt ans, elle était arrivée à un état d'épuisement qui laissait peu de ressources. Pour ne parler que de ce que j'ai vu moi-même, je constatai chez l'intéressante malade une hypertrophie du cœur fort avancée et compliquée d'une gastralgie exquise tellement intense, tellement rebelle à toute médication que pendant près de huit mois nous ne pûmes jamais parvenir à faire supporter à la malade autre chose qu'une cuillerée de fromage mou et une tasse de bouillon.

» Sous l'influence de ses longues souffrances et grâces à cette alimentation dérisoire, Mlle Burton arriva à un degré d'anémie tel que nous étions à nous étonner à chaque visite qu'avec un sang si appauvri elle put continuer à vivre.......

» Une dernière complication survint, qui devait selon nous achever d'épuiser la malade : au commencement d'octobre il survint des sueurs morbides d'une abondance excessive et d'une ténacité désespérante. On devait changer la malade de linge douze à treize fois par jour (24 heures), et pendant deux mois et demi nulle médication ne parvint à modifier ces sueurs colliquatives.

» La malade allait s'achevant et lors de notre dernière consultation, le 11 décembre, nous la quittâmes avec la conviction qu'elle était arrivée à ce point extrême de faiblesse au-delà duquel la vie n'est plus possible.

» Le 28 décembre, elle était encore dans le même état, et le 29, elle était guérie.

» J'ai revu Mlle Burton quelques jours après, et je déclare formellement que la médecine, même incrédule, ne peut que s'incliner devant des faits pareils, reconnaître qu'elle est parfaitement désintéressée dans une telle guérison et proclamer qu'une puissance surnaturelle a dû intervenir dans cet événement.

» Docteur LEFEBVRE.

» Namur, le 10 août 1852. »

IV. DIOCÈSE DE LAUSANNE. — A Rue, canton de Fribourg en Suisse, guérison, le 21 juillet 1852, de *Josette Cottet*, âgée de 25 ans, malade depuis quatre ans.

PIÈCES JUSTIFICATIVES. — 1° Déclaration de M. le docteur *Cosandey*, dont voici le contenu :

« Le soussigné déclare avoir traité consciencieusement la porteuse du présent, Josette Cottet, de Rue, depuis le 14 novembre 1849 jusqu'au 11 juin 1852. Cette jeune fille était atteinte d'une affection hystérique des plus intenses, déjà traitée antérieurement par deux différents médecins distingués.

» Enumérer les symptômes de cette maladie est chose impossible : des palpitations du cœur violentes ; des douleurs de tête opiniâtres, avec des angoisses fréquentes, qui ne pouvaient être modérées que par les saignées ; de nombreux vomissements de sang, les diarrhées et les constipations se succédaient, accompagnées de rétention d'urine et de syncopes qui duraient parfois jusqu'à vingt-quatre heures de suite. Un tremblement spasmodique et général la saisit pendant plusieurs mois, et pour finale, elle avait un engorgement douloureux du sein gauche. Tous ces maux ont disparu subitement, et cela à ma d'autant plus grande surprise, que nombre de fois j'ai cru avoir fait ma dernière visite à cette malade.

» Donné pour acte de vérité, à Rue, ce 3 novembre 1852.

» *Docteur* COSANDEY. »

2° Procès-verbal de cette guérison dressé par M. *Raboud*, curé de Rue.

V. DIOCÈSE DE CAMBRAI. — Chez les dames du Sacré-Cœur, à Lille, guérison de Mme *Benoît*, le 21 juin 1852.

PIÈCES JUSTIFICATIVES. — 1° Relation de cette guérison envoyée à toutes les communautés de l'Institut.

« Madame Sophie Benoît, âgée environ de quarante-quatre ans, religieuse du Sacré-Cœur de Jésus depuis 1828, ressentit au genou gauche, dès les premières années de sa vie religieuse, des douleurs aiguës qui l'obligeaient de temps en temps à quelques jours de repos. En 1842, ces douleurs devinrent horribles ; le fer et le feu furent vainement employés. Pendant dix mois, elle souffrit un vrai martyre : toujours sur son lit, la jambe suspendue, elle ne pouvait supporter le plus léger bruit, la moindre secousse. Toute la partie malade fut alors lattée jusqu'à la hanche, dans une forme en fer-blanc, et subit ensuite une autre épreuve dans un appareil amidoné. La violence des crises se calma alors : le côté gauche était sans vie, et la paralysie était cependant incomplète en ce sens que les douleurs subsistaient par intervalles. Tous les remèdes de l'art ayant été épuisés, on eut recours aux béquilles comme le seul moyen qui pût aider Mme Benoît à marcher. Le premier essai qu'elle en fit causa une horrible convulsion, et pendant plusieurs mois, de grandes souffrances se renouvelaient quand elle devait s'en servir. La jambe malade, élevée de terre d'un pied et demi, était soutenue par une bande qu'on lui attachait au cou. Insensiblement elle s'alongea jusqu'à pouvoir toucher la terre du bout du pied. Plusieurs fois il fut question d'amputer ce membre devenu étranger au corps. MM. les docteurs Léonard, Delvaux, Maillat, Murville, qui ont examiné et étudié le mal, ont déclaré qu'il ne laissait point d'espoir de guérison ; mais la très-sainte Vierge avait, dans les secrets de sa toute-puissance, un remède inconnu à la science humaine, et sa bonté le réservait à la pieuse servante du Seigneur. Le 12 juin commença pour elle la neuvaine que Marie devait si merveilleusement bénir. Cependant, soumise et résignée depuis longtemps, Mme Benoît craignait un peu de prier pour sa guérison ; mais, encouragée par sa supérieure, elle demanda avec foi et confiance l'usage d'un membre qu'elle offrait d'avance comme un instrument de dévouement pour le service du Cœur de Jésus et de sa sainte Mère. Le neuvième jour de la neuvaine, au milieu d'une réunion de communauté, elle se lève, marche seule et sans appui : le côté malade avait recouvré le mouvement, les articulations étaient devenues aussi souples que celles des membres les plus sains. Toutefois, une petite épreuve devait, quelques jours plus tard, être ménagée à sa foi qui ne fut point ébranlée : la peau du pied, peu habituée au contact du sol, devint sensible au point de lui causer de vives douleurs lorsqu'elle marchait. Notre-Dame de la Salette avait trop fait pour qu'on n'espérât pas encore ; on demanda de nouveau ; et Marie, qui ne compte pas ses bienfaits, en ajouta un de plus à celui qui sera l'objet d'une éternelle reconnaissance : Madame Benoît peut marcher sans appui et suivre les exercices de la Communauté. — En foi de quoi ont signé : l'aumônier, la supérieure, l'assistante, la personne guérie et le médecin. »

Des quatre médecins qui ont donné leurs soins à Mme Benoît, l'un est mort, deux autres ont quitté la ville, un seul a signé.

2° Lettre de Lille du 19 octobre 1852, portant que cette guérison se soutient parfaitement ; que Mme Benoît est chargée d'un emploi qui l'oblige à faire chaque jour beaucoup de MOUVEMENT, à monter sans cesse et à descendre les nombreux escaliers d'une grande maison.

Nous pourrions donner ici le récit intéressant d'un grand nombre d'autres miracles, non moins certains, non moins surprenants, non moins inexplicables par les lois ordinaires de la nature. Nous pourrions parler aussi d'un grand nombre de faits merveilleux et consolants, opérés dans l'ordre de la grâce : des pécheurs endurcis depuis longtemps et dont la conversion a été aussi soudaine que sincère, soutenue et édifiante ; des malades qui s'obstinaient à mourir impénitents, et qui, changés tout-à-coup, ont demandé et reçu avec empressement et bonheur les derniers secours de la Religion, et ont terminé par une mort édifiante une vie passée dans l'oubli de Dieu et de tous les devoirs de la Religion. Ces merveilles dans l'ordre de la nature et dans celui de la grâce ont été obtenues par le recours à Notre-Dame de la Salette et par l'usage de l'eau que Marie a sanctifiée. Depuis six ans ces merveilles se reproduisent partout ; elles sont consignées dans les milliers de lettres reçues à l'Evêché, à Corps, à la Salette. Un extrait de ce que ces lettres contiennent d'édifiant et même de prodigieux formerait seul plusieurs énormes volumes. Ces lettres sont écrites de tous les pays, de la France, de l'Italie, de la Belgique, des Pays-Bas, de la Suisse, de l'Allemagne, de l'Angleterre, de l'Amérique, etc. Fermer les yeux à tout cela, c'est être aveugle volontaire ; argumenter contre tout cela, c'est se jeter dans une incrédulité systématique ; rire de tout cela, c'est se mettre au rang des voltairiens, qui cherchent à tourner en ridicule ce qu'ils savent bien être inattaquable.

Concluons avec un personnage que le respect nous défend de nommer : LE PÈLERINAGE DE LA SALETTE EST D'UNE GRANDE AUTHENTICITÉ ; IL EST PLEIN D'AVENIR.

Concluons encore : *Heureux, mille fois heureux le diocèse de Grenoble, privilégié entre tous les diocèses, et dont tous les diocèses envient le bonheur !*

Concluons enfin : *Le Fait de la Salette n'est pas l'œuvre de l'homme ; il est bien moins l'œuvre du démon. Donc,* IL EST L'OEUVRE DE DIEU.

Tout a été imaginé, dit, écrit et tenté contre le Fait de la Salette. S'il n'eût été qu'une fourberie sacrilége, ou qu'une abominable jonglerie, ou qu'un prestige diabolique, il devait nécessairement succomber sous les coups redoublés que lui portaient tant de mains ennemies, armées pour le combattre. Loin de succomber, il a triomphé partout ; partout il a obtenu foi, confiance, faveur, même dans la Ville éternelle, inaccessible à l'erreur. Donc le Fait de la Salette est une VÉRITÉ !

ART. VI.

NOUVELLES PIÈCES QUI N'ONT PU TROUVER PLACE DANS LE CORPS DE L'OUVRAGE.

I. — NOUVEAUX DÉMENTIS DONNÉS AU PAMPHLÉTAIRE.

Caché sous un nom inconnu, le pamphlétaire a pu braver impunément le *mentiris impudentissimè* d'Horace, et à la honte de ceux qui l'ont choisi pour leur organe, il a pu tout à son aise, injurier, calomnier, diffamer les personnes, dénaturer, travestir et fausser les choses et les faits. Sur notre invitation, M. *Mélin*, curé-archiprêtre de Corps, a fait justice des imputations calomnieuses dont on le charge, par la lettre suivante. En la lisant, on verra une fois de plus comment le libelliste se joue du public en se déshonorant lui-même.

Corps, le 8 janvier 1853.

« Monsieur le Vicaire général,

» Vous désirez quelques renseignements de ma part sur des visites faites aux enfants de l'apparition par des inspecteurs primaires, et sur deux faits où il s'agit de chiffres, et qui me sont attribués; l'un se serait passé chez moi, avec Mgr l'Evêque de Gap; et l'autre, à Grenoble, avec M. l'abbé Chaluau, vicaire à la cathédrale.

» J'ai cherché longtemps la première visite; j'ai eu de la peine à la découvrir, dans le gâchis contradictoire où elle se trouve enclavée. J'ai vu les enfants SÉQUESTRÉS dans la maison des religieuses de Corps; GARDÉS A VUE par l'une d'elles, terme légal qui sert de titre à ce chapitre; puis LIBRES COMME L'AIR, ET LE JOUR ET LA

NUIT; SORTANT ET RENTRANT A VOLONTÉ; enfin RECOUVRANT HEUREUSEMENT LEUR LIBERTÉ PAR UN ENLÈVEMENT: comprenne qui pourra. Le libelle me représente parcourant le diocèse avec les deux instruments de l'apparition; les présentant aux communautés religieuses et aux maisons les plus distinguées par leur piété, comme des sujets rares et curieux; m'en servant ainsi comme d'une réclame puissante pour recommander le commerce de l'eau de la Salette, et en forcer la consommation; et cependant, je ne suis sorti qu'une seule fois de ma paroisse, en compagnie des deux enfants; et je ne les ai présentés que dans une seule maison religieuse, et c'est M. l'aumônier qui en a été cause; et je ne les ai conduits que dans une seule maison, distinguée par sa piété, chez Mme G..., pour remplir un désir entièrement étranger à toute spéculation, et commandé par une profonde reconnaissance que je suis heureux de lui renouveler aujourd'hui. Je reviens au fait.

» J'ai appris par la voix publique, qu'un sous-inspecteur, versé depuis dans un département voisin, non pas en récompense de ses services, mais bien pour en décharger le nôtre, s'était présenté au couvent, accompagné des deux instituteurs et d'un haut fonctionnaire de Grenoble. A ce titre, ce dernier est mis en rapport avec les enfants; leur facilité dans le récit de l'événement le surprend et l'étonne; il en cherche la cause; il la trouve : C'EST M. LE CURÉ DE CORPS QUI A RAPPELÉ AUX ENFANTS LEURS SOUVENIRS; et voilà la grosse caisse sur laquelle on bat vingt fois, jusqu'à la fin du livre....

» L'auteur du libelle n'aurait pas dû aller plus loin, mais s'arrêter tout court, et prouver que j'étais, de concert avec les enfants, l'inventeur et le propagateur du fait merveilleux, qu'il poursuit avec tant de colère; sa tâche eût été remplie. Il n'en fait rien, et il a bien raison de glisser vite à cette page et de passer outre; sa découverte, qui n'a pas même le mérite de la nouveauté, était, en 1848, époque de son invention, une simplicité incroyable; imprimée en 1852, elle n'est plus qu'une niaiserie, sans sel et sans valeur, que je laisse toute entière, pour le compte du *haut fonctionnaire de Grenoble*, que je n'ai pas l'honneur de connaître, et dont je ne suis nullement connu.

» La seconde visite a eu lieu en 1850, et ne prouve absolument rien contre l'événement de la Salette.

» D'abord ce n'était ni un inspecteur ni un sous-inspecteur; il remplissait seulement une mission temporaire pour devenir l'un ou l'autre. L'inspection des trois classes s'est faite sous nos yeux, à l'exception de celle des huit ou dix élèves, qui ne s'est faite nulle part, et qui n'est qu'une broderie à points rouges sur un fond blanc, pour faire ressortir, avec plus d'évidence, la stupidité de celui qui l'a inventée et de celui qui l'a crue.

» Il n'y eut, dans cette visite, ni admonestations vertes données à la supérieure, ni remontrances adressées directement au maire, qui n'était pas présent, ni au curé qui n'aurait pas été embarrassé pour répondre.

» Il y eut encore moins lieu au renvoi bouffon des enfants à la PIOCHE ou à l'AIGUILLE. Ce dernier trait n'est qu'une réminiscence de ce que le prétendu inspecteur s'est entendu dire à lui-même dès son entrée dans la carrière littéraire, où le jugement préventif qu'il avait porté contre lui-même, et à son insu, lui a été signifié à la porte de l'Académie, quand il est venu y frapper, pour devenir inspecteur. Ne serait-ce pas pour cette raison QU'IL EST RENTRÉ DEPUIS DEUX ANS DANS LA VIE PRIVÉE, d'où, en fait d'inspection, il n'était jamais sorti.

» Du reste, avant cette visite, les classes du couvent de Corps avaient été inspectées, sous la même Supérieure et le même Curé, par M. R... et par M. M..., hommes supérieurs dans leur genre, laissant bien loin derrière eux, celui qui a prétendu corriger leur travail; en consultant leurs notes, on y aurait trouvé le témoignage flatteur qu'ils ont toujours rendu aux maîtresses, aux élèves et aux autorités locales, sur cet établissement.

» J'ajoute encore qu'un recteur très-distingué de l'Académie de Grenoble étant venu à la Salette, me fit l'honneur de me rendre visite, et me pria, ainsi que sa pieuse dame, de l'accompagner au couvent. Il y vit les religieuses, les deux enfants, en fut très-satisfait et leur laissa, comme souvenir de son passage et de sa bienveillance, un petit ouvrage dont il était l'auteur.

» J'ai fort peu de choses à vous apprendre sur les deux autres faits, dont j'ai promis de vous parler. La presse a déjà porté à la connaissance du public, que Mgr l'Evêque de Gap avait protesté contre tout ce qui lui est attribué dans le pamphlet, en déclarant qu'il était entièrement étranger A CETTE OEUVRE DE TÉNÈBRES. Il n'a pas plus été question ni du fait de l'apparition ni du débit de l'eau de la Salette, entre Mgr de Gap et le Curé de Corps, que de l'Alcoran, ni à table, ni ailleurs, pendant son séjour dans la paroisse; quoique S. G. soit arrivée le lundi soir, et qu'elle n'en soit partie que le mercredi matin. Je ne sais quelles raisons avait le Prélat de s'envelopper dans un silence aussi absolu, quoiqu'il eût administré le sacrement de confirmation aux deux enfants; je ne les ai point examinées, ni jugées; les miennes étaient de mettre Mgr parfaitement à son aise dans ma cure et au milieu des convives, fonctionnaires du pays pour la plupart, que je m'étais empressé de réunir autour de Sa Grandeur.

» Aussi, l'auteur du libelle fait-il de la chronologie à la manière des saltimbanques aux boulevards, pour divertir ses lecteurs, au risque de les faire rire de lui-même aux dépens de son exactitude. Page 18, le fait se passe en juin 1851, et page 139, le même fait se passe toujours en juin, mais en 1850. Marchant ainsi à reculons, il sera dans trois ans révolus, antérieur à l'apparition. Les *tablettes* de Mgr l'Evêque de Gap sont mal tenues ou mal consultées : c'est l'un des deux, ou peut-être, l'un et l'autre.

» Je laisse sur l'impériale le barril, rempli d'eau à la fontaine de la place publique, et remis au conducteur de la diligence. Celui qui a été témoin de la fraude aurait dû charitablement prendre le moyen d'en avertir le destinataire; et celui qui en a touché le remboursement, doit en rendre compte, ou plutôt, disons à la décharge et à la satisfaction de tous les deux, que les marins lancent parfois à la mer des tonneaux vides, pour donner le change aux baleines, et les éloigner des bâtiments dont elles gênent le passage, et compromettent la sécurité. Ce barril n'est qu'une ruse imaginée pour détourner l'attention du fait si grave de l'apparition; qui oserait avouer qu'il s'y est laissé prendre?

» Vous me dispenserez de vous entretenir de l'épisode si chargé de l'un des vicaires de la cathédrale, de M. Chaluau, puisque vous avez entre les mains, la lettre qu'il a écrite à Monseigneur, pour réclamer contre une telle énormité (1).

» Je termine en disant que si toutes les personnes nommées, ou seulement désignées dans le pamphlet, ont pu vous envoyer des démentis aussi formels que ceux que je viens de vous communiquer, vous pouvez conclure hardiment que cet ouvrage n'est qu'un tissu de grossiers mensonges qui ne mérite que le mépris.

» J'ai l'honneur d'être, etc.

MÉLIN, *archiprêtre, ch. hon.*

---

(1) Effectivement M. *Chaluau*, ancien ami et collègue de M. Mélin, dans une lettre à Monseigneur, proteste énergiquement contre l'impudeur de celui qui a osé transformer un *don volontaire* de 20 fr. offert pour l'église ou pour le couvent de Corps, en un prix de vente de deux bouteilles d'eau de la Salette, et ajouter encore, pour plus d'ornement, 15 autres francs à ce prix déjà féerique. Et c'est ainsi que le pamphlétaire insulte le bon sens public!!!

II. — NOUVELLE PIÈCE DÉCISIVE EN FAVEUR DU FAIT DE LA SALETTE.

Pour le diocèse de Grenoble. Indult de S. S. Pie IX.

Grationopolitana.

« Le révérendissime Evêque de Grenoble, a humblement supplié Sa Sainteté, l'illustre pontife Pie IX, de vouloir bien ajouter aux nombreux priviléges dont le Saint-siége apostolique a bien voulu décorer le sanctuaire de la Bienheureuse Vierge Marie de la Salette, un nouvel indult en vertu duquel toutes les églises du diocèse puissent célébrer, comme dans les fêtes de la Bienheureuse Vierge Marie, par une messe solennelle et par le chant des vêpres, la mémoire de l'APPARITION DE LA MÈRE DE DIEU SOUS UNE FORME HUMAINE à la Salette, ou le 19 septembre, jour même de l'APPARITION, ou le dimanche suivant. Sur le rapport que moi soussigné, Pro-Secrétaire de la sacrée Congrégation des rites, ai fait, Sa Sainteté, par une faveur spéciale, a bien voulu exaucer la demande telle qu'elle lui a été faite, pourvu que par rapport à la messe solennelle, il ne se rencon-

Reverendissimus Gratianopolitanus Episcopus Sanctissimum Dominum nostrum Pium IX, Pontificem maximum, humilimè rogavit ut quoniam Sanctuarium Beatæ Mariæ Virginis *de la Salette* existens in diœcesi suâ quàm pluribus decoratur privilegiis ab hâc Sanctâ apostolicâ Sede concessis, iisdem novum addicere dignaretur indultum, cujus vigore in omnibus suæ diœcesis ecclesiis APPARITIO IMAGINIS DEIPARÆ DE LA SALETTE, recolatur cum unicâ missâ solemni et vesperis ut in festis Beatæ Mariæ Virginis, vel IPSO APPARITIONIS DIE decimo tertio nimirùm calendas octobris vel in sequenti Dominicâ. Sanctitas Sua, referente me subscripto sacrorum rituum Congregationis Prosecretario, benigne annuit, de speciali gratiâ, juxta preces, dummodò quoad missam solemnem non occurat duplex primæ classis, et quoad vesperas, qui ad Horas canonicas tenentur non omittant privatim recitare vesperas officio diei respondentes.

Quod si verò magis libuerit MEMORIAM HUJUS APPARITIONIS RECOLERE cum integro officio et missâ ut in festo patrocinii ejusdem Deiparæ, Sanctitas Sua benignè hoc indulget ritu duplicis majoris; dummodò in omnibus rubricæ serventur. Contrariis non obstantibus quibuscumque. Die 2 decembris 1852.

(L. S.)

A. card. LAMBRUSCHINI, *S. R. C. præf.*
Dom. GIGLI, *S. R. C. pro-Secretar.*

tre aucune fête double de première classe, et que, quant aux vêpres, ceux qui sont tenus à l'office canonial, ne manquent pas de réciter en particulier les vêpres qui correspondent à l'office du jour.

Que si on préfère CÉLÉBRER LA MÉMOIRE DE L'APPARITION par l'office entier et les vêpres du patronage de la Mère de Dieu, Sa Sainteté accorde avec bonté que cela se fasse sous le rit double-Majeur, pourvu qu'on se conforme en tout aux rubriques; nonobstant toutes choses à ce contraires. Le deuxième jour de décembre 1852.

(L. S.)

A. card. LAMBRUSCHINI, *Préf. de la S. C. des rites.*
Dom. GIGLI, *Pro-secrét. de la S. C. des rites.*

III. — ENCORE UNE PIÈCE DÉCISIVE EN FAVEUR DE L'AUTORITÉ PRONONÇANT SUR LE FAIT DE LA SALETTE.

Decretum.

Décret rendu par l'Evêque de Rimini sur la vérité du prodige d'un tableau miraculeux.

Nos Salvator Leziroli, episcopus Ariminensis, instantiæ Domini Caroli Gasparis Venturini advocati fiscalis, petitioni substituti can-

Nous, Salvator Leziroli, évêque de Rimini, voulant donner satisfaction aux instances de M. Charles Gaspard Venturini, avocat fiscal, à la supplique du substitut de notre chancelier, ainsi qu'à la dévotion des fidèles : disons et déclarons que nous avons lu attentivement les dépositions faites avec serment par les témoins dans les actes qui ont été dressés, que nous avons examiné soigneusement ces témoignages, et après avoir consulté, selon les prescriptions du saint concile de Trente, sess. 25, *de invocat. sanct.*, plusieurs théologiens et plusieurs autres prêtres pieux ; après avoir invoqué pendant plusieurs jours les lumières du Saint-Esprit ; tout vu et examiné, nous avons décrété et nous décrétons, que la vérité du mouvement prodigieux des pupilles de la sainte image de la Bienheureuse Vierge Marie, du titre de *Mère de la Miséricorde*, vénérée depuis longtemps dans l'église Ste-Claire de cette ville, transportée ensuite à l'église paroissiale plus vaste de Saint-Jean-Évangéliste, reportée enfin à ladite église de Ste-Claire, a été et demeure prouvée, et nous permettons et accordons que la relation de ce grand événement, uni à l'original du présent décret, soit pu-

cellarii nostri, necnon fidelium devotioni satisfacere volentes : dicimus et declaramus, nos attentè perlegisse juratas testium depositiones in act., eorumque dicta sedulò examinâsse ; ac adhibito juxta sac. Trid. concilii præscriptum, sess. 25, *de invocat. sanct.*, plurium theologorum, aliorumque piorum sacerdotum concilio ; invocatâ etiam Sancti-Spiritûs illustratione pluribus diebus, omnibusque ritè perpensis, decrevimus, atque decernimus prodigiosi pupillarum motûs in sacrâ imagine B. Mariæ Virginis sub titulo *Mater Misericordiæ*, in ecclesiâ S. Claræ hujusce civitatis jamdiù veneratæ, posteà ad amplius templum parochiale Sancti Joannis Evangelistæ translatæ ; denique verò ad præfatam ecclesiam S. Claræ reportatæ, veritatem fuisse et esse comprobatam ; ideoque tanti eventûs relationem unà cum præsentis decreti autographo ad majorem Dei gloriam atque devotionem erga Beatissimam Dei Matrem in Christi fideles magis magisque fovendam ac augendam evulgari concedimus et impertimur, non solùm præmisso,

sed et omni alio meliori modo.	bliée, non-seulement de la manière qui précède, mais de toute autre qui sera jugée meilleure, pour la plus grande gloire de Dieu, et pour réchauffer et augmenter de plus en plus dans les fidèles la dévotion envers la bienheureuse Mère de Dieu.
Dat. Arimini ex episcopali residentiâ, hâc die sabbati xi januarii, anno Domini 1851.	Donné à Rimini, dans notre résidence épiscopale, le samedi 11 janvier de l'an du Seigneur 1851.
SALVATOR, *Episcopus Ariminensis.*	SALVATOR, *Evêque de Rimini.*

Nous le demanderons ici pour la dixième fois : *Le concile provincial est-il intervenu? Où est le rescrit pontifical?*

IV. NOUVEAU FAIT MERVEILLEUX.

Nous recevons à l'instant la lettre suivante :

Grenoble, le 17 janvier 1853.

« Monsieur le Vicaire général,

» Je dois à la sainte Vierge de vous faire connaître une grâce précieuse qu'elle vient d'accorder à un de mes paroissiens qui l'a invoquée sous le titre de Notre-Dame de la Salette. M. B.... contracta, il y a environ dix ans, une maladie bien douloureuse; il opposa dès le principe toutes les ressources de l'art aux progrès du mal; les médecins de Grenoble et de Montpellier furent consultés; leurs efforts n'amenèrent aucun résultat favorable. Les derniers remèdes qu'essaya M. B.... furent les bains de mer; il n'en ressentit aucun soulagement. Cependant six mois après son retour de Marseille où il était allé prendre ces bains, il éprouva une amélioration à son état; les douleurs cessèrent peu à peu; il crut à sa guérison; mais au commencement de 1852 la maladie reparut avec des caractères plus alarmants; de nouvelles douleurs se firent sentir plus aiguës que les premières; M. B.... recourut de nouveau aux médecins; mais il reconnut bientôt que leurs remèdes étaient encore plus impuissants que la première fois. Au mois d'avril il perdit presque entièrement l'usage des jambes, et au mois de juin des plaies nombreuses s'ouvrirent sur plusieurs parties de son corps; on en comptait plus de trente tant à la tête qu'à la jambe gauche. Aux douleurs causées par ces plaies se joignirent d'autres douleurs intérieures qui amenèrent peu à peu le malade à un état désespéré. Depuis le mois de juillet surtout, c'était la plus triste position qu'on puisse concevoir; les plaies s'envenimant chaque jour davantage, le pansement en était devenu si difficile et si douloureux que le malade était obligé d'interrompre plusieurs fois cette opération pour prendre un peu de repos et prévenir une défaillance; un pli du linge qui enveloppait les plaies de la jambe lui causait une douleur intolérable; la tête était devenue si sensible que la seule action de mettre un bonnet le faisait presque évanouir; le nez qui depuis plusieurs mois était obstrué au point de ne pas laisser le moindre passage à la respiration avait pris, ces derniers temps, des proportions démesurées; tout faisait craindre pour les jours du malade.

C'est dans cet état que nous trouvâmes M. B..., mon frère et moi, lors d'une visite que nous lui fîmes à la fin de novembre dernier. Nous fûmes profondément affligés de la position où nous le vîmes et du récit qu'il nous fit de ses souffrances. Je prends de fréquentes crises chaque jour, nous dit-il, et tout le temps que durent ces crises je suis comme enragé; j'ai des douleurs atroces, dans la tête surtout. J'ai bien souffert autrefois, vous le savez, mais je souffre aujourd'hui mille fois plus; je n'aurais jamais cru, avant cette dernière maladie, que l'homme pût avoir de pareilles souffrances. Tel fut le récit que nous fit alors M. B...

Le mal alla toujours en empirant jusqu'au samedi 11 décembre ; ce jours-là les douleurs de la tête devinrent plus aiguës et semblèrent menacer la vue ; Mme B.... se rendit toute désolée auprès du médecin qui soignait son mari et lui exposa sa nouvelle et cruelle inquiétude ; le docteur lui répondit que l'état du malade était en effet très-alarmant et qu'on ne pouvait prévoir quel serait le dénoûment à tant de maux ; le lendemain, dimanche, les mêmes douleurs continuaient ; M. B.... était à bout de force et de patience. Une personne pieuse vient le voir ce jour-là et lui propose de faire usage de l'eau de la Salette ; il accepte avec tout le bonheur que peut donner l'espérance dans une pareille situation ; il comprend qu'après tant de remèdes employés inutilement, si ses maux doivent finir, ils ne céderont qu'à une puissance surhumaine. Le soir même de ce jour il cherche à aspirer de cette eau de la Salette par le nez et se propose d'en mettre le lendemain sur les plaies de la tête et de la jambe. Le moment venu il se met au lit, et malgré l'espérance qu'il a de voir ses maux finir plus tard, il s'attend encore à une de ces nuits douloureuses qui depuis si long-temps sont pour lui sans sommeil ; cependant il est moins tourmenté que les nuits précédentes ; il lui semble même un instant que son nez se dégage et qu'il commence à respirer ; ce soulagement qu'il semble éprouver le fait tressaillir ; il appelle sa femme ; Mme B... accourt. *Ma femme, je respire, je respire !* C'est tout ce qu'il peut dire. Cette amélioration à son état était réelle, et quoique la respiration ne fût pas encore sans difficulté, un mieux sensible s'était cependant déclaré. Le lendemain, M. B.... imbiba des linges de l'eau de la Salette et les posa sur les plaies de la tête et de la jambe, opération qu'il renouvela plusieurs jours de suite ; le remède eut un plein succès. Le jeudi 16, cinquième jour de la neuvaine, les douleurs avaient entièrement cessé et les plaies avaient disparu, sans former aucune cicatrice, ne laissant d'autres marques que celles d'une chair renouvelée : *Restituta est caro ejus, sicut caro pueri parvuli et mundatus est.* 4. Reg. c. 14.

Le malade n'avait pas encore recouvré l'usage des jambes; cependant il était parvenu, mercredi et jeudi, à faire quelques pas dans sa chambre; il continua les jours suivants à faire usage de l'eau de la Salette comptant toujours sur la protection miraculeuse de Marie, pour arriver à une entière guérison. Sa confiance ne sera pas trompée. Le vendredi 17, Mme B... est obligée de s'absenter; elle va passer deux jours à la campagne. Depuis longtemps elle ne s'était pas éloignée un seul jour de son mari sans laisser auprès de lui une personne de sa famille. Cette fois, elle n'a pas besoin de recourir aux soins d'une garde, la sainte Vierge veille sur son malade; elle revient le samedi soir 18. En rentrant chez elle, elle voit son mari qui se promène à grands pas dans son appartement. *Je marche*, ma femme, dit aussitôt celui-ci; j'ai fait aujourd'hui plusieurs kilomètres dans ma chambre; *oui, je marche*, répète-t-il en pleurant de joie et en embrassant sa femme, qui mêle ses larmes à celles de son mari. Dès ce moment la guérison fut parfaite. La sainte Vierge avait achevé son œuvre, le malade avait recouvré les forces, la santé, le bonheur.

» Voilà, M. le Vicaire général, la faveur dont le ciel vient de récompenser un de mes paroissiens de sa confiance en Notre-Dame de la Salette. Huit jours après sa guérison, M. B... fidèle à une promesse qu'il avait faite à Dieu, était à la table sainte, en compagnie de sa femme, tous deux remerciant le ciel de la faveur obtenue par l'entremise de la sainte Vierge.

» Il me serait difficile de vous peindre le bonheur dont jouit maintenant M. B.... Les premiers jours qui ont suivi sa guérison il se plaisait à faire de longues courses dans la journée, et le soir, à une heure avancée de la nuit, il sortait encore pour se promener et jouir à son aise du bonheur de marcher librement. — Sa femme lui demandait une fois, au milieu de la nuit, s'il dormait : non, lui répondit-il, je ne dors pas et j'en suis bien aise; au moins je puis jouir de mon bien-être.

» Tout maintenant dans mon paroissien témoigne de son bonheur et de sa reconnaissance envers Marie.

» Je vous prie, M. le Vicaire général, d'agréer l'assurance des sentiments dévoués et respectueux avec lesquels je suis votre très-humble serviteur.

» Jules KEISSER, *curé de St-Laurent de Grenoble.*
» Fél. KEISSER, *vic.*

Ont signé M. et Mme B... et plusieurs témoins.

V. GUÉRISON D'UN PETIT ENFANT, A SOLEYMIEUX (ISÈRE).

GLOIRE A N.-D. DE LA SALETTE !

Les époux Fouillet avaient un enfant âgé de dix-huit mois environ, sevré depuis à peu près un mois. Il paraît que la nourriture qu'on lui avait donnée en le sevrant ne convenait pas à son estomac. Depuis un mois cet enfant ne digérait presque plus; à peine pouvait-il avaler quelques gouttes de lait tous les jours, et même depuis quatre jours ce n'était plus que quelques gorgées d'eau; aussi le pauvre enfant était-il dans un état extraordinaire de maigreur : les parents désolés viennent me consulter; je conseille une neuvaine à N.-D. de la Salette. Aussitôt rentrée chez elle, la mère se met à genoux à côté de son enfant presque mourant, commence une neuvaine à N.-D. de la Salette, et, dans son ardeur, fait vœu de porter ou de mener son enfant à la

Salette aussitôt qu'elle le pourra facilement. Après sa prière finie, elle a la pensée bien naturelle de présenter à manger à son enfant. Jugez quelle est la joie de la mère en voyant cet enfant manger de la soupe qu'on avait préparée pour le souper de la famille. La prudence exigeait que l'on en donnât peu; aussi se contente-t-on de deux cuillerées. Le lendemain le petit malade faisait signe qu'il avait faim; on lui donne à manger, encore avec prudence, et on continue la neuvaine : au bout de neuf jours, l'enfant a repris ses forces et l'estomac digère toute espèce d'aliments.

Comme je n'ai pas vu dans cet événement un miracle bien évident, je n'ai pas cru devoir en faire un rapport *ex-professo*; mais j'y vois des preuves bien évidentes de l'intervention de Marie; j'ai cru devoir, pour réjouir le cœur de mon Evêque, en envoyer le récit. Je garantis le fait en lui-même, j'en garantis les circonstances essentielles par moi rapportées.

Gloire à Notre-Dame de la Salette !

31 décembre 1852.

LACOLONGE, *curé de Soleymieux. (Isère.)*

VI. NOUVEL ÉCRIT SUR LA SALETTE.

Il vient de paraître à *Nantes* un ouvrage in-8° de XII — 346 pages, dédié à Mgr l'Evêque de Nantes, composé par Mlle *des Brulais*, sous ce titre : *L'Echo de la sainte Montagne visitée par la Mère de Dieu, ou un mois de séjour dans la société des petits bergers de la Salette*. Cet écrit intéresse vivement le lecteur et par la peinture naïve du caractère des deux enfants, et par le récit des nombreux interrogatoires que leur ont fait subir des étrangers accourus de divers pays. C'est le Fait de la Salette démontré par lui-même, ou par les deux enfants qui en ont été les acteurs, les témoins et les apôtres. — Cet ouvrage se trouve chez les Missionnaires de la Salette et se vend au profit du Sanctuaire. Prix : 2 francs 50 centimes.

ÉLÉVATION AU-DESSUS DU NIVEAU DE LA MER DU LIEU DE L'APPARITION ET DES MONTAGNES QUI L'ENVIRONNENT OU QUE L'ON TROUVE SUR LA ROUTE.

Grenoble (sol de la place Saint-André)....... 213 mètr.
La Mure (hôtel Reymond)................. 842
Corps (le clocher)........................ 962
L'Obiou, au midi de Corps (M. Héricart de Thury)................................ 2812
Le clocher de la Salette.................. 1162
LE PLATEAU DE L'APPARITION (à la croix du Planeau)............................... 1804
Le mont Gargas.......................... 2210
Le mont Chamoux........................ 2265
La Grande-Chartreuse (couvent)........... 955
Le Grand-Som (trigonométriquement)....... 2030
Chamechaude (*idem*).................... 2089
Le pic de Belledone, vallée du Graisivaudan (*id.*) 2982
Le Saint-Eynard.......................... 2347
Le mont Rachais (le sommet)............. 1049
Plateau de la Bastille..................... 494
Le Néron................................ 1314
La montagne de l'Arc, au *nord-est* du Villard-de-Lans............................... 1641
La Dent de Moirans...................... 993
La Dent de Crolles ou Petit-Som........... 2066
Mont Pelvoux, près Vallouise (Hautes-Alpes) la plus haute montagne de France........... 4105
Mont Taillefer........................... 2689
Col de Praclos, entre la Salette et Valjoufrey.. 1929
Pic de la Moucherolle, près le Villard-de-Lans. 2288
Les Sept-Laus........................... 2034

VIII. — DÉMISSION DE MGR L'ÉVÊQUE DE GRENOBLE.

En terminant ce volume, pouvons-nous passer sous silence un événement qui a retenti jusqu'au fond des cœurs dans toute l'étendue du diocèse de Grenoble? Mgr Philibert de Bruillard vient de couronner un glorieux épiscopat de plus de vingt-six ans par un acte aussi généreux qu'édifiant : il a donné sa démission. (*Voir* les Mandements du 21 et du 26 décembre 1852, dans lesquels Monseigneur annonce à son clergé et aux fidèles sa démission et la nomination de son successeur.) Prêtres et fidèles, grands et petits, riches et pauvres, tous ont fait éclater leurs regrets profonds tout en respectant les motifs religieux de cette détermination inattendue et néanmoins parfaitement libre et spontanée. Cette circonstance a prouvé une fois de plus l'étroite union qui existait entre le pontife bien-aimé et ses ouailles chéries, entre le père et les enfants. Le vénérable prélat a cru sa mission accomplie par la *fondation du sanctuaire de Notre-Dame de la Salette* et par *l'établissement d'une société de Missionnaires diocésains* chargés de desservir le pieux pélerinage.

La retraite inattendue du saint Evêque nous aurait laissés dans la consternation si nous n'avions appris que, sur l'invitation expresse du souverain pontife, il a lui-même fait choix d'un digne successeur, dont la renommée publie au loin la science profonde, la piété éminente, la bonté inaltérable unie à un zèle éclairé et à une fermeté prudente. Il sera donné au nouveau Prélat d'achever et de consacrer le Sanctuaire commencé de Marie, de consolider et d'étendre la belle institution des Missionnaires diocésains, et de continuer parmi nous les œuvres et la personne de Celui dont il est l'Elu.

FIN.

TABLE DES MATIÈRES.

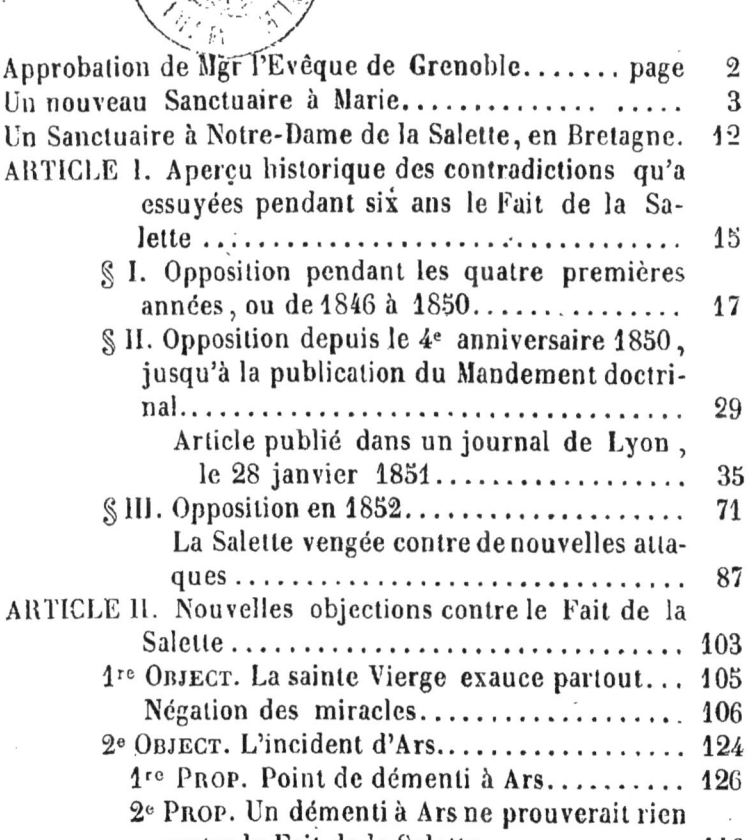

Approbation de Mgr l'Evêque de Grenoble....... page	2
Un nouveau Sanctuaire à Marie....................	3
Un Sanctuaire à Notre-Dame de la Salette, en Bretagne.	12
ARTICLE I. Aperçu historique des contradictions qu'a essuyées pendant six ans le Fait de la Salette	15
§ I. Opposition pendant les quatre premières années, ou de 1846 à 1850..............	17
§ II. Opposition depuis le 4ᵉ anniversaire 1850, jusqu'à la publication du Mandement doctrinal.................................	29
Article publié dans un journal de Lyon, le 28 janvier 1851.................	35
§ III. Opposition en 1852....................	71
La Salette vengée contre de nouvelles attaques..................................	87
ARTICLE II. Nouvelles objections contre le Fait de la Salette...............................	103
1ʳᵉ OBJECT. La sainte Vierge exauce partout...	105
Négation des miracles...................	106
2ᵉ OBJECT. L'incident d'Ars.................	124
1ʳᵉ PROP. Point de démenti à Ars.........	126
2ᵉ PROP. Un démenti à Ars ne prouverait rien contre le Fait de la Salette..............	146
Lettre sur Maximin.....................	151
3ᵉ OBJECT. Crimes et faussetés reprochés à l'historien de la Salette. — Silence sur une *Dame noire*...........................	154

4ᵉ Object. Une dame opposante............... 160
5ᵉ Object. Rome n'a pas entendu les opposants 160
6ᵉ Object. Portrait de l'abbé Rousselot........ 161
7ᵉ Object. Défaut des deux enfants.......... 167
8ᵉ Object. Défaut de liberté dans les conférences de 1847................................ 170
9ᵉ Object. Aumône faite pour le Sanctuaire par un opposant............................. 170
 Conclusion inattaquable................. 174
ARTICLE III. Les deux Mandements sur l'événement de la Salette. — Adhésions nombreuses à ces Mandements........................... 176
 § I. Les deux Mandements................ 176
  I. Mandement autorisant l'érection d'un nouveau Sanctuaire à Marie................. 176
  II. Mandement pour la pose de la première pierre................................ 186
 § II. Adhésions nombreuses à ces Mandements.. 196
  I. Adhésions publiques..................... 196
   Rome 196
   Milan............................... 199
   Belgique. Gand. Bruges................ 204
   Angleterre........................... 208
   Suisse............................... 210
   Ordres religieux....................... 210
   Les Evêques.......................... 212
  II. Adhésions particulières, directes ou indirectes 222
   Clergé séculier....................... 231
ARTICLE IV. Achat du terrain. — Pose de la première pierre. — 6ᵉ Anniversaire................ 232
  Pose de la première pierre (M. Joffre)... 240
  6ᵉ Anniversaire (M. Sardou)............ 250
ARTICLE V. Nouveaux miracles................ 260
  I. Diocèse de Valence. — Guérison de *Marie Lauzur*......................... 260
  II. Diocèse de Paris. — Guérison de *Françoise Gentet*........................ 270
  III. Diocèse de Namur (Belgique). Guérison de *Pauline Burton*.................. 272

IV. Diocèse de Lausanne (Suisse). Guérison de *Josette Cottet*.................. 276
V. Diocèse de Cambrai. Guérison de madame *Benoît*, religieuse du Sacré-Cœur... 277
ARTICLE VI. Nouvelles pièces qui n'ont pu trouver place dans le corps de l'ouvrage........... 281
   I. Nouveaux démentis donnés au pamphlétaire............................. 281
   II. Pièce décisive en faveur du Fait de la Salette............................. 286
   III. Pièce décisive en faveur de l'autorité prononçant sur le Fait de la Salette......... 287
   IV. Nouveau Fait merveilleux........... 289
   V. Guérison d'un petit enfant à Soleymieux.. 293
   VI. Nouvel écrit sur la Salette............. 294
   VII. Elévation de quelques lieux qui environnent celui de l'Apparition............... 295
   VIII. Démission de Mgr de Grenoble........ 296
Table des matières....................... 297

FIN.

www.ingramcontent.com/pod-product-compliance
Lightning Source LLC
Chambersburg PA
CBHW071413150426
43191CB00008B/899